电动汽车健康管理

李志恒　王　成　于海洋　张　凯　编著

人民交通出版社股份有限公司

北　京

内 容 提 要

本书主要内容包括:电动汽车健康管理概述、电动汽车静态模型、电动汽车电池检测技术及检测设备、电动汽车电机检测技术及检测设备、电动汽车电控系统检测技术及检测设备、电动汽车实时数据采集、电动汽车在线数据分析、基于大数据的电动汽车故障分析和基于集理论的电动汽车故障分析。

本书可供新能源汽车领域从事科研、安全和管理的专业人员参考使用,也可供交通工程、交通运输及汽车服务工程等专业高年级本科生及研究生使用。

图书在版编目(CIP)数据

电动汽车健康管理/李志恒等编著.—北京:人民交通出版社股份有限公司,2020.6

ISBN 978-7-114-16447-7

Ⅰ.①电… Ⅱ.①李… Ⅲ.①电动汽车—安全管理 Ⅳ.①U469.72

中国版本图书馆 CIP 数据核字(2020)第 050508 号

Diandong Qiche Jiankang Guanli

书　　名: 电动汽车健康管理
著 作 者: 李志恒　王　成　于海洋　张　凯
责任编辑: 戴慧莉
责任校对: 孙国靖　宋佳时
责任印制: 张　凯
出版发行: 人民交通出版社股份有限公司
地　　址: (100011)北京市朝阳区安定门外外馆斜街 3 号
网　　址: http://www.ccpcl.com.cn
销售电话: (010)59757973
总 经 销: 人民交通出版社股份有限公司发行部
经　　销: 各地新华书店
印　　刷: 北京盛通印刷股份有限公司
开　　本: 787×1092　1/16
印　　张: 9.5
字　　数: 234 千
版　　次: 2020 年 6 月　第 1 版
印　　次: 2020 年 6 月　第 1 次印刷
书　　号: ISBN 978-7-114-16447-7
定　　价: 38.00 元

前　言

新能源汽车产业是我国的战略新兴产业，发展新能源汽车是我国从汽车大国迈向汽车强国的必经之路。随着新能源技术的发展和生态环保理念的进步，电动汽车因其节能环保、经济适用特性，已经渐渐成为汽车领域的发展趋势，其能源的根本改变导致其与传统汽车在各方面都有着根本的不同。相比较传统汽车，电动汽车发生故障的种类更多且事故原因多样，一旦发生事故，其危害更大，常常造成巨大人员及财产损失。因此，有必要建立一套电动汽车健康管理体系，检查和避免此类安全问题。

目前，电动汽车健康管理体系在全世界范围内仍属空白。随着电动汽车保有量的不断增大，其安全性问题不容忽视，有关部门确实应该建立一套针对电动汽车健康的管理体系。本书介绍了电动汽车的健康管理涉及电动汽车静态建模，电池、电机、电控系统的检测技术及检测装备，电动汽车实时数据采集和在线分析，电动汽车故障预测与诊断等知识，填补了电动汽车健康管理体系的空白，为电动汽车的长远发展提供了安全保障。同时，该体系也为未来其他新兴产品健康管理体系的设计提供了借鉴。

本书分为10章。第1章阐述电动汽车发展现状和存在的安全隐患，分析了电动汽车健康管理的必要性及国内外电动汽车健康管理现状，并提出了电动汽车健康管理概念和电动汽车健康管理系统的功能和结构。第2章介绍电动汽车的静态模型，从电动汽车的零部件参数、电动汽车静态建模思路和方式以及电动汽车零部件和模组的寿命曲线出发，全面阐述了电动汽车的静态建模过程。第3章至5章分别介绍电动汽车三大系统，即电池、电机、电控系统的检测技术及检测设备，其中，第3章主要介绍了动力电池的性能参数、动力电池检测内容及流程、电池性能分析及寿命标定以及动力电池检测设备和软硬件设计；第4章分别从驱动电机系统的性能参数、电机系统的检测内容与流程、检测设备标准及功能、检测设备的检测参数以及基于静态模型的电机系统性能分析与寿命标定五个部分介绍；第5章阐述了电动汽车电控系统性能参数、电动汽车电控系统检测内容及流程、电动汽车电控系统各模块性能分析、电动汽车电控系统检测设备标准及功能和电动汽车电控系统检测设备软硬件设计。电动汽车在实际运行过程中会产生大量的数据，这些数据不仅是电动汽车运行状况的反应，同时也是电动汽车健康管理系统的核心基础。第6章综述电动汽车的数据通信协议，并结合国家标准总结了电池系统、电控系统和电机系统各项数据的采集方法和采集种类。第7章结合在线采集的电池、电机及电控数据，在线分析电动汽车能耗和安全。第8章构建了基于大数据的电动汽车故障分析体系，描述了基于大数据故障诊断的问题描述、数据类型与数据结构、基于神经网络的故障诊断模型、基于支持向量机的故障诊断模型、基于大数据的故障诊断应用。第9章研究了基于集理论的电动汽车故障分析，主要包括基于不变集、基于区间检测器、基于集成员估计的故障检测及基于集方法的故障检测应用。第 10 章总结了电动汽车的健康管理,它涉及电动汽车静态建模、检测技术、故障分析等知识。本书分章介绍了相关的原理,并进行拓展,最后运用一个实例——特斯拉汽车的健康管理,介绍现实中的电动汽车健康管理。

本书由李志恒、王成、于海洋、张凯编著。参与本书撰写的研究生有毛锋、赵君豪、朱呈炜、冀彤彤、张爽、何莹、陈文天、陈锦华。

在本书撰写过程中,作者参阅了大量参考文献,引述文献尽量予以标注,但难免存在疏漏,在此对文献作者一并表示诚挚的谢意!

鉴于作者知识水平有限,书中存在不足之处在所难免,殷切希望读者指正!

作　者

2019 年 10 月

目　　录

第1章　电动汽车健康管理概述

1.1　电动汽车健康管理必要性

1.1.1　电动汽车发展现状

随着全球汽车保有量的增加、城市化进程的推进、环境污染的加重和能源面临着枯竭等问题的出现,传统汽车已经逐渐不能满足人们的需求,电动汽车即将成为汽车业界的下一个突破口。各个国家也都开始大力发展电动汽车行业以及加大相关基础设施的建设力度,各大汽车企业也纷纷响应国家号召,投入大量人力物力进行电动汽车的研制和生产。我国作为汽车制造强国之一,颁布了《节能与电动汽车产业规划》《电动汽车"十二五"专项规划》等政策,并将电动汽车确定为国家7大战略性新兴产业之一。

在这种全球化推进电动汽车发展的情况下,电动汽车的市场扩张得非常快,销量有显著的增加,截至2018年底,全球电动汽车保有量达到540万辆,比2017年增加64%,到2019年底,全球电动汽车保有量达到850万辆。中国电动汽车保有量最大,2018年的保有量已经达到281万辆。中国也是电动汽车销售量最大的国家,2018年销量达到120万辆,其后欧洲40万辆、美国36万辆,与2017年相比都增长了非常多。

目前,从各个国家和汽车企业的发展情况来看,混合动力汽车最为成熟,而纯电动汽车由于电池系统性能(主要是能量密度)的限制和基础设施的不完善,还在追赶的道路上。

1.1.2　电动汽车现存在安全隐患

相比较传统汽车,电动汽车发生故障的种类更多、事故原因多样,一旦发生事故,其危害更大,常常造成巨大人员及财产损失。据研究机构EVTank不完全统计,2017年和2018年中国电动汽车共发生安全事故分别为14起和34起,涉及的车辆分别为103辆和51辆。电动汽车事故常见安全问题包括以下几类。

1.1.2.1　电动汽车自燃问题

对于一般内燃机汽车来说,汽车在行驶过程中的轻微碰撞、摩擦、漏电和短路等状况不会给汽车带来严重的安全性问题。但对于新能源汽车来说,这些都有可能导致点火源的产生,加上电池工作过程中所放出的大量可燃性气体,这就具备了化学燃烧爆炸的两个重要条件,很容易导致汽车的燃烧爆炸,带来灾难性后果。2019年4月21日,上海徐汇区裕德路泰德花苑小区地下车库内,一辆特斯拉轿车突然冒出白烟,进而起火燃烧,火势还殃及了周围停泊的其他车辆。2019年4月24日,武汉一中学附近,一辆比亚迪E5新能源电动汽车发生自燃。

1.1.2.2　电动汽车电池系统失控问题

电池管理系统(Battery Management System,BMS)失控问题也尤为显著。BMS的主要任务是保证电池组工作在安全区间内,提供车辆控制所需的必需信息,在出现异常时及时响应处理，并根据环境温度、电池状态及车辆需求等决定电池的充放电功率等。BMS 的主要功能有电池参数监测、电池状态估计、在线故障诊断、充电控制、自动均衡、热管理等。如果 BMS 出现问题，也会带来安全隐患，例如充电阶段主要的问题是 BMS 给出充电需求的电流，有时给出的电流不是电池能够承受的最大电流，充电结束后可以断电，但缺少终止命令；还有就是故障处理，比如看上去是中断了或电池过充了，但没有做故障处理，长久来看有很多隐患。由此可见，BMS 不完善将会导致通信不兼容、与充电设备通信障碍，电池过充、短路等问题，更为严重的是不能提前监控、报警，从而引起热失控、自燃，严重危害生命和公共财产安全。

2015 年 7 月 22 日早晨，福建省厦门市一个公交场站内的公交车起火，大火共造成 11 辆公交车烧毁，1 名场站值班人员灭火时倒地，在 120 救护车送医院救治途中死亡，经调查，火灾系由一辆公交车尾部的电池组电气故障引起，火势迅速蔓延造成同排停放的其他公交车燃烧。

从这些案例中看出，电动汽车安全性问题不容忽视。因此，有必要建立一套电动汽车健康管理体系，排查和避免此类安全问题。

1.2 电动汽车健康管理基本概念

健康管理的概念 20 世纪由美国军方首次提出，主要通过先进的传感器技术、数据传输技术以及数据处理技术，对设备工作状况进行监控、剩余寿命进行预测，以及对未来可能发生的故障和健康问题进行预警，同时为设备维修提供建议。近年来，健康管理技术得到越来越多的关注、研究和应用，现在已发展为故障预测与健康管理技术（Prognostics and Health Management，PHM）。除了在军事领域，健康管理技术在机械系统、电池健康管理系统、航空航天等领域发挥着重要的作用。

健康管理包含两方面内容：故障预测和健康管理。故障预测是指根据系统现在或历史性能状态预测部件或系统未来的健康状态，包括确定部件或系统的剩余寿命或故障情况；健康管理是根据故障预测信息，可用维修资源和使用要求对维修活动做出适当决策的能力。其中，故障预测是健康管理的核心，故障预测的实现依赖于健康管理技术体系。

电动汽车健康管理，首先通过数学方法，对电动汽车的静态模型、各部件的寿命曲线进行刻画，在汽车的整体生命周期中回归其所处位置；同时在整个周期中不断地对汽车的电池系统、电控系统、电机系统进行数据采集，并在发生故障的时候对汽车进行故障检测与诊断；所采集和产生的数据都将导入数据库，作为后续大数据分析的样本基础。

1.3 电动汽车健康管理研究现状

健康管理目前主要应用于航空领域，在电动汽车领域使用的还比较少，通过应用神经网络等算法对设备故障进行诊断，对设备部件进行剩余寿命预测，以及对未来可能发生的故障和健康问题进行预警，来改善设备维修计划。

在寿命预测方面，Wang 通过动态小波神经网络模型实现了对动力系统轴承的寿命预测[1]；Zhang 通过自组织神经网络模型实现了对轴承系统的剩余寿命预测[2]；Ma 提出了一种基于 Gauss-Hermite 方法的粒子滤波算法，实现了对电动汽车锂电池剩余寿命的精准预测，且效果远远好于普通的粒子滤波算法[3]。

在故障诊断方面，电动汽车近几年才开始兴起，其故障数据体量还比较小，针对小样本数据的故障诊断，威布尔分布[4]应用比较广泛。此外，也有通过贝叶斯等统计学方法来计算故障概率密度[5]，或通过蒙特卡罗方法来扩充样本数据[6]；Yam 则通过回归神经网络模型实现了对系统故障的预测[7]；Wang 选择模糊神经网络模型对系统的故障进行预测和判断[8]；Qiu 提出了一种基于隐马尔科夫的故障识别算法，用于对早期故障征兆的识别[9]；Goebel 则比较了神经网络、决策树和支持向量机三种数据分析方法在故障预测方面的表现[10]；Skormi 基于聚类算法，实现了对故障发展过程的预测[11]。

1.4　电动汽车健康管理系统功能及结构

电动汽车健康管理系统为实现对电动汽车各个系统、子系统、部件甚至零件的工作状态进行实时跟踪监测、诊断和预测，当汽车出现故障时对其进行故障检测与诊断，最终做出保障决策，管理电动汽车系统的健康状况，保证电动汽车安全性，减少维修和保障费用的一整套体系结构，其在设备和硬件方面可以分为两个层次，即：电池系统、电机系统、电控系统检测设备和数据采集设备；数据库存储服务器和模型计算服务器。

服务对象主要为电动汽车的三大系统，即电池系统、电机系统和电控系统，主要功能如下。

（1）故障检测：确定电动汽车三大系统处于性能退化的哪一过程，是正常态、性能下降态或某一功能失效态，解决“是否维修”的问题。

（2）故障诊断：若系统需要维修，确定发生故障的系统或模块，解决“故障是什么”的问题。

（3）故障预测：若系统不需要维修，结合历史数据，预测电池、电机、电控系统未来出现故障的时间，解决“何时会故障”的问题。

（4）健康管理：根据故障检测、故障诊断及故障预测信息，对电池、电机、电控作出视情维修决策。

电动汽车健康管理系统结构如图 1-1 所示。

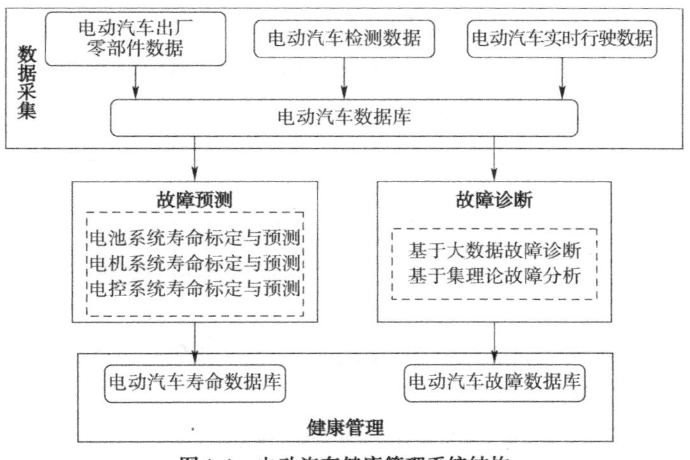

图 1-1　电动汽车健康管理系统结构

第2章　电动汽车静态模型

2.1　电动汽车静态模型概述

电动汽车的静态模型是指不考虑车辆行驶过程中的动力学特性，从电动汽车零部件和模组的结构与性能分析电动汽车各项指标。电动汽车的静态建模方式能反应电动汽车的内部能量流动及信号传递过程，对于研究电动汽车的静态特性、改善电动汽车的续航能力有较大帮助。

本章主要介绍电动汽车的静态模型。从电动汽车的零部件参数、电动汽车静态建模思路和方式以及电动汽车零部件和模组的寿命曲线出发，全面阐述了电动汽车的静态建模过程。其中，2.2节介绍电动汽车的零部件类型和参数，通过列举电动汽车内部零部件组成介绍电动汽车的结构；2.3节和2.4节分别从电动汽车的静态建模方法及建模过程两个方面阐述电动汽车的静态模型如何形成，并且列举了丰田汽车上运用的工业仿真实例，帮助读者更加形象理解电动汽车的静态模型，在2.4节的最后部分，对于建模工作进行总结和展望，有助于之后研究中对于电动汽车静态建模方式的优化；2.5节主要介绍电动汽车的零部件寿命曲线，从可靠性的角度分析电池的寿命曲线；2.6节在2.5节的基础上，建立模组分析电池组的寿命曲线，通过过充电、过放电这两种典型现象帮助读者理解电池组中单体电池的差异性问题，对电源管理技术有更加深刻的认识。

2.2　电动汽车零部件类型与参数介绍

电动汽车包含电池、网络、电机等，其中主要部件的类型及定义如下。

(1)“纯电动汽车”指驱动能量完全由电能提供的、由电机驱动的汽车。电机的驱动电能来源于车载可充电储能系统或其他能量储存装置。

(2)“车辆类型”指在以下基本方面不存在差别的蓄电池电动道路车辆，即：尺寸、结构、外形及构成材料属性；动力系统部件、电池或电池组的安装；电气和电子部件的属性及类型。

(3)“一种类型蓄电池电动道路车辆的认证”指对一种类型的电动汽车结构及功能方面安全要求(尤其是使用电路方面)的认证。

(4)“牵引电池”指为动力电路提供能量的以电路方式连接的所有电池组件的总成。

(5)“电池组件”指由多个电池以串联或并联的形式连接，放置于一个容器内，以机械联系的最小能量储存单元。

(6)“电池组”指由电池组件及分隔架或托盘组成的单个机械总成。一辆汽车可以有一个或多个电池组，也可以不含电池组。

(7)“辅助电池”指所储藏的能量只用于辅助性网络供应的电池单元。

(8)“辅助网络”指与用于装有内燃机汽车上的电气设备具有相同功能的辅助电气设备总成。

(9)“随车充电器”指与车上结构相连接的能量电子转换器,用于外部供电源(电网)给牵引电池充电。

(10)“联结系统”指用于连接汽车与外部电源(包括交流及直流电源)的所有部件。

(11)“动力系统”指电网络,包括:

①牵引电池;

②电子转换器(随车充电器,牵引电机的电子控制器,AC/DC 转换器等);

③牵引电机,与此相连的线束及连接器等;

④充电电路;

⑤动力辅助设备(如加热、除霜、动力转向等)。

(12)“驱动系统”指动力系统的专用部件:牵引电机及其电子控制器、与此相关的线束及连接器。

(13)“电子转换器”指能够控制及/或转化电能的一种装置。

(14)“乘员及载货舱”指车内用于乘员乘坐的空间,其边界为车顶、地板、车身侧壁、车窗、前部挡壁、后座椅靠背平面,以及与安放电池或电池组件空间的分隔板。

(15)“驱动方向控制单元”指由驾驶员促动的,用于选择运行方向(前进或后退)的特有装置,这样当加速器促动后车辆便沿此方向运行。

(16)“直接接触”指人或牲畜与带电部件的接触。

(17)“带电部件”指用于通常使用的被赋予电能的导体或导电部件。

(18)“间接接触”指人或牲畜与暴露的导电部件的接触。

(19)“暴露的导电部件”指通常状态下不带电而易于触及的导电体,但这种导体在故障情况下也会被通电。

(20)“电路”指相互连接的带电部件的总成,在正常的操作条件下有电流通过。

(21)“有效驱动模式”指当向加速踏板施加压力(或启动相应的控制装置)时就会使驱动系统带动汽车移动的一种车辆模式。

(22)“标称电压”指厂家规定电压均方根值,即(r. m. s),电路便据此值而设计,并体现其特性。

(23)“工作电压”指由厂家规定的一个电路电压的最高均方根值,可以在任何绝缘状况,开路或正常操作条件下发生。

(24)“电气底板”是将导电部件以电路形式连接在一起,其他所有导电部件均与它们相连并以其电势作为基准。

(25)“钥匙”指设计并制作用来操作锁死系统的装置,而这个锁死系统也设计并制作成只能用这一装置才能使之运作。

2.3　电动汽车静态模型建模方法

电动汽车的仿真属数字化仿真范畴。通过仿真,设计者可以在实车实验之前对电动汽车设计系统方案做出全面的评估,从而节约了成本和时间[12]。电动汽车的仿真和传统仿真有较大区别,是涉及多门学科的不同领域。譬如:机械传动,电力驱动,以及电化学等。系统的复杂性也决定了仿真平台的重要性。

在国外,对于电动汽车首次提出了“数字化”的概念。在概念中,电动汽车的所有模块与设计数据都通过数据总线高度集成,能够被不同层次、不同领域的仿真软件共享,实现流畅的“联合仿真”。由此可见,电动汽车的仿真需要来自不同领域的仿真软件之间能够互相耦合,共享数据,满足电动汽车设计中的精度、参数化以及可视化等方面的要求。

电动汽车的建模通常需要多个软件进行联合仿真,这些软件既包括成熟的商业化车辆仿真软件,也包括对于电机、电池建模所需要的建模软件,需要搭建联合仿真平台,将不同软件中得到的模型进行整合,最后得到电动汽车综合仿真模型。

2.4 电动汽车静态模型介绍

电动汽车的静态模型指在不考虑汽车动力学指标的条件下,通过分析电动汽车的架构、信号传递及交互、控制系统等的模型。从结构上来分,电动汽车的标准整车模型架构通常可以分为:驾驶员模型、环境模型、整车控制器和车辆模型。

本节将分别从电动汽车模型整体架构、电动汽车模型标准化封装、电动汽车模型的信号传递与交互、电动汽车模型的拓展性以及一些工业仿真模型来介绍电动汽车的静态模型,并在最后对模型进行总结、修改与化简。

2.4.1 模型整体架构

建立模型的开发目标如下:

(1)控制优化复杂程度与模型复杂程度相辅相成;

(2)控制策略开发与建模仿真在开发过程中集成的需要;

(3)面向不同开发需求,“模块化”设计提供不同的控制解决方案。

在上述目标的基础上,建立如图2-1所示的电动汽车的总体架构,在这个整体架构下,进行模型的搭建工作。模型主要分为三个部分:标准整车模型架构、可继承性架构、不同复杂度模型。

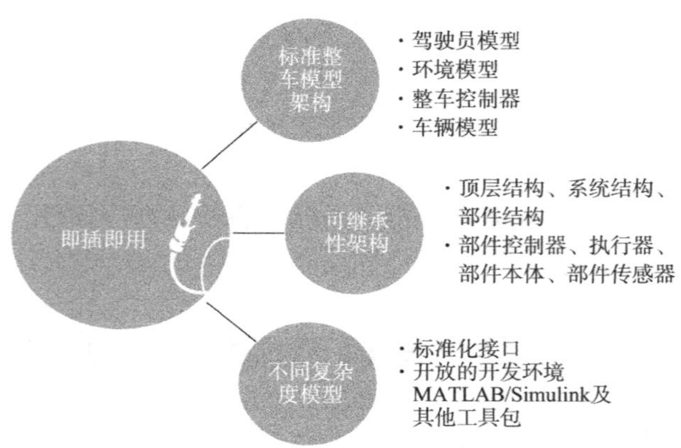

图2-1 模型整体架构

通过上面的整体架构,用户可以通过自定义以下两种数据,来做到对电动汽车的建模,即用户可自定义车辆数据和用户可自定义测试数据。

模型复杂度的确定由发动机模型、静态 Map 模型和基于物理建模的模型确定。模型的复杂度也会影响模型的可重构性。

所建立的模型也会具有重用性,具体表现在混合动力系统的建模上,混合动力系统的建模可以分为:单电机混合动力、双电机混合动力、四驱混合动力。

由于是基于 MATLAB/Simulink 建模环境,所以模型便于修改,也便于重复利用。

2.4.2　模型标准化封装接口

标准化建模要求包括:各层模型的标准结构、标准化接口、封装性、可重复使用的元件库。具体可以分为机械动力学部分和电学部分。机械动力学部分运用的主要公式是牛顿第二定律以及转矩与转动惯量之间的关系,见式(2-1)、式(2-2)。

$$F = Ma \tag{2-1}$$

$$T = I\dot{\omega} \tag{2-2}$$

电学部分主要运用的是电压的定义式,见式(2-3)。

$$U = IR \tag{2-3}$$

2.4.3　模型信号连接

信号连接方式较为灵活,可以分为:标准信号的定义(单位制、传递方向)、信号总线的使用。图 2-2 展现了一个信号连接的示例模型。

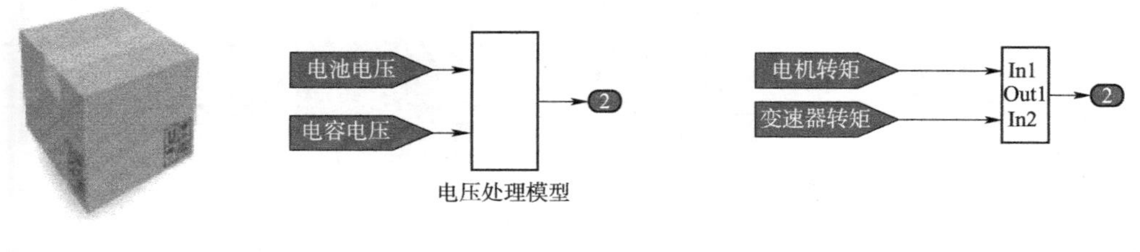

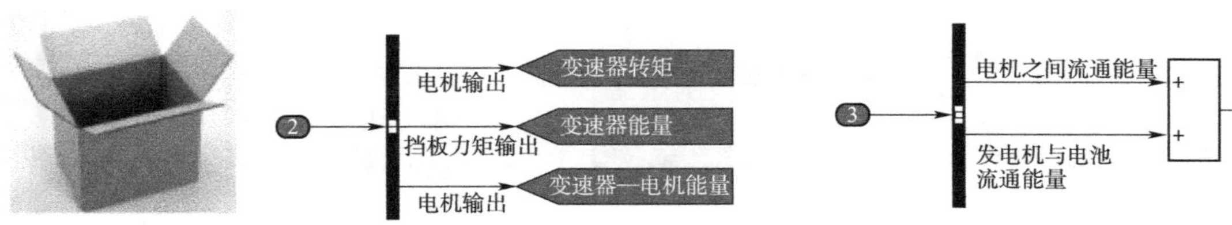

图 2-2　信号连接示例模型

2.4.4　模型顶层结构及信号交互

顶层结构可分为:驾驶员、车辆、环境、控制器和闭环系统。

图 2-3 展现了电动汽车顶层架构图。

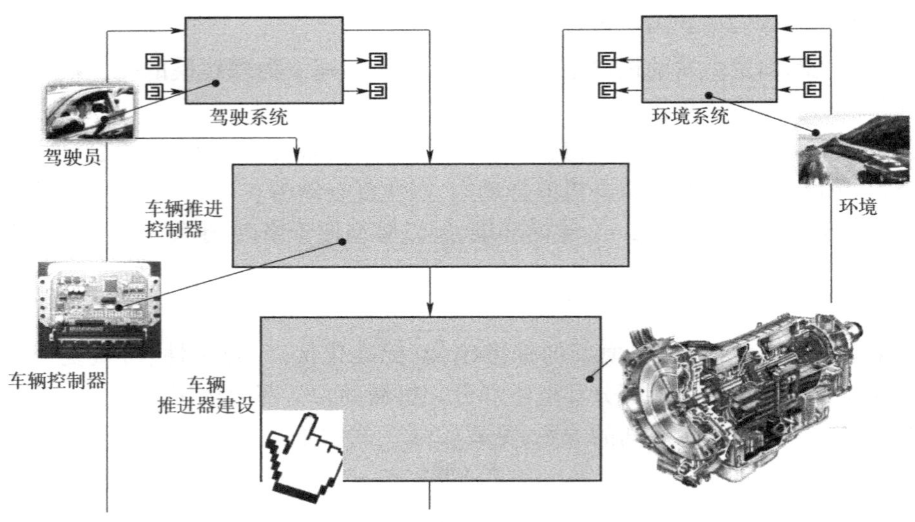

图 2-3　顶层结构

信号的灵活交互在电动汽车模型设计上也是重要的一环，图 2-4 展示了一个电动汽车不同模块间的信息灵活交互的示例。

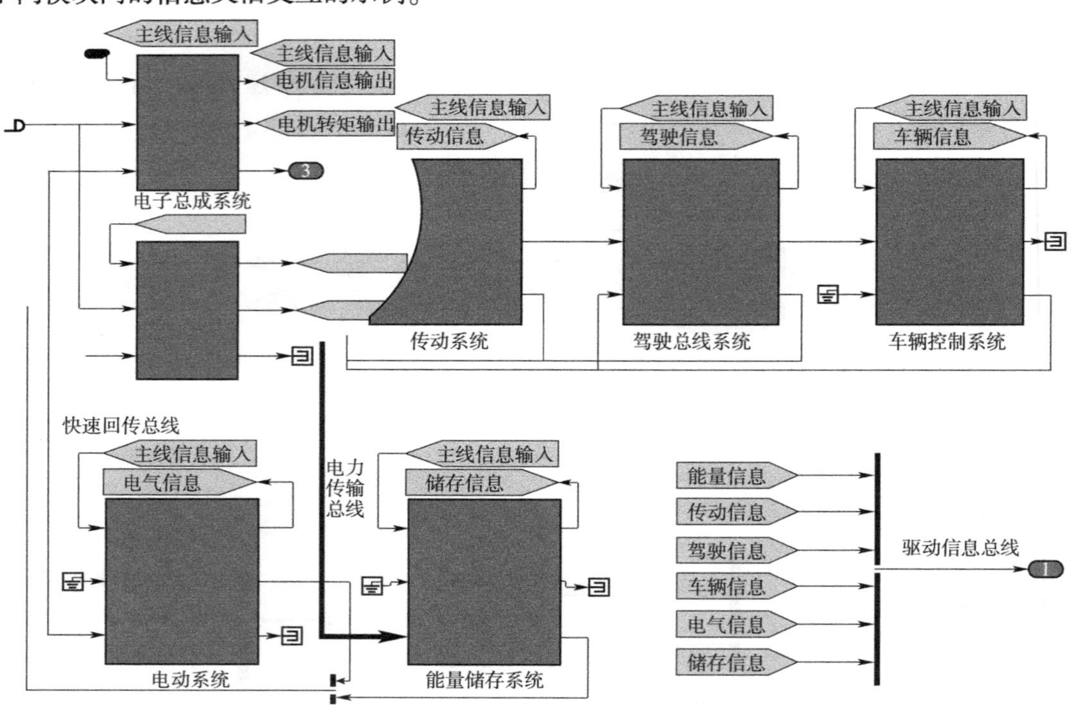

图 2-4　信号交互示例

2.4.5　模型拓展性

仿真建立的模型需要具有拓展性，其实现方式包括：后向仿真和软件在环(SIL)测试。其中后向仿真是纯数字仿真，用于验证模型的准确性。

软件在环(SIL)测试通过自动编译代码来获得实时代码生成。

图2-5展现了后向仿真中的软件在环结构。

在开发过程中不可避免地要多种软件联合仿真，图2-6展现了在开发过程中的软件拓展。即通过不同软件的接口来实现联合仿真。

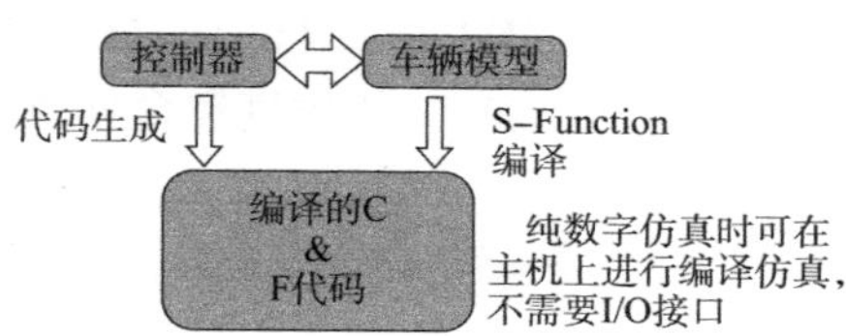

图2-5　软件在环结构

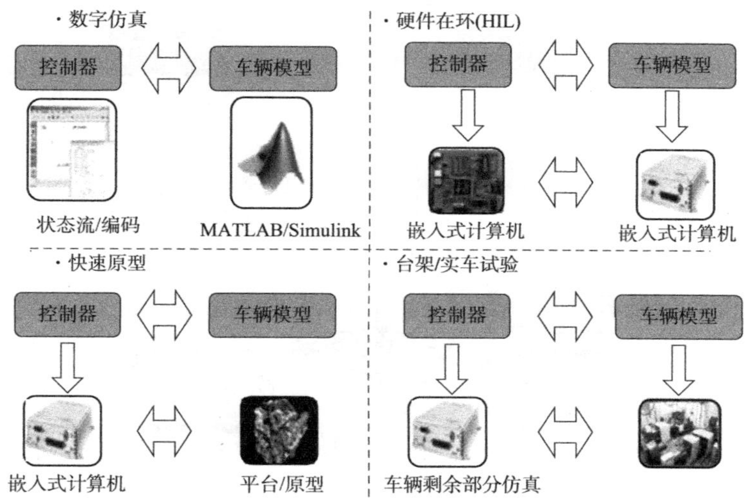

图2-6　开发过程中的软件拓展

2.4.6　工业仿真实例

以下展示一些在工业实际上的仿真实例。

首先是数字仿真部分：丰田汽车运用了丰田混合动力耦合机构(THS)。

其基于MATLAB/SimDriveline建立的动力学模型如图2-7所示。

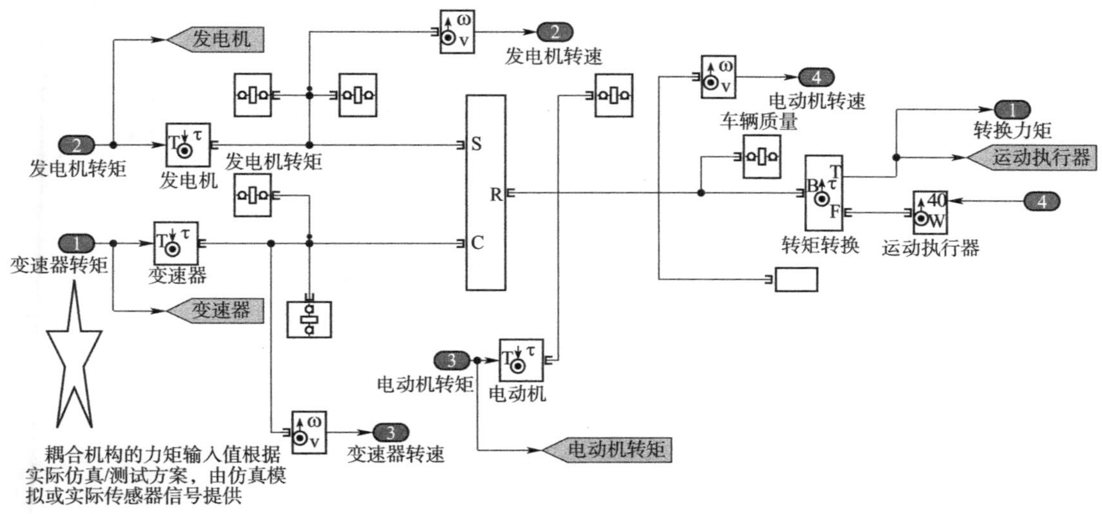

图2-7　基于MATLAB/SimDriveline建模丰田混合动力耦合机构

接着是 MMT 仿真与台架试验部分：一种先进的多模式混合动力变速器(Multi- Mode Transmission,MMT)的仿真和台架测试方案，如图 2-8 所示。

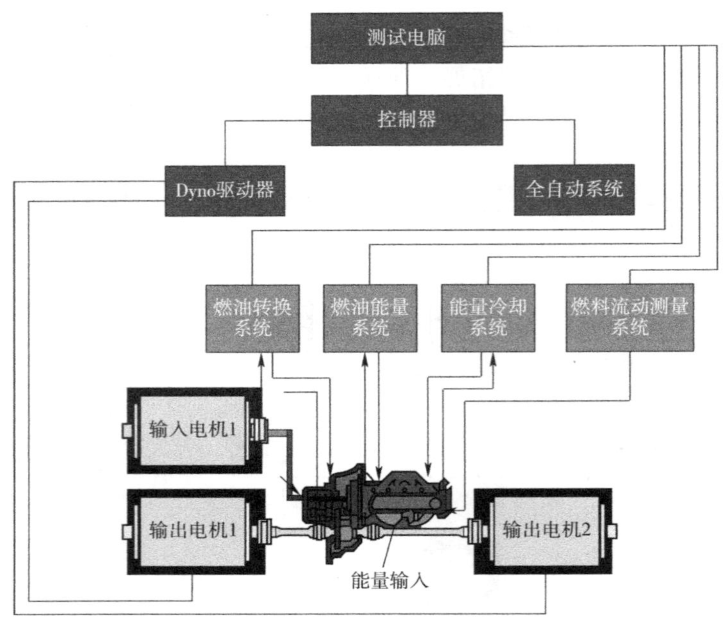

图 2-8 仿真平台

上述的台架试验可以得出稳态仿真结果，如图 2-9 所示。

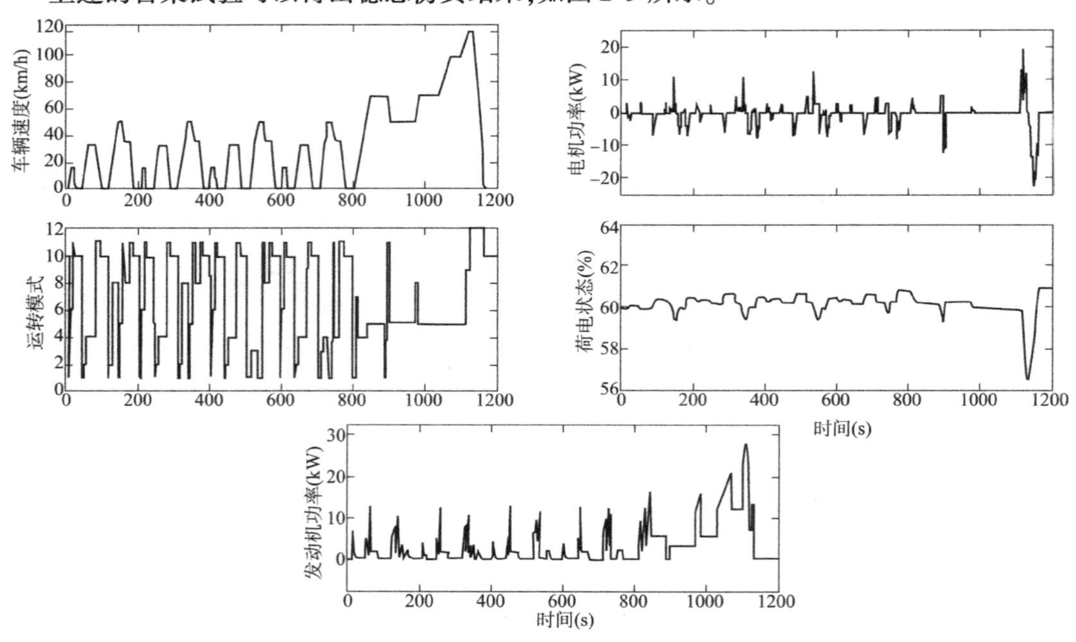

图 2-9 稳态仿真结果

(1)在 NEDC 循环下，实时控制策略使搭载 MMT 的混合动力车辆燃油经济性达到 3.81L/100km，与全局优化的结果 3.66L/100km 接近，证明了控制策略的可行性。

(2)同样仿真结果显示 MMT 具有与 THS 相当的节油效果,并且只采用单电机结构,具有成本较低的优势。

瞬态仿真结果如图 2-10 所示。

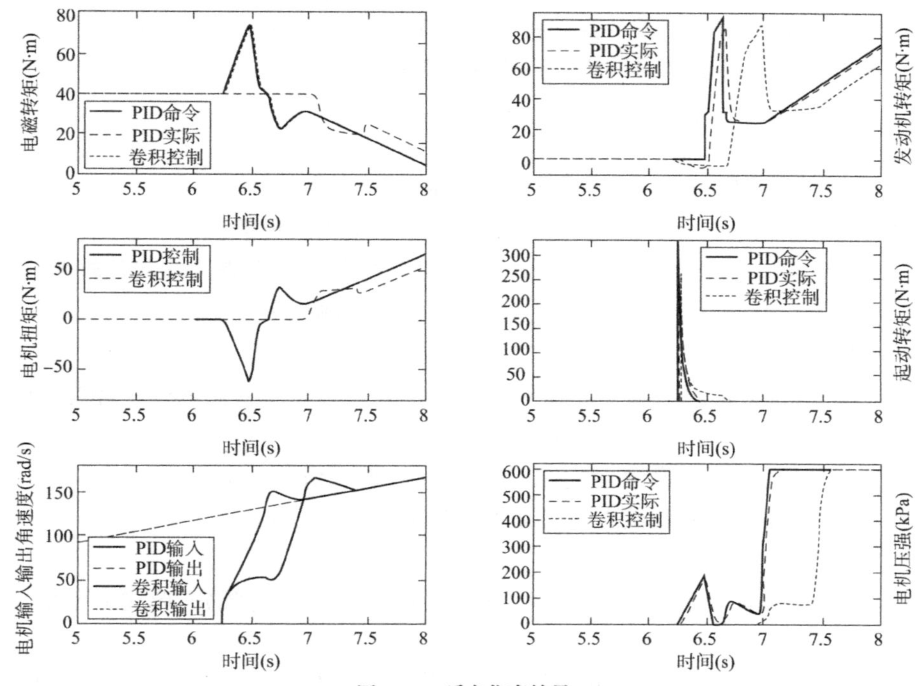

图 2-10　瞬态仿真结果

台架测试结果如图 2-11 所示,从实体模型和循环测试曲线两方面展现了台架的功能。

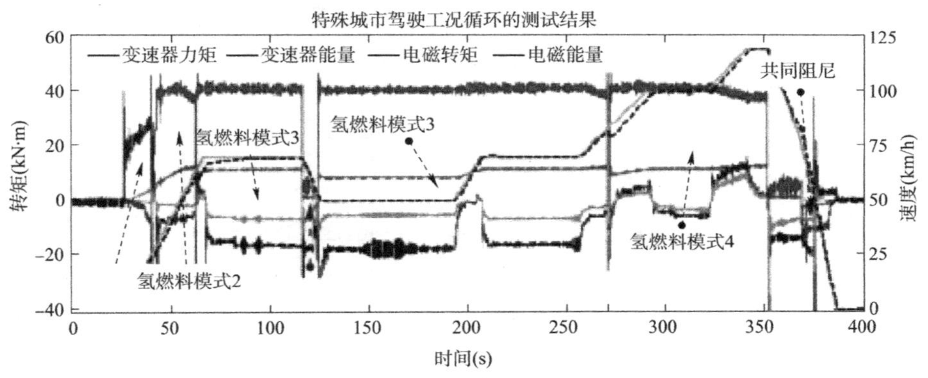

图 2-11　台架测试结果

台架控制系统模型的设计目标主要有以下几个方面：

(1)统一模型架构可以移植到混合动力台架控制系统中。

(2)用于各种电池/发动机/电机/控制器在环测试。

(3)非实物部分由仿真模型计算并将响应控制信号输出给台架执行机构。

(4)台架丰富的传感器信号同样可以作为模型的输入信号。

2.4.7 建模总结及展望

(1)通过以上的建模过程,可以得出以下结论：

①即插即用的功能使建模平台具有应对不同车辆架构的灵活性。

②统一模型架构的标准化定义使模型具有更好的可读性、可修改性和开放性。

③统一模型可广泛应用于数字仿真、硬件在环、台架测试方案中。

④统一模型在开发过程中节省大量时间和资源。

⑤MATLAB/Simulink 及多样的工具链为模型的开发提供了便利的软件环境,便于开发。

(2)对于未来开发工作,有以下的展望：

①丰富不同复杂程度的模型,用于稳态、准确态、瞬态仿真与优化。

②采用硬件在环等多种测试方案验证模型的准确性。

③完善测功机动力台架控制系统。

④继续在校企横向合作中完善模型的车辆架构部分和控制部分,形成完整的仿真开发流程,为企业节省开发时间和成本。

在各部件进行建模的基础上,对于系统架构进行建模也必不可少。图 2-12 所示为混合动力汽车动力系统结构建模示例。

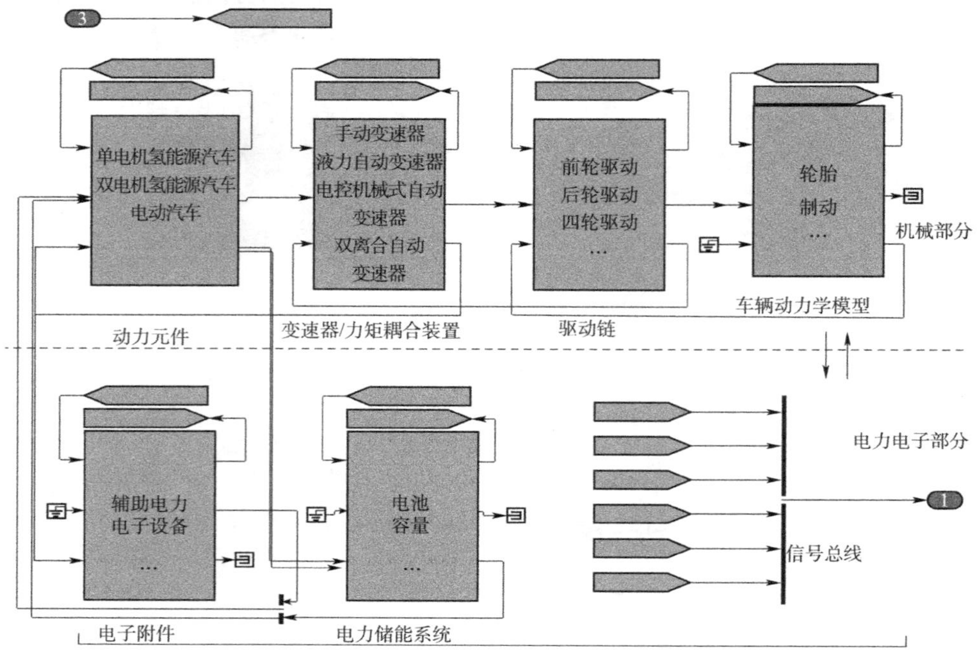

图 2-12 混合动力电动汽车动力系统结构

2.4.8　模型修改及化简

最后，对部件结构建模提出一些额外的要求：部件结构设计对应实际车辆上硬件的结构；每部分根据仿真精度和速度的要求可进行修改与化简。

图2-13所示是建立在这些额外要求之上，选取了混合动力汽车的储能系统进行建模。可以看到，每部分的建模经过封装后均可以对应于车辆上的某些硬件设计，如控制器、执行器、传感器等。能最大限度地仿真出车辆实际运动的状态。其次由于子系统的引入，使得每一部分的建模都是可以进行修改，对于不同型号的车辆，只需对相应的模块进行修改即可。而不需要对电动汽车进行重新建模。

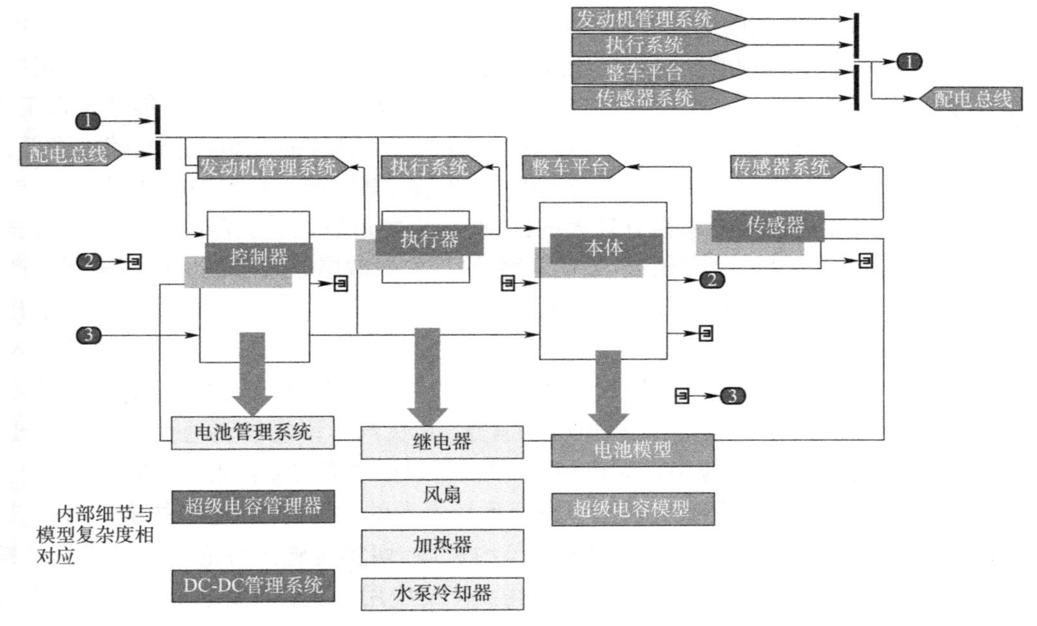

图2-13　混合动力储能系统模型

2.5　电动汽车零部件寿命曲线模型

2.5.1　电动汽车的可靠性分析

郭永基(2002年)介绍了可靠性工程的基本原理[13]，对纯电动汽车电机的可靠性研究有一定的启发。洪强、梁亮(2008年)将动态故障树用于可靠性分析[14]，进行定量分析和定性分析。李海斌(2008年)建立汽车动力系统[15]，运用多种可靠性方法，测试燃料电池汽车可靠性。杜智明等(2009年)[16]对于纯电动轿车的异步电机进行模糊评价和可靠性分析。肖丽萍(2009年)[17]研究汽车前制动器摩擦片的可靠性，假设其数据服从三参数威尔分布，利用不完全子样对数据进行处理。朱显辉等(2012年)[18]将灰色可靠性预测模型用于纯电动汽车电机应用。

可靠性研究起源于第二次世界大战时期，经过长时间的迅速发展，现在已成为一个非常广的综合性学科，可靠性在实际当中有极其重要的作用，其应用范围十分广泛，是一门综合了系统工程、临床试验、管理工程、保险精算、天文观测、人工智能、生存分析、计算机仿真、产品零件测试以及概率、统计、生物、医学等多种学科成果的应用科学。

所谓产品可靠性，指在规定条件下和时间内完成规定功能的能力。对于一个产品，我们关注的是其在某种条件下，单位时间内能实现的规定功能。其中产品功能越多和技术指标要求越高，相对应的可靠性就容易受到影响，产品可靠性相对较低。例如，家用空调的主要功能有保持室内温度、湿度、清洁度的作用，消费者购买时要求说明书上规定的功能是都具备的，还是仅仅达到室内温度，这一个 规定所得出的产品可靠度是有一定的差距的。所谓规定条件指在产品使用过程中环境因素和工作性能因素：例如对同一型号的货车，路况对货车可靠性影响很大，在不同的路上行驶，如在高速公路或者是崎岖的山路上行驶，货车零部件和货车整体的可靠度得到的结果差异较大，在研究产品可靠度高低这一问题时，一定要给出产品使用的规定条件如何。所谓规定时间是指产品在规定的任务时间内，能够正常工作；若产品工作时间增加，该产品最终故障的概率也随之变大，对应的产品可靠度随之降低，因此研究产品的可靠性和规定的任务时间密不可分。例如，某种产品根据浴缸曲线，其刚出厂时候的故障率与几年后的故障率会有较大的区别，相应的可靠性也会随时间的增加而显著下降，平均无故障使用时间、可靠函数、失效概率、平均失效截尾时间等都可以用来评判产品是否真的可靠。其中最典型的失效率是浴盆型故障率(BFR)，早期失效瞬间故障在刚开始的时候很高，经过磨合期之后故障率下降呈递减形式，之后到损耗失效期，这时产品进入相对稳定的使用阶段，最后，经过损耗失效期的失效率为递增形式，即产品进入老年期，故障率随之增加，传统内燃机汽车一直是人们出行的首选，其在汽车市场和交通运输中占主要地位，但是传统内燃机汽车对能源消耗大也污染环境，所以亟须开发新能源，减少能源浪费，降低环境污染。“十三五”期间是我国能源革命全面性爆发的关键时期，通过技术上的突破寻找新能源，新能源代替传统的能源，保护环境节约资源，切实实施经济的可持续发展战略。获得了全世界汽车研究者的关注，在工程领域得到广泛应用。随着计算机科技的发展普及，模拟仿真技术的出现，支持向量机和神经网络工程在工程科学研究、实践中得到十分重视以及应用。在许多发达国家可靠性分析研究较早，进行大量可靠性实验，取得很多种可靠性分析方法，包括经典方法、神经网络法、支持向量机法和贝叶斯法。随着蒙特卡洛马尔科夫链算法的不断发展及实现，模拟仿真得到广泛应用。

传统汽车产品的可靠性分析在汽车研发中占有十分关键的地位，以此来检验汽车零件失效的准确性、用来测试汽车零件的可靠性和安全性。20 世纪初，汽车研究者开始研究汽车零件可靠性和汽车这个系统的可靠性，开展相关的试验，汽车厂家关于汽车的测试停留在特定的环境中，进行可靠性实验，这样测试周期长但结论比较准确。经过后期发展，研究者通过加速寿命实验来测试汽车零件的可靠性，大大缩短了测验周期。

可靠性分析方法中故障树分析、最小二乘支持向量机和人工神经网络是可靠性工程中的一种重要分析方法，故障树分析，它通过对造成产品故障的硬件、软件、环境、人为因素进行分析，建立故障树模型，从而确定产品故障的原因的各种可能组合方式和其发生概率的一种分析技术[19]。

广义可靠性从内容上考虑由以下三大要素组成，即可靠性，维修性和耐久性。

可靠性理论的基础理论大致可分为：可靠性基础、可靠性建模技术、常见可靠性评估和抽样检验方法。

关于可靠性研究其实质是将应用工程里面的变量值转换成参数服从某一变量分布的规律，运用模拟仿真的方法对产品故障、失效、正常运行等状态的随机变化过程中进行统计描述。

通过我国自主研制出纯电动汽车轴承、电池和电机等系列产品，这些零件安全性和可靠性达到国际水平，并且已经突破相关技术的瓶颈，目前已经大规模地应用于城市和城际公交客车。纯电动汽车研究人员已自主研发200kW以下永磁无刷电机、交流异步电机和开关磁阻电机，以上电机的质量比功率在1300W/kg以上，其最高效率也能够达到90%以上：研究人员研发的新能源电池发动机技术效率大于50%，已经成为世界上为数不多的几个拥有纯电动汽车燃料电池、发动机研发、生产以及可靠性试验的国家之一。

纯电动汽车在我国的发展已经完全具备汽车技术发展的基石和有利的条件。在这样的发展机遇下，必须把握好机遇、扩大基础设备的建设、提高市场占有率，开创纯电动汽车产业在整个汽车行业发展的新格局，并且在国际汽车产业转型过程中占有领先的地位，加快实现我国汽车产业由量变到质变的过程，实现自主发展。

2.5.2　电池寿命曲线

锂离子电池的寿命参考量主要有循环寿命和日历寿命。

电池循环从生产到报废整个过程中可以循环充电的次数称为循环寿命。对锂电池而言，500～1200个循环是比较常见的，电池的老化会导致电芯的容量减少，就算电芯达到了所定义的寿命EOL，电芯也不会突然罢工不工作。

电芯老化的速度通常是差不多的，当电芯1000个循环后，达到EOL所定义的80%的容量，可能需要另外1000个循环才能达到60%。例如，新车能行驶400km，电芯EOL阶段还是能继续行驶320km。

日历寿命是指从生产出来后到电池不能再继续使用的时间，包括电池使用和静止时间。

正极材料对电池寿命的影响：不同的化学体系的锂电池有不同的寿命，表2-1展现了不同材料的电化学性能。

不同材料的电化学性能　　表2-1

项　　目	磷酸铁锂	锰　酸　锂		钴酸锂	镍酸锂
材料主成分	$LiFeO_4$	$LiMn_2O_4$	$LiMnO_2$	$LiCoO_2$	$LiNiO_2$
理论能量密度(mA·h/g)	170	148	286	274	274
实际能量密度(mA·h/g)	130～140	100～120	200	135～140	190～210
电压(V)	3.2～3.7	3.8～3.9	3.4～4.3	3.6	2.5～4.1
循环性能(次)	>2000	>500	差	>300	差

2.5.2.1　温度对日历寿命的影响

时间和温度是两个对电池日历寿命影响最大的因素，一定程度上温度越高，电池的内部化学反应会越快。电芯温度从0℃上升到45℃左右的过程中，电池的性能也在提升。电池在化学变化中,有可逆部分和不可逆部分,温度越高,不可逆部分也越快。根据 Arrhenius Law,温度上升 10℃,电池化学反应速率基本翻一倍,电芯的化学活性也衰减更快,电芯在温度越高的地方存储,内阻增加越快,内阻增加的外在表现就是:电池输出的功率减小,性能降低。

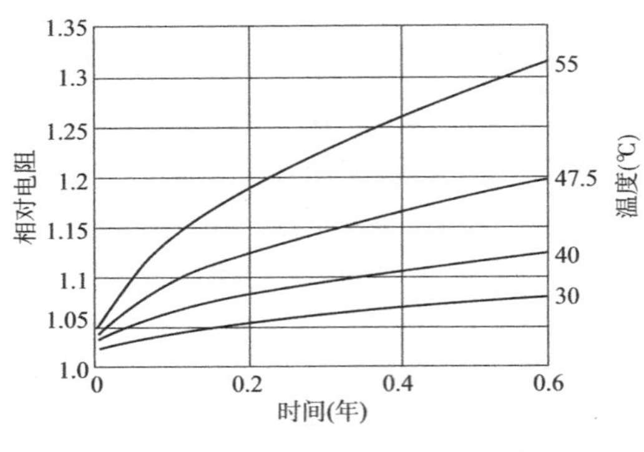

图 2-14 温度对日历寿命的影响

图 2-14 展现了温度对日历寿命的影响,可以观察到:在较低温度时候,电芯的日历寿命会有着较为明显的增加,随着温度上升,日历寿命会下降,并且在相对电阻较低时,日历寿命随着温度的上升下降并不明显,但当相对电阻达到 1.1 时,日历寿命会随着温度的上升有显著的下降。当温度达到 55℃时,电芯的日历寿命随着相对电阻的增加只有缓慢的上升趋势。其原因也是由于内阻增加过快,性能降低。

2.5.2.2 温度对循环寿命的影响

通常在实验室中的电芯循环测试,充电 1.5C,放电 2.5C,充电 45min,放电 24min,中间静止时间非常短,一个 500 次循环可能几个星期就能完成,但实际上,车辆在使用中,一个循环需要一天,甚至几周,500 次循环需要几年的时间。实际使用中,还需要考虑日历寿命的影响,如果上面提到的在不同的温度下面,电芯的日历寿命是不一样的。

可以再极端一点,将充电和放电速度设置为 C/100 和 C/200,一个循环下来需要 200h 以上,电池的寿命还是下降很多,尤其在高温的时候,这时候主要考虑日历寿命。

2.5.2.3 电流对电池寿命的影响

充电放电的过程其实就是锂离子从正极到负极,负极到正极的过程,当电流过大时,锂离子移动的速度就跟不上电流的速度,这时候就会有一些不可逆的化学和物理反应,造成电池的容量不可恢复的减少。

2.5.2.4 放电深度(DOD)对电池寿命的影响

电池的寿命取决于正负极活性物质所能承受总共的转换能量,能够转换的总能量固定,如果以 100% DOD 循环 500 次,那么以 50% 的 DOD 就能循环 1000 次,放电深度越高,电池寿命也就相应降低。

2.6 电动汽车模组寿命曲线模型

以单体电池为动力源,如移动电话,电源管理技术已经十分完善,但在电池组中,单体之间的差距总是存在,以容量为例,其差异性永不会趋于消失,而是逐步恶化。电池组中流过同样电流,相对而言,容量大者总是处于小电流浅充浅放、趋于容量衰减缓慢、寿命延长。而容量小者总是处于大电流过充过放、趋于容量衰减加快、寿命缩短,两者之间性能参数差异越来越大,形成正反馈特性,小容量提前失效,电池组寿命缩短。在下文的充放电特性分析中必须包含过充电和过放电过程[20]。

2.6.1 过充电

如果考虑电池组总电压或平均电压控制，总有单体电压较高者，相对电池组内其他电池已经进入过充电阶段。过充电时，若在恒流阶段发生，由于电流强度大，电压、温升、内压持续升高，以4V锂为例，电压达到4.5V时，温升40℃、塑料壳体变硬，4.6V时温升可达到60℃、壳体形变明显并不可恢复，若继续过充，气阀打开、温度继续升高、不可逆反应加剧。恒压阶段，电流强度较小，过充症状不如恒流阶段显著。只要温升、内压过高，就伴随着副反应，电池容量就会减少，而副反应具有惯性，发展到一定程度，可能在充电中也可能在充电结束后的短时间里使电池内部物质燃烧，导致电池报废。过充电加速电池容量衰减、导致电池失效[20]。

2.6.2 过放电

如果考虑电池组内单体电池，必有相应的过放电情况。在放电后期，电压接近马尾曲线，电池组中单体容量正态分布，电压分布复杂，容量最小的单体电压跌落的也就最早最快，若这时其他电池电压下降不明显，小容量单体电压跌落情况被掩盖，已经被过度放电。

观察单体放电情况，进入马尾曲线以后，若电流持续较大，电压迅速降低，并很快反响，这时电池被反方向充电，或称被动放电，活性物质结构被破坏，另一种副反应很快发生，过一段时间，电池活性材料接近全部丧失，等效为一个无源电阻，数值上等于反充电流在等效电阻上产生的压降。停止放电后，原电池电动势消失，电压不能恢复，因此，以此反充电足以使电池报废。

电池组中单体过放电容易发生不易控制，电机控制器的限压限流办法都不起有效作用，电池输出功率的变化产生的电阻、极化电压波动足以淹没单体电压跌落信号，电池组电压监视失去意义[20]。

第3章　电动汽车电池检测技术及检测设备

电池技术一直以来都被认为是影响电动汽车广泛应用的最主要的因素。电池是电动汽车动力的来源,电动汽车电池性能的优劣会对电动汽车续航能力的大小产生直接的影响,因而电池相关的技术发展长久以来就是电动汽车发展的代表性技术。对于纯电动汽车而言,电池就是其驱动能量的全部来源,动力电池会对其动力性能、续航能力以及安全性造成很大程度上的影响。从新能源汽车的成本构成来看,电池驱动系统占据了新能源汽车成本的30% ~50%。提高动力电池的功率密度、能量密度、使用寿命以及控制成本是对电动汽车动力电池进行技术研发的主要目标与和核心任务。在本章主要介绍电动汽车电池及其检测技术相关的一些基础知识供学习参考。

3.1　电动汽车动力蓄电池概述

3.1.1　动力蓄电池的概念

目前对于动力蓄电池尚无一个统一的定义。动力蓄电池这个名称来源于动力机械应用领域(如:潜艇等),并一直沿袭了下来,但是全球电动汽车行业基本约定:为电动汽车提供驱动动力的电池统称为动力蓄电池,例如常见的铅酸蓄电池、镍氢电池以及新出现的锂离子电池等。在《电动汽车术语》(GB/T 19596—2017)中对动力蓄电池的定义如下:为电动汽车动力系统提供能量的蓄电池[21]。

在手机、笔记本计算机等消费类电子产品中使用的锂电池一般统称为锂电池,以区别于电动汽车上使用的锂电池——动力锂电池。

3.1.2　动力蓄电池的分类

3.1.2.1　按照用途分类

蓄电池是一种将所获得的电能以化学能的形式储存并可以将化学能转变为电能的电化学装置,可以重复充电和放电。按照用途分类,可以分为动力蓄电池、辅助蓄电池、高能量应用以及高功率应用,如图3-1所示。

(1)动力蓄电池。为电动汽车动力系统提供能量的蓄电池。

(2)辅助蓄电池。为电动汽车低压辅助系统供电的蓄电池。

(3)高能量应用。室温下蓄电池包或系统的最大允许持续输出电功率(W)和其在1C倍率下放电能量(W·h)的比值低于10的装置特性或应用特性。

(4)高功率应用。室温下蓄电池包或系统的最大允许持续输出电功率(W)和其在1C倍率下放电能量(W·h)的比值大于或等于10的装置特性或应用特性。

3.1.2.2　按照工作介质分类

除了按照蓄电池的不同用途将其进行分类外,还可以根据工作介质的不同进行分类,一般可以分为锂离子蓄电池、铅酸蓄电池、金属氢化物镍蓄电池以及超级电容器4类。

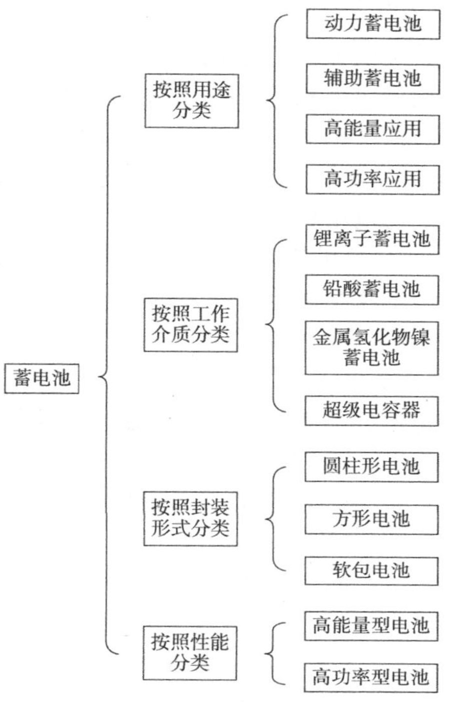

图3-1　蓄电池分类

(1)锂离子蓄电池。锂离子蓄电池是利用锂离子作为导电离子,在阳极和阴极之间移动,通过化学能和电能相互转化实现充放电的电池。

(2)铅酸蓄电池。铅酸蓄电池是正极活性物质只用二氧化铅,负极活性物质使用铅,并以硫酸溶液为电解液的蓄电池。

(3)金属氢化物镍蓄电池。金属氢化物镍蓄电池是正极使用镍氢化物,负极使用可吸收释放氢的贮氢合金,以氢氧化钾为电解液的蓄电池。

(4)超级电容器。超级电容器是至少有一个电极主要通过电极/电解液界面形成的双电层电容或电极表面快速氧化还原反应形成的赝电容实现储能的电化学储能器件。

3.1.2.3　按照封装形式分类

蓄电池按照封装形式的不同可以分为以下三种类型:圆柱形电池、方形电池、软包电池。

(1)圆柱形电池。圆柱形电池是具有圆柱形电池外壳和连接元件(电极)的蓄电池。

(2)方形电池。方形电池是具有长方体电池外壳和连接元件(电极)的蓄电池。

(3)软包电池。软包电池是具有复合薄膜制成的电池外壳和连接元件(电极)的蓄电池。

3.1.2.4　按照性能分类

蓄电池按照性能进行分类可以分为以下两种类型:高能量型电池以及高功率型电池。

(1)高能量型电池。高能量型电池是以高能量密度为特点,主要用于高能量输出的动力蓄电池。

(2)高功率型电池。高功率型电池是以高功率密度为特点,主要用于瞬间高功率输出、输入的动力蓄电池。

3.1.3 动力蓄电池的结构和原理

动力蓄电池组的电池结构可以分为三层:电池单体、电池模块以及动力电池系统。动力蓄电池往往通过多个单体电池的组合构成,而并非由单一的电池组成。一个电池模块是将成组的单体电池封装在一个箱体中构成的,而一个成组的单体电池模块又是由许多单体电池经过串联而构成的[22]。电池组就是将多个独立的电池模块并联或者串联到一起,从而为功率电子驱动系统提供所需的总电压和能量。

电池的基本单元是单体电池,它的基础理论包括电解质的使用、化学反应的发生以及电池的电动势。接下来将以常见的化学电池为例来对电池的结构和原理进行简单的介绍,使读者对于电池的内部结构、预计发生的化学变化有一定的了解。

3.1.3.1 动力蓄电池的组成

存储在电池中的能量在电池的化学部件进行充放电时所含有的自由能量是不同的,只有当单体电池的基本化学部件工作时,化学能才能转化为电能。这些基本部件就是电池的组成部分,包括正负极活性材料、电解质、外壳、隔膜及导电栅、汇流柱、极柱以及安全阀,具体结构如图 3-2 所示[23]。

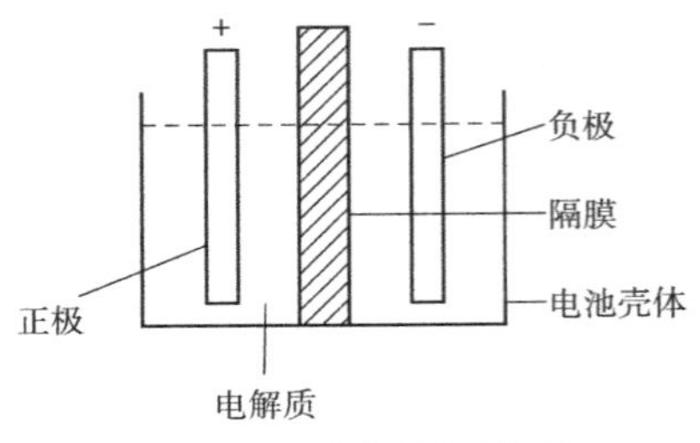

图 3-2 动力蓄电池结构

动力蓄电池工作时,在两电极上会发生化学反应,一端释放电子而另一端获得电子。两个电极必须选用导电材料并且中间用隔膜分开放置在电池容器中。电极与外部的连接点通常称为电极柱。外部电路保证了电池的化学能只有在需要使用时才会被释放。动力蓄电池各部件的功能如下。

(1)正极:正极上的物质通常是某种氧化物或硫化物以及一些其他混合物,它在电池放电时发生还原反应并获得来自外电路的电子。典型的正极材料有二氧化铅和氢氧化镍。正极材料都是以固态形式存在的。

(2)负极:负极上的物质往往是某种金属或合金,如铅和铬,这类材料能够在电池进行放电操作时,发生氧化还原反应并向外释放电子。负极材料也是以固态形式放置在电池中的。

(3)电解质:电解质能够使电池的正极材料与负极材料之间具备离子导电性。电解质必须具有这样的特性:①在发生电极反应时离子导电性较好;②必须绝缘于电子,避免在电池中发生自放电反应。电解质材料常见的状态有液体、固体以及胶体,它可以是酸性的也可以是碱性的,取决于电池的类型。传统的铅酸蓄电池、镍镉电池使用的是液体电解质。以铅酸蓄电池为例,它的电解质是硫酸溶液。在电动汽车中广泛使用的铅酸、镍氢以及氢离子电池的电解质一般为胶体、糊剂或者树脂[24]。

(4)隔膜:隔膜顾名思义也就是在电池中将正负极隔开的物质,它通常是由一层某种具备绝缘性质的材料组成,现在使用的隔膜一般都是由某种高分子聚合物制作而成的。它应该能够使离子通过,并且还应该能够实现电解质的固定以及存储。

3.1.3.2 动力蓄电池的工作原理

动力蓄电池中,正负极上的化学反应会使电子连续地产生,这个过程一般称为氧化还原反应,动力蓄电池正是利用正负极之间的氧化还原反应来完成充放电的。具体过程如下:当无源电路元件连接到电池极柱上时，电池负极释放电子，正极获得电子，从而使外电路中产生电流。在这个过程中，电池放电。当电池放电时，正极从外部电路获得电子，发生还原反应；负极向外电路释放电子，发生氧化反应。若给动力蓄电池提供高于电池端电压的电源，使电流能够反向流入电池中，就完成了给电池充电的过程。当电池充电时，正极上的化学反应能够向外电路释放电子，此时发生氧化反应；负极上的化学反应能够从电路中得到电子，此时发生还原反应。以上就是电池的工作原理。

无论哪种类型的化学电池，电池充放电时都会在两电极之间发生氧化还原反应，同时伴随着电子的释放与获得。我们可以通过下面的反应式来理解这种氧化还原反应。

$$\mathrm{aA} \rightleftharpoons \mathrm{cC} + \mathrm{n}E^{+} + ne^{-} \tag{3-1}$$

电池正极的反应式如式(3-1)，当电池充电时，电池正极的物质A发生氧化反应，生成物质C并同时对外电路释放电子，对电解质释放出阳离子。放电时则正好相反，正极上的材料吸收电子并与离子结合，最终生成物质A。

$$\mathrm{bB} + \mathrm{n}E^{+} + ne^{-} \rightleftharpoons \mathrm{dD} \tag{3-2}$$

电池负极发生的反应如式(3-2)，当电池充电时，电池负极的物质B与电介质中的阳离子连同外电路的电子共同作用下产生不带电的物质D。电池放电时的反应正好与之相反。

在电动汽车中，动力蓄电池的工作模式是：当能量从电池供应到电极产生驱动力时，电池放电；当能量从外部电源存储到电池中时，电池充电。

动力蓄电池经历了铅酸蓄电池、镍氢电池等许多类型后，锂离子动力电池由于能量密度高、大功率充放电能力强等优点，已经渐渐地成为电动汽车动力电池的首选。

3.2　电动汽车动力蓄电池性能参数

动力蓄电池是电动汽车的唯一能量来源，对于电动汽车有着十分重要的影响。人们往往是通过电池的一些性能指标去评价以及比较不同电池的性能及作用。不同种类电池的性能指标也不是完全相同的，常见的几种电池性能指标会在下文中进行介绍。

3.2.1　电压

一个电池的电压可以划分为多个不同的种类，如电动势、端电压、终止电压、开路电压、工作电压、额定电压、充电电压等，下面对其进行介绍。

(1)电动势。电池的电动势也就是在断路的情况下，电池的正极与负极之间电位的差值，它可以通过计算电池的热力学函数自由能的变化得到。电动势常常又被称为“电池标准电压”和“理论电压”。

(2)端电压和终止电压。其中端电压指的是在电路中有负载并且接通电池的情况下正负极间的有效电压(V_{t})，在电池满电量的情况下，端电压会达到峰值(V_{FC})。电池不断地使用放电会使电池正负极之间的端电压减小，当端电压减小到某个值时必须停止进行放电，该值称为终止电压(V_{cut})。

(3)开路电压。开路电压顾名思义也就是在电路是开路的情况下，电池的正极与负极间的电压。值得说明的是电池的电动势与开路电压的区别，二者并不相等，开路电压一般是通过测量的手段得到的,而电池的电动势是根据电池的热力学函数自由能的变化得到的,因而这两个电压往往并不相等。有许多因素会对电池的开路电压造成影响,如电池的荷电状态、温度以及充放电历史等。

(4)工作电压。工作电压通常是以某个电压范围的形式表示的,它指的是在某个负载下电池的真实放电电压。常见电池的工作电压如下:

①铅酸蓄电池:1.8~2.0V。

②镍氢电池:1.1~1.5V。

③锂离子电池:2.75~3.60V。

(5)额定电压。额定电压是一种公认电压,也就是某种电池放电时的公认的标准电压,常常又被称为“公称电压”。

(6)充电电压。充电电压常常也是以某种电压范围的形式表示,它指的是对电池进行充电的外电路电压,某电池的开路电压往往是小于该电池的充电电压的。常见的几种电池的充电电压如下:

①镍镉电池:1.45V~1.50V。

②铅酸蓄电池:2.25V~2.50V。

(7)电压效率。某电池的电压效率也就是该电池实际输出电压除以该电池电动势,即实际输出电压与电动势的比值。电动势是根据热力学函数自由能计算出的一个理论值,而电池的实际输出电压涉及反应体系的动力学性质,因此后者低于前者,二者的比值小于1。电压降低的多少由电极反应的电化学极化、浓差极化以及体系的欧姆极化所决定。

3.2.2 内阻

一个电池的内阻也就是在电池通电且有电流时,内部受到的阻力。电池的内阻一般是通过一种测量仪器的测量而得到一个较为精准的值,因为充电电池的内阻是一个非常小的值。电池的内阻对电池的使用效率有很大的影响,如果一个电池的内阻很小,那么该电池的使用效率就会很高,因为电池自身而耗费的能量较小。一般认为一个蓄电池的内阻可以看作是以下几个部分内阻的和:正负极板、电解液、隔板和连接体的内阻等。

(1)正负极板内阻。正负极板内阻由两部分组成:板栅架和活性物质,因为广泛使用的铅酸蓄电池的正极与负极板是由以上两部分组成的。第一部分板栅的电阻是作为固有电阻而存在的,因为在电池发生电极反应时,板栅不会参与到反应进程中。而第二部分活性物质的电阻是作为可变电阻而存在的,因为其会根据电池不同的反应状态而发生变化。以铅酸蓄电池为例,电极发生放电反应的时候,活性物质转化为硫酸铅,电阻变大;反之发生充电反应时,硫酸铅会转化为铅,电阻变小。

(2)电解液电阻。电解液电阻也就是正负极之间电解液的电阻,电解液的电阻与以下因素有关:一是电解液的浓度,电解液电阻会因为电解液浓度的大小而发生变化;二是与充放电状态有关,当电解液的浓度在某一规定的范围内时,根据充放电状态的不同,电解液的电阻会发生变化,在对电池进行充电操作的时候,极板活性物质发生还原反应,电解液浓度会变大,电阻减小;反之在电池进行放电操作时,电解液浓度减小,电阻变大。

(3)隔板电阻。隔板电阻也就是正负极之间的隔板的电阻,一个全新电池的隔板会接近于某一个固定值,然而隔板的电阻并非是一个固定的值,其会受到以下因素的影响:一是孔率,不同孔率的隔板会有不用的电阻值;二是电池使用时间,随着电池使用时间的增加,必然会存在一些沉积物(如铅渣等)在隔板上残留,这会导致隔板电阻的增加。

(4)连接体电阻。单体电池的连接体电阻就是两电极极板之间的连接电阻,当对单体电池进行串联时,连接体电阻还包括串联用的连接条等金属电阻以及两极板组成极群的连接体金属的电阻。当连接体接触正常时,该部分电阻通常被认为是一个定值。

电池的电阻也就是以上介绍的几种电阻的和,电池内阻 R_s 与电动势 E、端电压 V_t 以及放电电流 I_f 具有以下的关系:

$$R_s = \frac{E - V_t}{I_f} \tag{3-3}$$

电池的内阻会根据不同的反应状态而发生不同的变化,电池充电时,内阻减小,电池放电时,内阻增加。因而电池的端电压也会根据内阻的变化而发生相应的变化,所以在电池放电时,端电压会小于电动势,充电时,端电压高于电动势。

3.2.3　容量和比容量

3.2.3.1　容量

电池的容量指的是在某一条件下电池能够放出的全部电量,电池容量常常用安培·小时作为单位(简称,以 A·h 表示,1A·h = 3600C),用符号 C 来表示。电池的容量是用来评估与对比不同电池性能的非常重要的指标,它的大小与许多因素有关,如放电电流大小、充放电截止电压等。用来表示电池容量指标的术语有以下三种:理论容量、额定容量、实际容量。

①理论容量。理论容量电池容量的一个理论值,它通常是根据法拉第定律计算而得到的,是电池容量的一个最高的理论值。

②额定容量。额定容量指的是根据国家以及相关部门的有关标准以及规定,在设计生产电池时,电池在指定的放电条件下必须具有的最低容量,又被称为保证容量。

③实际容量。实际容量顾名思义也就是在某种条件下(某一电流、某一温度),电池在达到终止电压之前实际上能够放出的全部电量。实际容量可以通过电流积分法计算得到,在放电电流是恒定的条件下,实际容量也就是电流与实际放电时间的乘积。电池的实际容量往往是高于额定容量的,但是比理论容量小。影响电池实际容量的因素也有很多,如两极板上活性物质的量和活性程度的大小、电池的结构、放电条件以及电池的制造等。

3.2.3.2　比容量

比容量通常会有两种不同的概念:一是质量比容量,也就是单位质量的电池能够放出的电量;二是体积比容量,也就是单位体积的电池能够放出的电量。比容量的概念是为了方便对不用类型不同系列的电池作出比较而引出的概念。

3.2.4　能量

3.2.4.1　能量

电池的能量是可以对电池做功能力的大小进行衡量,同样也可以对电池放电时能量的转换进行衡量,电池的能量对电动汽车的行驶距离即续航能力有很大程度的影响。电池的能量指的就是电池在一定条件下,电池对外做功输出的电能,用瓦时(W·h)表示。

在对电池的能量进行衡量时,常见的有两种标准:一是理论能量,二是实际能量。实际能量也就是电池在放电过程中输出能量的实际大小,实际能量可以通过将电池的实际容量与电池平均工作电压相乘而得到。而理论能量指的是当电池在放电时的放电电压一直保持电动势的数值,并且电池中活性物质可以达到100%的利用时,此时的放电容量就等于理论能量,电池输出的能量也相应达到最大,为理论能量。由于电极之间的活性物质被100%利用是不可能的,因而电池的电动势会大于电池的工作电压,相应的电池的理论能量也会大于实际能量。

3.2.4.2 比能量

类比于电池的比容量,电池也存在比能量的说法,同样比能量也可以分为两个不同的类别:一是质量比能量,也就是单位质量的电池能够输出的能量;二是体积比能量,也就是单位体积的电池能够输出的能量,体积比能量又被称为能量密度。比能量可以用来对不同的电池进行性能上的评估与比较,它是一个综合的指标,能够反映不同电池的质量水平上的差异。

3.2.5 效率

电池的效率指的是电池的充放电效率或能量输出效率。电池的能量输出效率也被称为电能效率,是将电池放电时输出的电能除以充电时输入的电能,二者的能量之比就是电池的电能效率。影响电能效率的因素是电池存在内阻,它使电池充电电压增加,放电电压下降,内阻损耗以电池发热的形式损耗掉。

动力电池在进行充放电反应时,会有一定的能量损失,电池的效率就可以用来表示这种能量损耗。

3.2.6 功率和比功率

电池的功率也就是电池在单位时间内输出的电量大小。单位是瓦(W)或千瓦(kW)。同样的,电池也有比功率的说法,比功率可以分为两个不用的种类:一是单位质量的功率,二是单位体积的功率。比功率同样可以用来对不同电池进行评价与比较,某一电池的比功率越大,说明其单位体积或者单位质量能够提供的电能就越大,电池的放电电流就能更大。

3.2.7 荷电状态

荷电状态,又称剩余电量(SOC,全称是 State of Charge),代表的是电池放电后剩余容量与其完全充电状态的容量的比值。SOC 的取值范围在 0 ~ 1 之间,取值为 0 则代表完全放电,取值为 1 则代表电量完全充满。电池管理系统(BMS)就是主要通过管理 SOC 并进行估算来保证电池高效的工作,所以它是电池管理的核心。

3.2.8 储存性能和自放电

3.2.8.1 储存性能

电池的储存性能是指电池在开路时,一定条件下储存一定时间后主要性能参数的变化,包括容量的下降、外观情况有无变化或渗液现象,国际标准对于电池的储存性能有明确的规定。

3.2.8.2 自放电

动力电池在于外部电路没有接触的条件下开路设置,经过干储存(不带电解液)或湿储存(带电解液)一定时间后,其容量会自行降低,这一现象称为自放电,又称电荷保持能力。

电池自放电的大小,用自放电率来衡量,一般用单位时间内容量减少的百分比表示,即:

$$自放电率 = \frac{C_0 - C_t}{C_0} \times 100\% \tag{3-4}$$

式中:C_0——储存前电池容量,A·h;

C_t——储存后电池容量,A·h。

3.2.9 寿命

电池的寿命有几种不同的度量方法,以下将介绍储存寿命和使用寿命。

(1)储存寿命。储存寿命顾名思义就是电池在使用之前的最长存储时间。储存寿命可以用电池存储值某一规定容量的天数来表示,它表示电池自放电的大小。

(2)使用寿命。而使用寿命则用来度量动力电池实际使用的时间。使用寿命同样也可以用以下的不同的度量方法:

①循环寿命,循环寿命是使用电池的充放电循环的系数来度量电池的使用寿命。

②日历寿命,日历寿命是指电池实际使用的时间长短。电池的寿命分为循环寿命和日历寿命两个参数。循环寿命是指电池可以循环充放电的次数。日历寿命是指电池在使用环境条件下,经过特定的使用工况,达到寿命终止条件(容量衰减到80%)的时间跨度。循环寿命是一个理论上的参数,而日历寿命更具有实际意义。但日历寿命的测算复杂,耗时长,所以一般电池厂家只给出循环寿命的数据。

3.3 电动汽车动力蓄电池检测内容及流程

3.3.1 动力蓄电池检测内容

对动力蓄电池的检测是十分必要的,这一检测能够帮助人们确定何时需要更换动力蓄电池或者对动力蓄电池是否合格进行判断。总的来说,对动力蓄电池进行检测的目的就是明确电动汽车的动力蓄电池是否合格相关的要求和规定。以下将对电动汽车动力蓄电池基本要求及测试相关内容进行介绍。

3.3.1.1 电动汽车动力蓄电池基本要求

电动汽车对动力蓄电池有以下几条基础的要求:

(1)满足原来使用动力蓄电池的端电压。

(2)动力蓄电池应具有在启动放电瞬间输出大电流的特性。

(3)满足一定容量和内阻,以保证逆变供电的时间。

3.3.1.2 电动汽车动力蓄电池测试检测内容

单独根据电动汽车的端电压是不能够判断出动力蓄电池的好坏的,从以上的要求就可以看出。因而,对动力蓄电池的需要做以下几种项目类型的检测。

(1)离线测量动力电池的端电压。该检测项目是指使用万用表的DC电压挡或电压表在动力蓄电池与原连接线路不相连时,直接测量动力电池两端的电压。被测动力蓄电池端电压在额定电压左右,不能低于额定电压的5%,不足额定电压5%即为欠电压或可能是已失效的动力蓄电池。若经过充电或激活充电后端电压仍达不到上述参数,即为失效动力电池。

(2)在线测量动力蓄电池的端电压。在线测量动力蓄电池的端电压是指在动力蓄电池正常充放电情况下,使用万用表的DC电压挡或电压表测量动力蓄电池两端的电压。当动力蓄电池在充电状态时,一般端电压大于额定电压。当动力电池处于放电工作状态时,动力蓄电池的端电压下降约5%(开始工作瞬间)。

(3)测量启动瞬间输出大电流特性。测试动力蓄电池是否具有启动瞬间输出大电流的特性。

(4)判别动力电池的内阻和容量。动力蓄电池的内阻根据电池单元种类的不同而有所不同,但基本在一个数量级范围内。

3.3.2 动力蓄电池检测流程

在本小节将会主要对电动汽车用动力蓄电池组,建立动力蓄电池的性能测试方法,基于此方法能够对电动汽车在实际运行中的真实状态进行测量,此方法具有较高的检测精度,可以为建设一套完整的成体系的测试方案奠定基础。

3.3.2.1 动力蓄电池性能测试方案设计

接下来是对动力蓄电池性能检测方案的总体设计,其中主要参考了一些国家以及国际上的相关标准以及规定,并且结合在实际的使用场景中可能会出现的各种情况来确定总体测试方案的具体内容。根据测试的环境,动力蓄电池总体的性能测试方案可以看作是两种类别的测试方案,分别是室内测试方案以及道路测试方案[25,26],如图3-3所示。

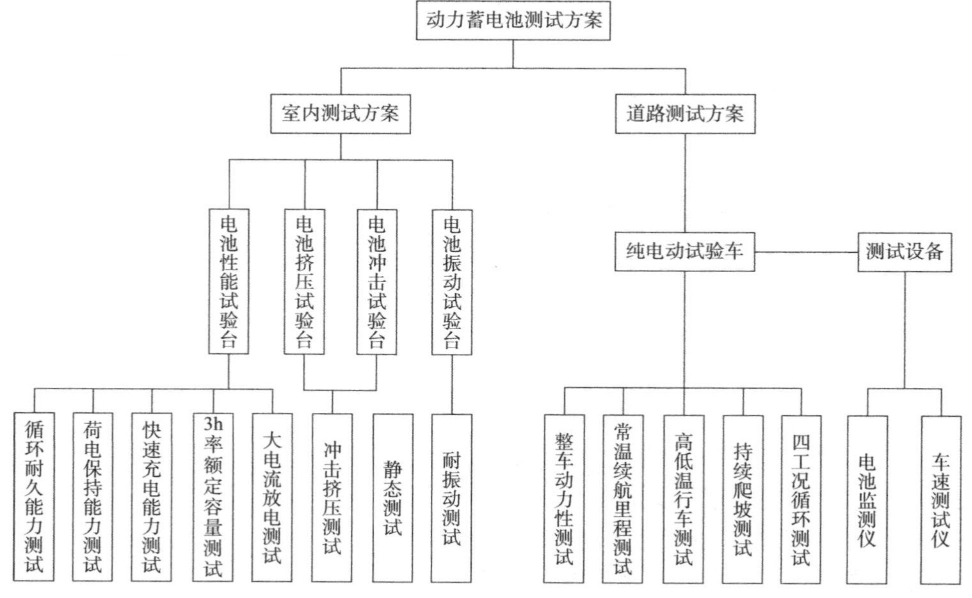

图3-3 电池总体测试方案图

3.3.2.2　综合性能测试方法(动力蓄电池)

1)室内测试

第一个测试场景就是在室内对电动汽车用动力蓄电池进行测试,也就是室内测试,室内测试也就是在室内进行,并且使用相应的设备以及仪器等来对动力蓄电池的一些性能指标以及参数等进行测试和度量,主要包括以下几个测试项目。

(1)静态测试。静态测试顾名思义也就是对电池进行静态的测试,它主要是监控电池的外观、极性以及尺寸和质量等指标。该测试项目下判断某电池是否合格的条件就是:

①外壳表面应该无污染、干燥并且无酸液;

②外壳上不应有任何的变形或者裂纹;

③电池表面的标志信息应该正确且清晰可见。

(2)快速充电接受能力测试。快速充电接受能力测试是一项十分重要的检测,因为电动汽车的快速充电能力是影响用户体验的一个重要指标,来源于不同生产厂家的电池由于经过的工艺过程等不同,在快速充电能力上的表现也不尽相同,为了保证电池快速充电的能力合格,该测试项目的存在是必须的。

(3)额定容量测试。额定容量的测试也就是对电池的容量进行测试,看其是否符合额定容量的标准,常见的一种对额定容量进行测试的方法就是3h率额定容量测试,具体的测试方法就是指在温度为20℃ ±5℃的环境中,采用3h率电流进行放电操作,释放的电量的最低的电量。

(4)大电流放电测试。大电流放电测试指用较大的电流进行放电的操作,记录在电压下降到某个值的时候所用的时间。较大的电流通常是3A或者9A。

(5)循环耐久能力测试。循环耐久测试指的是电池的容量下降到某个值的时候,所进行的充放电循环次数。该测试项目能够在很大程度上反映动力电池的耐用性,实际上该项目测试的也就是动力电池的使用寿命。

(6)冲击、挤压测试。冲击、挤压测试也就是对电池抗挤压变形能力的测试,因为电动汽车实际使用的过程中,难免会遇到汽车的加速减速以及紧急制动等情况,这些情况可能会造成电池碰撞,从而导致电池变形。

(7)耐振动能力测试。耐振动能力测试也就是对电池耐振动的能力进行测试的项目,由于电动汽车实际运行时经常会出现颠簸,因而为了对汽车行驶时动力电池的安全可靠性加以保证,需要进行此项目的测试。

(8)荷电保持能力测试。荷电保持能力指电池在不接电路的情况下,充满电的电池在容量保持上的性能表现。该测试项目是十分必要的,因为荷电保持能力是影响用户体验以及电动汽车续航能力的一个指标。

2)室外测试

接下来要进行的就是测试环境在室外的道路测试,道路测试主要分为以下几个方面。

(1)整车动力性测试。对车辆的动力性测试也就是对车辆的动力蓄电池进行测试,判断车辆的动力性是否满足车辆设计时的要求与规定。测试项目如下:

①最高车速试验。

②0 ~ 30km/h 加速性能试验。

③30 ~ 50km/h 加速性能试验。

(2)常温续航里程测试。该测试项目也就是在常温下测量电动汽车的续航能力,通常该测试项目的测试方法是:动力电池充满电后能够行驶的距离的最大值。

(3)高低温行车测试。高低温行车测试也就是对车辆在温度较高的环境中,电池的容量以及使用性能的变化情况进行测试,该项测试是为了保证高温环境下电动汽车性能的良好。

(4)城市客车四工况循环测试。城市客车四工况循环是针对市内客车运行情况指定的,一定程度上能够反映纯电动汽车在城市中的实际使用工况。

3.4 动力蓄电池的性能分析与寿命标定

动力蓄电池在工作状态下,无论车辆是在行驶中还是处于停车状态,其所带的电池都会由于一些因素如电化学反应而使得容量衰减。当电车电池系统的剩余放电容量少于额定容量的80%时,一般就被认定为寿命终止。电池的剩余放电容量将会直接影响电动汽车的各方面性能,此外电池的寿命也是设计者以及客户所关心的重要性能。本节将从动力蓄电池的性能分析以及寿命标定两个方面进行简要的阐述。

3.4.1 性能分析

这部分对动力蓄电池标准的演化进行了分析,按照目前我国现行动力蓄电池标准GB/T 31384、GB/T 31485、GB/T 31486,选取了多种国内外典型动力电池详细对比了不同材质工艺的动力电池的电性能、安全性能及存储性能等[27]。

本节将依据一些有差别的行业标准来进行分析,所参考的标准分别是GB/T 31484、GB/T 31485、GB/T 31486,并选择了几种不同的电池进行详细分析,它们的区别在于材料以及封装形式上的区别,详细电池型号见表3-1。以上选择均为电池组模块。

国内外典型动力蓄电池选型　　表3-1

编　号	电池类型	额定容量(A·h)	材料体系
1	A(中)	42	磷酸铁锂
2	B(中)	50	磷酸铁锂
3	C(中)	5	磷酸铁锂
4	D(中)	270	磷酸铁锂
5	E(中)	33	三元材料
6	F(韩)	36	三元材料
7	G(韩)	91.5	三元材料
8	H(中)	28	三元材料
9	I(中)	6.3	三元材料
10	J(中)	35	锰酸锂

3.4.1.1 电性能比较

(1)能量密度对比。表3-2说明了不同电池能量密度的区别。单体电池在组成电池组模块之后,由于支架以及其他连接部分的存在,其能量密度均有所降低,表3-2也给出了比能量损失率的具体数值。其中,不难看出,由于出于安全性考量设计的加厚金属外壳和其他散热设备的存在,F型三元电池模组能量密度损失最大;组成电池模块后的能量密度损失最小的是A型和E型电池,这两种电池没有外壳部分,并且不需要固定结构。

能量密度对比 表3-2

电池类型	单体比能量[(W·h)/kg]	模块比能量[(W·h)/kg]	比能量损失率(%)
A(42A·h)	109.46	108.98	0.44
B(50A·h)	124.54	104.27	16.27
C(5A·h)	110.19	98.54	10.57
D(270A·h)	142.54	141.26	0.9
E(33A·h)	149.73	144.49	3.5
F(36A·h)	194.93	37.5	80.74
G(91.5A·h)	137.67	112.83	18.04
H(28A·h)	161.45	150.82	6.58
I(6.3A·h)	149.78	140.20	6.4
J(20A·h)	130	97.89	24.7

(2)低温性能对比。电动汽车所用电池的低温性能是制约电动车在寒冷气候下使用寿命以及效率的瓶颈因素。有很多因素可以影响动力电池的低温性能,其中最主要的因素包括正负极材料、电解液等。所选择的电池样品在超低温度下(-20℃)的放电性能变化曲线如图3-4所示。

从图3-4中不难看出,磷酸铁锂电池在低温时放电性能变化差别较大,其可能的原因为超低温度下,这类电池的内阻不同。

(3)高温性能对比。《电动汽车用动力蓄电池电性能要求及试验方法》(GB/T 31486—2015)要求电池在室温下充满电,在55℃高温下储存一定时间后再测试电池的放电性能。图3-5给出了电池样品的高温放电性能变化。

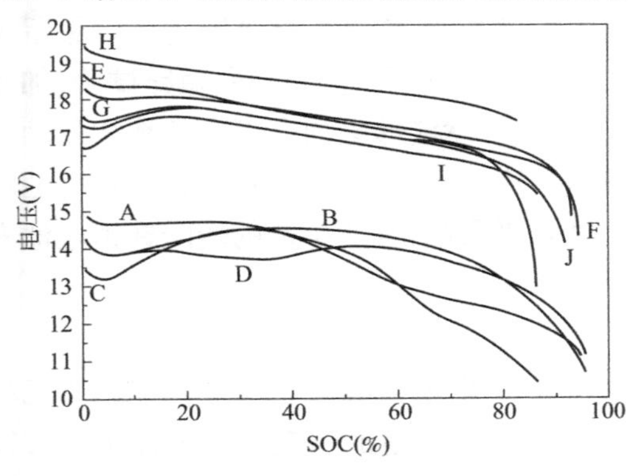

图3-4 低温放电性能比较

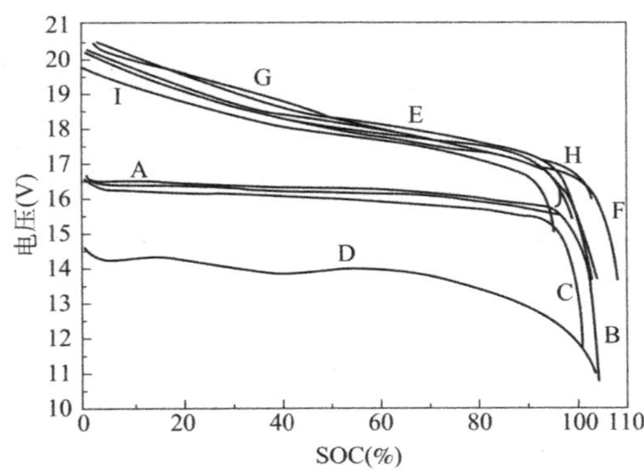

图3-5 高温放电性能比较

从图 3-5 中不难看出,三元材料和磷酸铁锂类电池在高温下的放电容量均提高到初始容量的 2 倍以上。在此高温下的放电容量优于室温放电容量。

(4)充、放电倍率特性对比。从图 3-6 中不难发现,三元材料类和磷酸铁锂类的电池放电容量均高于 96.7%。

从图 3-7 来看,磷酸铁锂和三元材料类电池的充电性能均优于国家标准要求。在所选择的一系列样品中,磷酸铁锂电池的充电特性比三元材料电池好。锂离子电池的充放电特性决定了充电速度或者放电速度。电池的充放电倍率性能,与离子在正负极、电解液、界面的迁移能力以及散热速率有关。

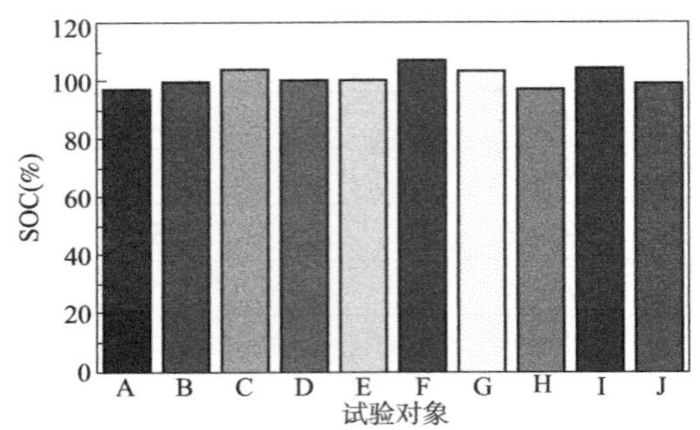

图 3-6　放电倍率性能对比

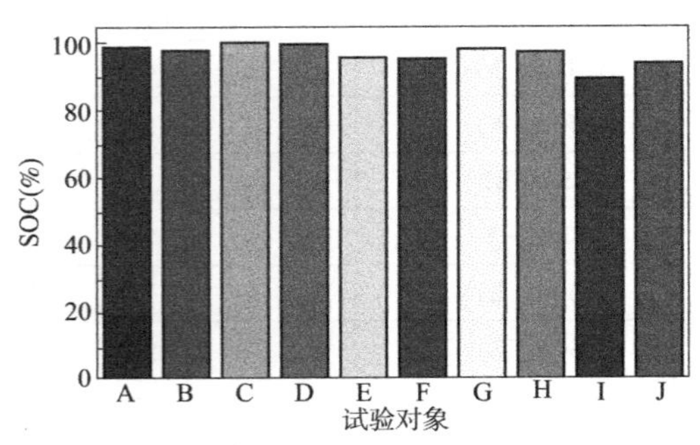

图 3-7　充电倍率特性对比

(5)储存性能对比。图 3-8 所示为电池的储存性能。不难发现在经过储存后,电池中的绝大部分的容量恢复率均能够达到高于 97% 的水平。

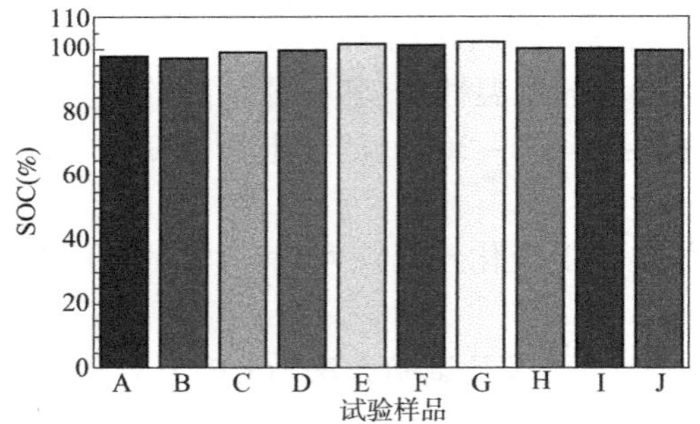

图 3-8　储存性能对比

3.4.1.2　安全性能比较

随着电动汽车的增多,近年来与其有关的安全事故也逐渐增多,这种安全问题一旦出现就会为用户、为企业带来巨大损失和伤害,这也是影响电动汽车广泛应用的一个重要因素。因此,开发高安全性兼具高能量密度的电池变得迫在眉睫。《电动汽车用动力蓄电池安全要求及试验方法》(GB/T 31485—2015)中提到了单体电池和动力电池组的安全性能评价。其中保留了《电动汽车用锂离子蓄电池标准》(QC/T 743—2006)中挤压试验、过充试验、短路试验、加热试验等;也增加了海水浸泡、低气压和温度循环试验,这样就能够更加全面有效地衡量动力电池在极端环境下的安全性。经过多次比较,就安全性而言,三元材料和锰酸锂材料电池略差于磷酸铁锂电池,但是一些水平较次的厂家受工艺水平限制,其所生产的磷酸铁锂电池安全性较差。

3.4.1.3　性能分析结果

(1)三元材料的动力蓄电池为目前国外主要的电车用电池,在国内,磷酸铁锂和三元材料动力蓄电池技术也比较成熟。在低温特性方面,三元材料电池的低温性能要优于磷酸铁锂材料电池,充电倍率特性较差。

(2)三元材料不稳定,其安全性能不如磷酸铁锂电池,易在使用中起浓烟及起火,但其电池能量密度较高。

(3)在此基础上,进一步提高电池模块的能量密度、安全性以及寿命来实现电动汽车性能的提升,还需要各个相关行业的进一步努力。

3.4.2　寿命标定

3.4.2.1　基于物理模型的方法

电化学第一物理模型、经验退化模型以及等效电路模型为目前常用的物理模型。电化学第一物理模型也就是电化学模型,顾名思义,也就是从化学变化以及物理变化的角度出发,根据电池内部的反应建立的模型。经验退化模型也就是基于经验给定模型的方法,这种模型主要是基于历史数据和实验数据的,然而这类模型在电池发生老化之后会出现明显的偏差,因而这种模型具有时效性。现在有很多使用混合物理模型的例子,与卡尔曼滤波等方法进行结合,物理模型中的参数会被逐步更新,其更具时效性[28]。

另外,电池的退化特性也可以采用等效电路模型来描述,对动力电池剩余寿命的预测则可以使用相关向量机和粒子滤波方法预测电池内部参数来实现。

3.4.2.2　基于数据驱动的方法

另外还能使用数据驱动的方法来预测,此种方法是通过分析测试数据,更深一步对其中含有的隐性信息进行深度的挖掘,并进而对电池寿命进行预测。由于该模型获取简单化,因而这种方法在国内外被很多学者使用。数据驱动的电池寿命预测方法分为两种:一是用人工智能有关方法;二是采用传统的统计学的方法进行数据的统计。

(1)AI有关方法。此种方法又进一步分为人工神经网络、灰色理论支持向量机和相关向量机等。

首先,在人工神经网络方面的应用,系统动态预测常用一种基于自适应/递归神经网络结构模型来进行,并可以对电池的剩余寿命进行预测与评估。

另外一方面的应用是在灰色理论方面,由于锂离子电池非常复杂的衰变机制,因而将某一种衰变形式归结于某种因素的原因是十分困难的,在外部因素影响下,电池寿命其退化趋势是不可逆的,从这方面来看,衰退趋势不变。

因此,电池系统可被视为灰色系统。

(2)基于统计数据的方法。首先检测数据,然后基于统计学的方法建立相应的模型用来进行预测,接下来就是对建立的预测模型进行验证,这个验证过程可以采用得到的各种测试的数据进行,这一类基于统计的方法有以下两种:一是基于回归模型;二是基于粒子滤波等。这种方法有以下两种思路。

思路一:利用自回归(Autoregressive, AR)模型来对电池的退化情况进行预测与跟踪,电池的退化可以从电池容量的退化中得以体现。

思路二:粒子滤波算法则在已知统计电池寿命数据的基础上引入,和扩展卡尔曼滤波方法相比较,相关的研究说明了粒子滤波算法在进行预测时的误差会较小,可靠性更高。但是这种方法对模型的依赖过高,并且输入的变量过于单一,这一点仍需要改善。

综上所述,基于数据驱动的方法主要通过分析测试数据,并通过对数据的挖掘等技术手段来实现电池寿命的准确预测，这样做的优点是可以使模型获取简单化，模型的实用性较高。但该方法目前来看有一定的局限性，因为其相当依赖系统过往的退化模式，预测精度取决于样本数量，以及样本中所包含的历史信息。

3.4.2.3 基于融合模型的方法

以上提到的两种模型或多或少都会存在一定的缺陷或者弊端，为了对以上的缺陷进行克服，渐渐地出现了一种新的方法也就是基于融合模型的方法。融合模型也就是融合了以上提到的两种模型：基于模型的方法以及基于数据的方法进行融合。该模型诞生的原因就在于能够实现对多种方法的结合从而使预测精度提高。

还有将粒子滤波和其他算法结合的方法，有学者提出了一种锂离子电池寿命在线预测方法，它是将人工鱼群算法（artificial fishswarm algorithm，AFSA）和粒子滤波算法相结合，即结合物理模型和数据驱动。另外还可以将对支持向量机（Support Vector Machine，SVM）、相关向量机（Relevance Vector Machine，RVM）、贝叶斯线性回归模型等数据驱动方法进行加权集成，并且通过实验来进行验证，实验结果表明：基于融合的方法的预测精度较高，其效果比任意单一模型都要好一些。

3.5 电动汽车动力蓄电池检测设备标准及功能

国家标准中没有涉及纯电动汽车及混合动力电动汽车用二次电池其安全生产及检测。行业标准、企业标准和保险公司出的标准为国内对电池进行检测所参考的标准。常用的行业标准有《电动汽车用锂离子蓄电池》（QC/T 743—2006），企标有 Energy_Storage_Abuse_Test_Manual_for_HEV_Apps，保险公司推出的标准有 UL1642、EN38.3 等。其中，UL1642 主要适用于小型锂离子电池。EN38.3 的一些测试标准可以对 QC/T 743—2006 进行补充，它也没有强调针对哪种电池。

3.5.1 动力蓄电池挤压试验

3.5.1.1 单体电池挤压试验

挤压试验是用面积大于 $20cm^2$ 的压头向电池施压，方向垂直于电池极板方向。直到内部短路或者电池壳体发生破裂，如图 3-9所示。

在单体电池的挤压试验中，常用的设备如图 3-10所示。

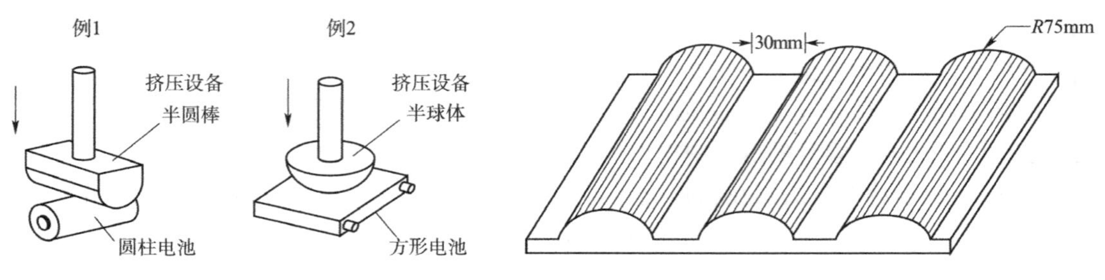

图 3-9 挤压试验示意图

图 3-10 挤压器

3.5.1.2　电池组挤压试验

将电池组放在一个异型板 150mm × 300mm 和一个平板之间进行挤压称为电池组的挤压试验。试验分为两步，先将电池组压到初始尺寸的 85%，在此状态下保持 5min，然后再挤压到原始尺寸的 50%。电池合格的标准为不燃烧或爆炸。

在电池组的挤压试验中，常用的设备如图 3-11、图 3-12 所示。

图 3-11　挤压设备

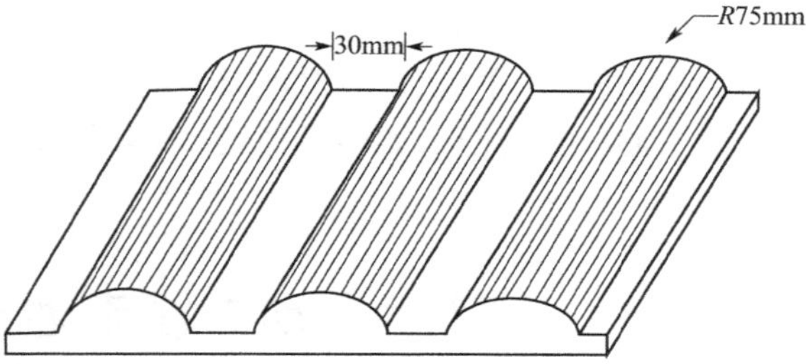

图 3-12　挤压器

油压驱动则是另一种常用方法，此模式的挤压力在 10^6N 左右，最小速度为 0.5mm/min，不限最大速度。它适用于容量在 200A · h 以内的动力单体电池。SAE J2464—2009 标准里面提到过此挤压速度，QC/T 743—2006 标准没有要求力和速度，被测电池质量的 1000 倍的相关测试项目在一些新的标准中被加入，这要求挤压设备的吨位较为精确。

立式机构和卧式结构是两种常见的动力电池挤压试验机结构。立式结构受高度的限制，卧式结构却会被空间所限制，但也有明显的缺点，比如占地面积大。

锂离子电池的安全性达不到要求，所以不能大规模用在电动汽车上，基于这方面的考虑，一系列的可靠性试验是必备的。所有的电池挤压试验，如果发生爆炸意外能量过于集中，将会造成很大破坏。因此，疏堵结合的防护措施常用于电池挤压设备，即在防护箱内减免掉一小部分能量。

动力电池挤压试验机所用的软件需要达到的标准：

(1)软件要求比较特殊，必须是多个软件相互融合才能用于动力电池挤压试验。

(2)能够同步监控电压、力、位移，当这三个参数的变化时能够做到随时停机。

动力电池挤压后外观如图 3-13 所示。

图 3-13　动力电池挤压后外观图

3.5.2　动力蓄电池针刺试验

目前，国内外现行标准中都是单针穿刺，新的 QC/T743 标准是用 3 根钢针，此标准还未正式发布。以下是针刺试验的要求。

(1)单体电池针刺试验。

标准：ϕ3 ~ ϕ8mm 的耐高温钢针、速度为 10 ~ 40mm/s、沿垂直于电池极板的方向贯穿，并且钢针停留在蓄电池中。

合格判定标准:不起火或爆炸。

(2)电池组针刺试验。

标准:$\phi3 \sim \phi8$mm 的耐高温钢针、速度为 10 ~ 40mm/s、沿垂直于蓄电池极板的方向,贯穿至少 3 个蓄电池单体,并且钢针停留在蓄电池中。

合格判定标准:不起火或爆炸。

一般有两种针刺试验机驱动方法:其一为气压驱动,其设备整体较轻,价格便宜,以立式结构为主,适用于手机、计算机锂离子电池等小型电池;其二是油压驱动,其设备质量大,价格较贵,但是也有优点,如运行稳定、结构不限、可根据具体情况选择不同结构,并且不限制测试空间。

3.6 电动汽车动力蓄电池检测设备软件与硬件设计

3.6.1 在线监测技术性能(硬件部分)

(1)应该具有内阻报警的功能,每隔一段时间就要对每个单体电池的内阻进行测量,能够自动地对动力电池的性能进行检测。

(2)历史数据的读取功能,应能够对历史的内阻、容量以及充放电等数据进行读取并简要进行统计分析。

(3)应该能够实现蓄电池的各种类型性能参数的实时测量以及检测,包括电压参数、电流参数、温度参数等。

(4)能够对电池模块的保护电压等参数进行自主设定,并在发现系统异常后及时进行报警。

(5)应该采用网线采集模块,因为该模块为轻量型模块,质量和体积小且具备一定的安全可靠性;该模块能够快速地采集准确的信息,方便可行。

(6)可视化功能,在收集到数据之后,应该能够在后台上经过简单操作就可以生成各类统计图表,使使用者能够对电池的放电情况以及其他性能参数一目了然,其中各类图表包括:总电压曲线、电流曲线、单体电池曲线、特性比较图、电压条形图、温度曲线图等;要求单片机至 U 盘数据转存技术的应用,解决了大容量数据存储问题。

(7)应该能够具备大数据存储的解决方案。

(8)应该能够实现方便智能化的操作,菜单提示简洁明了;要求具有并机功能,实现了与放电设备配套使用(选配功能)。

(9)应该具备并机功能,与放电设备配套使用。

(10)应该具备十分完善的异常处理以及报警处理的功能,能够在异常发现时,及时响应,告知相关人员处理。

(11)能够进行实时监控,并且对测试数据进行充分显示。

(12)在充放电结束之后,能够将数据直接转存到 U 盘中。

(13)要求便携式超小体积设计,方便用户使用。

(14)应该具备远程登录的设计。

(15)应该采用模块化设计,使得修复难度下降。

3.6.2 在线监测技术性能(软件部分)

(1)实时信息的显示以及可视化:对电池的电压、电流以及温度、内阻等信息能够进行实时的显示以及可视化界面的实现,包括电压、电流、温度、容量等各类曲线的显示以及初步的简单统计分析。

(2)对电池的内阻进行初步分析,尤其是对历史数据的分析以及同一时刻各个单体电池的内阻的分析以及对比。

(3)对异常情况的及时响应以及处理:能够及时地识别各种类型的异常,包括电压、电流、内阻、温度等,并且在发现后及时响应。

(4)参数的设定:能够对主机的参数进行设定。

(5)历史数据的读取功能,应能够对历史的内阻、容量以及充放电等数据进行读取并简要进行统计分析。

第4章　电动汽车电机检测技术及检测设备

4.1　电机检测技术及检测设备概述

电机控制器是电动汽车的核心部件,共同构成了影响电动汽车性能的关键技术——驱动电机系统,这也是驱动车辆的主要系统,尤其对于电动汽车而言,驱动电机系统在电动汽车运行和控制方面发挥着举足轻重的作用。因此,在电动汽车的健康管理中,电机驱动系统的检测和管理是非常关键的,这也是本章着重关注的部分。本章侧重电动汽车的驱动电机系统的基本性能介绍以及其重要检测技术和检测设备,从而阐明驱动电机系统健康管理的相关理论与技术。

本章内容用五个小节来阐述,分别从驱动电机系统的性能参数、电机系统的检测内容与流程、检测设备标准及功能、检测设备的检测参数以及基于静态模型的电机系统性能分析与寿命标定五个部分着手。4.2节是从电机系统的工作特性要求、主要技术特性方面引申出电机的主要性能要求及参数,同时也对不同的电机进行的性能参数的比较;4.3节,叙述了常规电机系统的检测及方法,其中重点说明了电机系统电量、非电量的检测及流程;在4.4节,基于静态模型的电机系统性能分析与寿命标定的方法与理论知识被重点关注;4.5节,主要介绍了电动汽车电机系统的不同的测试方法和技术,以及相应的仪器和设备;最后在4.6节中,结合前4节的主要内容,介绍了利用主要的检测设备检测电机系统及呈现的重要检测参数。在这里介绍本章节的主要结构,详细的知识将在以下章节中一一展开。

4.2　电动汽车电机系统性能参数

不同的汽车类型对应着不同类型的电机驱动系统,因此电机的选择、控制器的参数和性能也是电动汽车的重要研究内容,在电动汽车的健康管理中占据重要的一环。本小节主要介绍驱动电机系统为满足电动汽车的行驶需求而应所具备的性能要求,并且介绍及描述评价特性好坏的驱动电机性能参数。

4.2.1　电机系统的工作特性要求

对于电动汽车控制而言,与传统能源汽车的不同是使用电器传动系统而非机械系统,使用电池而非汽油来作为车载能源,以期在满足零排放或低排放的前提下,实现传统能源汽车各项性能指标和价格要求。因此,电动汽车电机驱动系统应满足以下几点要求[41]。

(1)汽车驱动系统存在一个基础速度,在这个基础速度以下汽车能够大转矩输出,以适应快速起动、加速、负荷爬坡、频繁起停等要求,在这之上的速度为适应超车而高速行驶的需求,超过此速度以保持恒功率、宽转矩范围输出。

(2)为了使得电池在一次充电后的续航距离足够长,转矩/转速在其运行范围内的效率应达到最优化。

(3)驱动电机系统的装置应该满足体积小且坚固,能够抗颠簸。

(4)最后还要考虑人因特点,使得汽车的操纵性能契合人的驾驶习惯,舒适、安全。

电动汽车所要求的电机驱动系统输出特性曲线如图4-1[42]所示,主要包括两个工作区:以基速为衡量标准,分为以下的恒转矩区和以上的恒功率区,分别满足汽车的低速和高速行驶的不同驾驶需求。

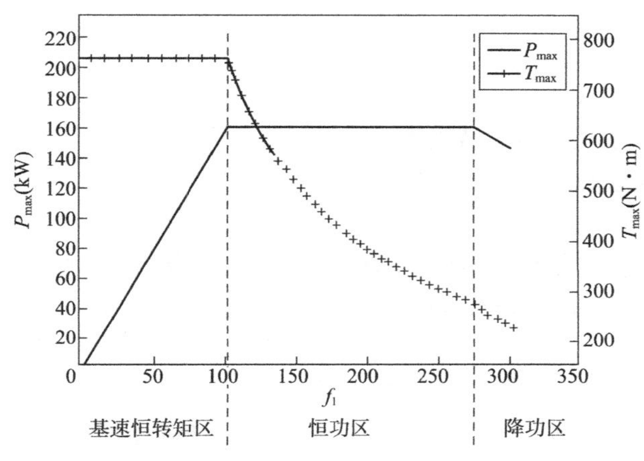

图4-1　电动汽车驱动电机外特性曲线(额定功率100W)

在各种条件下,驾驶汽车所需的功率、转矩或驱动力、车速等构成汽车的驱动特性场,图4-2所示是理想汽车驱动特性场,电机驱动系统的动力特性尽可能地接近理想汽车驱动场,对电动汽车来说这十分重要。

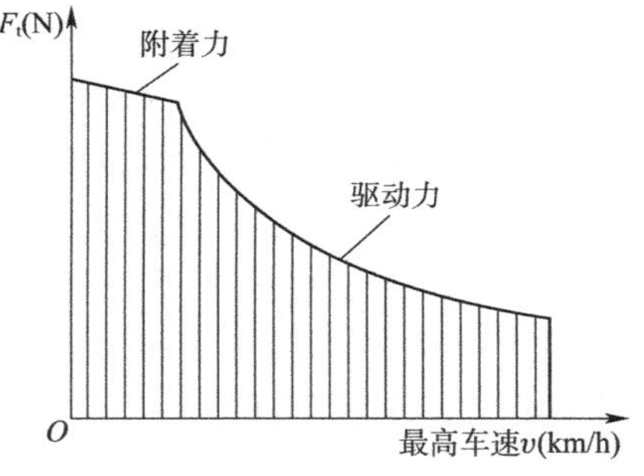

图4-2　理想汽车驱动特性场

4.2.2　电机系统的主要技术特性

4.2.2.1　峰值工作特性

电机驱动系和传统内燃机有所不同,相比而言,一定的过载能力是十分重要的,因此,峰值工作特性描述十分恰当。拥有过载能力的电机驱动系统十分恰当地满足电动汽车起动、加速、最高车速行驶等动力性设计指标需求。峰值特性与设定的电机工作制密切相关,但是由于电动汽车又分为混合动力电动汽车和纯电动汽车,它们使用的驱动电机有很大不同,因此对于峰值工作特性很难采取统一的标准去衡量,分别有5min工作制峰值工作动力特性或采用1min或30s工作制峰值工作动力特性。

4.2.2.2　额定工作特性

电机驱动系统额定工作特性是指电机在温升允许范围内达到热平衡,并能够长时间连续稳定输出转矩的工作特性。为了方便计算,电动汽车通常以最高设计车速的90%或我国高速公路最高限速120km/h匀速巡航行驶的功率作为电机额定功率[3]。

对电机额定特性的描述具体包括额定转速、额定转矩及最高转速等指标，表征电机驱动系统的过载能力常采用峰值过载转矩系数和峰值过载功率系数，定义为[43]：

$$\delta_T = \frac{T_P}{T_n} \tag{4-1}$$

式中：δ_T——电机驱动系统峰值过载转矩系数；

T_P——电机驱动系数峰值转矩，N·m；

T_n——电机驱动系统额定转矩，N·m。

$$\xi_P = \frac{P_P}{P_n} \tag{4-2}$$

式中：ξ_P——电机驱动系统峰值过载功率系数；

P_P——电机驱动系数峰值功率，kW；

P_n——电机驱动系统额定功率，kW。

为了对车载电机驱动系统进行性能的评定与测试，就需要在电机驱动系统许可或者需求工作范围内进行相关项目和参数的测试与评定工作。

4.2.3 车用驱动电机类型与性能比较

基于电机而言，电动汽车的驱动电机和常规工业电动机在性能要求上具有很大的差别，车用驱动电机需要满足一定特殊要求，例如汽车的快速起动、加减速及爬坡时、最高速度要求的高转矩，还要满足一定的恒功率需求尤其是在宽广的高速范围内，而常规工业电动机则不需如此，只要满足额定或者定点工况下具有良好的工作特性就可以。车用驱动电机和常规工业电动机在负载要求、技术性能以及工作环境等方面的主要区别如下[44]。

(1)相比于常规工业驱动电动机 2 倍的过载能力，电动汽车驱动电机则需要 4～5 倍的过载才能够满足车辆行驶的性能要求。

(2)相比于常规工业驱动电动机的基速的 2 倍就可以达到要求，电动汽车驱动电机的最高转速则要求达到基速的 4～5 倍。

(3)相比于常规工业驱动电动机在给定位置工作，没有太多环境要求，电动汽车驱动电机需要考虑车载条件下的一系列恶劣条件。

(4)相比于常规工业驱动电动机，电动汽车驱动电机要求有高的功率密度和效率。

(5)相比于常规工业驱动电动机，电动汽车驱动电机要求可控性高、动态性能好、稳态精度高。

电动汽车所采用的电机类型复杂多样，图 4-3 列出了电动汽车的各种电机类型，其中永磁电机以其高效、高功率密度和高转矩密度得到了广泛关注和应用。主要有直流驱动电机(Direct Current Motor , DCM)系统，成本低，体积质量比较大，需要定期维护；异步驱动电机又称为交流感应驱动电机(Induction Motor, IM)，成本低，结构简单又兼具体积小、质量轻，故障率高；永磁同步驱动电机，有无刷直流驱动电机(Brushless Direct Current Motor, BLDCM)和三相永磁同步驱动电机(Permanent Magnet Synchronous Motor, PMSM)，但各有其不同的特点。

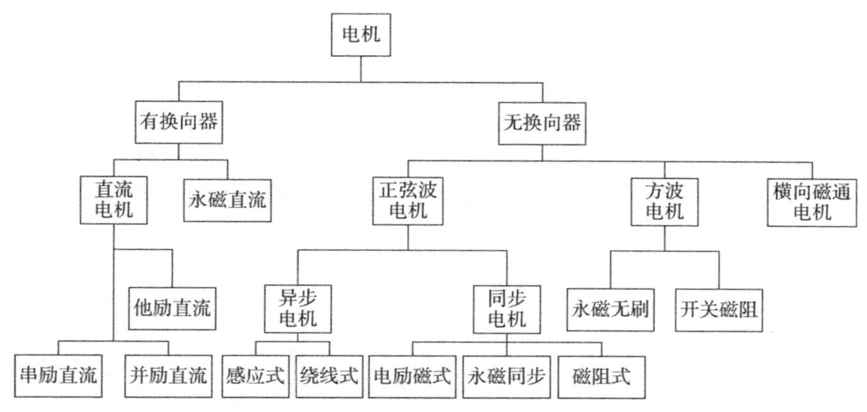

图 4-3　电机驱动系统所采用的电机类型

电动汽车的四种驱动电机在效率、最高转速、电机费用等性能特性方面的对比见表 4-1。

四种电动汽车驱动电机性能对比　　表 4-1

电机类型	直流驱动电机	异步驱动电机	永磁同步驱动电机	开关磁阻驱动电机
最大效率(%)	85 ~ 89	94 ~ 95	95 ~ 97	<90
效率(10% 负载)	80 ~ 87	79 ~ 85	90 ~ 92	78 ~ 86
最高转速(r/min)	4000 ~ 6000	7000 ~ 20000	4000 ~ 15000	7000 ~ 15000
电机平均每千瓦的费用(美元)	10	8 ~ 12	10 ~ 15	6 ~ 10
坚固性	良	优	良	良
信赖性	普通	优	良	良

4.3　电动汽车电机系统检测内容及流程

本节主要介绍电动汽车电机驱动系统的检测内容、方法及检测流程，其中检测内容主要分为电机参数、电机驱动系统电量、电机系统非电量三个方面。其中电机参数包括电机转动惯量、时间常数、电机绕组电感参数，以及四种电机类型的主要参数；电机驱动系统的电量主要有电压、电流、电功率、功率因数和频率等，一般情况下，电机中的电量主要是指工频正弦波形物理量[45]；电机驱动系统非电量参数，主要是指转矩、转速、磁场、温度、振动和噪声等物理量，这些物理量能够直接反应电机驱动系统的质量和品质，对于评价电机驱动系统发挥着非常重要的作用。

4.3.1　电机参数的检测及方法

4.3.1.1　电机转子转动惯量的测定

在分析电机的起动、调速及制动等动态特性，实施自动控制，改变运行状态时，都需要知道转子转动惯量或飞轮力矩。在几何尺寸和材料已知的情况下，可以通过转动惯量的基本定义计算转动惯量的大小，即物体每一质点的质量和这一质点到转轴距离的二次方的乘积的总和，其数学表达式为：

$$J=\sum \Delta m_i r_i^2 \tag{4-3}$$

式中：Δm_i——第 i 个质点的质量；

r_i——第 i 个质点到转轴的距离。

当转子几何尺寸和材料均不知或不易确定时，通过计算的方法计算转动惯量，具有较大的难度。但是，可以通过试验的方法获得，主要依据的测量原理就是刚体绕轴转动的微分方程，即：

$$M=\frac{P_0}{\omega_0}=\frac{J\mathrm{d}\omega}{\mathrm{d}t} \tag{4-4}$$

只要测量式中有关参数：初始转子的机械轴功率，初始转子角速度，初始转子飞升速率便可求得转动惯量。有几种工程上常用的转动惯量的测定方法，介绍如下。

（1）悬挂转子摆动法。悬挂转子摆动法是指用适当长度和直径的钢丝将被测电机转子悬挂起来后，通过扭转一定角度使得转子摆动，从而测得转子的转动惯量的一种方法[46]。

（2）空载减速法。试验时，提高被测电机的转速，使其逐步超过其同步转速，之后切断电源或者脱开驱动机械。此法适用于额定功率 100kW 以上较大容量的电机。

（3）辅助摆锤法。用质量尽可能小的臂杆将一个质量已知的辅助摆锤固定于被测电机轴断面的中心上，臂杆应与转轴中心线成直角[24]。试验时，摆锤自初始或静止位置偏转一个不大于 15°的角度，放手任其摆动，以摆锤经过原静止位置瞬间作为测量摆动周期的起始点，测量 2 次或 3 次摆动周期的总时间，计算平均值。此法适用于测定具有滚动轴承的电机转动惯量，为了提高测量的准确度，可选用质量不同的几个摆锤重复进行测量，以便互相比较和校核。

（4）重物自由降落法。将带轴承的电机转子水平放置在 V 形架上，在电机转子轴端装一个滑轮或者将联轴器固定在轴端，在联轴器上环绕适当圈绳索，将绳索的一端系上重物，另一端固定在轴或轮上。测量时，应尽可能使下落高度 h 大一些，对于直流有刷电机，应将全部电刷提起，此法主要应用于小功率电机。

4.3.1.2 电机时间常数的测定

电机的起动时间（时间常数）是非常重要的技术指标，以用来衡量电机通电后能否快速动作。电机在空载和额定励磁条件下，加上阶跃的额定电压，其转速从零升到空载转速的 0.63倍所需的时间，称为电机的机械时间常数[47]。起动时间是指在一定条件下电机从静止到空载转速所需要的时间。

电机的运行是一个二阶惯性系统，电机的状态从一种稳定运行状态变化到另一种不同的稳定运行状态，可以将其看作是一个动态的过程，但是实际上，在这个动态过程中，二阶惯性是指电机要经历电磁和机械的两个动态过程[48]。

机械的过渡过程是在电流、磁场和电磁转矩都建立后，电机的转速从零上升到空载转速的过程，这个过程产生机械时间常数。电磁的过渡过程并不如此，主要是考虑电机在加以额定电压之后，电流要经过电机的绕组、电感和分布电容，而这个过程可以看作是一个过渡过程，经过这一过程之后电流才能达到稳定值，这个过程中也产生了电气时间常数。

在假定条件下，电机的动态过程被认为是一阶惯性过程，这是因为我们预设假定条件必须考虑一种一般情况，即电气时间常数远小于机械时间常数，故常忽略不计。因此，要测量的电机的时间常数实际上是指电机的机械时间常数，可以由计算求得其值，但是计算导致的误差会比较大，主要是因为测量中影响因素多。

4.3.1.3　电机系统杂散损耗检测

杂散损耗是电机总损耗中除掉定子铜耗、定子铁耗、转子铜耗、机械损耗以及电刷损耗之外的其他损耗的统称，又称为附加损耗。杂散损耗可分为空载杂耗和负载杂耗[49]。由于电机空载试验测得的定子铁耗中已包括了从本铁耗和空绒杂耗，因此电机的杂散损耗通常主要是指负载杂耗。

按照杂散损耗产生原因的不同，又可分为基频杂耗和高频杂耗。

(1)基频杂耗主要是指铜损耗和涡流损耗，产生原因是导体的趋肤效应，这种效应使得槽内导体的有效截面减小，交流电阻增大，增加相应的铜损耗，以及绕组端部漏磁在电机结构部件中带来的涡流损耗。

(2)高频杂耗主要分为两种：一种是有气隙谐波磁场在定、转子铁芯表面引起的表面损耗；另一种考虑到横向电流，主要是在定、转子齿部引起的脉振损耗以及由于转子斜梢在转子齿部铁芯中产生，这样横向电流带来了损耗。相比于基频杂耗，高频杂耗对感应电机来说更为常见，占到电机总杂耗的70%～90%。

杂散损耗严重影响了电机的运行性能，例如电机运行效率、温升。因此测量杂散损耗也是电机健康管理的重要一环，工程上确定杂散损耗的方法主要有两种：一种是实测法；另一种是比例测定。

实测往往针对同步电机，而对于直流电机和感应电机是否采用实测法往往依照其实际需求；比例测定是指确定杂散损耗的方法是按照电机额定输出或额定输入电功率的一定百分比来确定。GB 755—2008 规定，感应电机的杂散损耗按其额定输入电功率的0.5%确定。有补偿绕阻直流电机的杂散损耗按其额定输入(电动机)或输出(发电机)电功率的0.5%确定，无补偿绕阻直流电机则按1%确定[28]。而在电机功率不等额定值的情况下，计算杂散损耗往往依照比例修正的方式，例如负载电流二次方成比例。

电机杂散损耗的实际检测值具有一定的分散性，这是因为来自设计或者工艺的各种因素的影响，以感应电动机为例，几种杂散损耗的测定方法有测功机法、回馈法、反转法。

4.3.1.4　直流电机参数的测定

(1)电刷中性线位置的测定。测定方法主要有正反转发电机法、正反转电动机法及感应法，其中感应法是一种比较常用的方法，操作简单安全，测定也比较准确。

(2)无火花换向区域的测定。中小型直流电机一般都有换向级，通过无火花换向区域的测定试验以及视换向区域的情况进行气隙的调整，从而来检查换向性能、装配质量。

(3)整流电源供电时电机的电压、电流纹波因数及电流波形因数的测定。测定纹波因数和波形因数时，必须对脉动电压、脉动电流的最大值、最小值用示波器进行记录。

(4)电枢绕组电感的检测。电枢的电感受电机磁饱和效应的影响，饱和程度越深电感越小，而且电感的饱和值总是小于不饱和值。对于串励直流电机而言，电枢电感的饱和值和中枢电流极其相关，其随着电枢中电流的变化而变化。

(5)励磁绕组电感的检测。

(6)电机轴电压的检测。电动机在运行时，由于磁路不对称或补偿绕组、换向极绕组、串励绕组的接线不当等，将在电枢转轴的两端产生轴电压，这个电压使得轴承、轴承座对地之间产生轴电流的回路，从而烧损轴瓦表面，使得轴承油膜被破坏。

4.3.1.5 异步电机参数的测定

(1)空载试验。

(2)短路试验。

4.3.1.6 永磁同步电机参数的测定

近年来，随着永磁材料性能的不断提高，特别是铁硼永磁材料在热稳定性和耐腐蚀性等性能方面的改善，促进了永磁电机的研究与产品的开发，并且也使新型永磁电机的应用领域得到了扩展。与此同时，相关的水磁电机测试技术也正在经历一个不断研究和完善的过程。

由于永磁同步电机的参数对电机的稳态、动态性能的影响都比较大，而且与电励磁电机不同的是：永磁电机使其磁场调节难度大，并且在运行状态变化时，电机磁场的饱和程度也随之变化，增加了永磁同步电机参数的测试难度。

永磁电机在设计和仿真技术的研究和开发过程中，第一步通常是计算电机参数，参数也至关重要，其准确度直接关系后续的设计和仿真成功与否，并且参数的计算值也需要通过试验加以验证。因此，永磁电机参数测试原理及试验方法的研究就显得十分重要。三种永磁同步电机参数的测试方法：直接负载法(稳态参数的检测)、电压积分法、直流衰减法。

4.3.2 电机驱动系统电量的检测

4.3.2.1 电压与电流的检测

电机试验时，一般需要测取电机的线电流和线电压，测量时，电流表应与被测电流支路串联，电压表与被测电压支路并联。在电机自动检测时，需要将被测电流、电压变换成与其成正比的标准直流电流或电压信号，因此还需要使用电流、电压变换器。

4.3.2.2 电功率的检测

根据电机类型的不同，电机中电功率的检测可分为直流电机电功率的检测、单相交流电机电功率的检测和三相交流电机电功率的检测。

4.3.2.3 频率和相位的检测

频率检测方法有很多，目前广泛应用的数字频率表和微分式频率表等测量仪表，以及应用示波器测量频率的方法。检测相位，主要应用数字相位计和变换器式相位计，同时也可以利用示波器进行相位的比较检测。

4.3.2.4 电阻的检测

电阻的检测的方法主要有比例运算法、比率法、惠斯顿电桥法、开尔文电桥法、电流电压表法、微机辅助检测法。对于车用驱动绕组的阻值一般为几微欧到几百微欧，一般的 A/D 转换器输入电压范围为 0 ~ 2.5V 或 0 ~ 5V，要保证 A/D 转换的精度，又不会导致输出的大的电流引起被测电阻的压降太大，超出测量范围，所以最好的途径是恒流源的输出电流是可变的。

4.3.2.5 非正弦电量的检测

电机控制的电流和电压的变量装置多为非正弦波形，这是因为随着电力电子技术的发展，越来越多的半导体变流装置被应用于电机控制和调速系统，在这些装置中，作为换流元件的电力半导体器件工作都处于开关状态。而用于传统的交流电工测量仪大多是专门为测量工频正弦交流量而设计制造的，用于测量非正弦电量时，将会产生较大的误差。因此选择谐波分析，利用傅里叶级数将非正弦周期变化引起的电压、电流、磁动势、电动势等分解成一系列不同频率的正弦量之和，然后对各频率正弦量单独作用的情况进行分析计算，最后应用叠加原理把所得结果叠加起来，以便对电机性能做出评价。

4.3.2.6　耐电压检测

对于车用驱动电机而言，工频耐压试验需要分别在电机绕组与电机机壳之间、电机绕组与温度传感器之间、电机控制器相关元器件之间进行。

(1)电机绕组与电机机壳之间的耐电压检测。

(2)电机绕组与温度传感器之间的耐电压检测。

(3)驱动电机控制器工频耐电压检测。

4.3.2.7　绝缘电阻的检测

绝缘电阻检测包括驱动电机定子绕组对机壳的绝缘电阻检测、驱动电机定子绕组对温度传感器的绝缘电阻检测以及驱动电机控制器的绝缘电阻检测。检测用的仪器为绝缘电阻表，绝缘电阻表主要用检查电气设备电气线路对地及相间的绝缘电阻，以保证这些设备和线路工作在正常状态.避免发生触电伤亡及设备损坏等事故。它的刻度是以兆欧为单位的，故俗称兆欧表。

在实际检测时，一般采用数字式绝缘电阻表。数字式绝缘电阻表由大规模集成电路组成，由机内电池作为电源经 DC/DC 变换产生直流高压。高压抽出经被测试品(如电机绕组)，产生一个直流电流，进而经过 I/V 变换经除法器完成运算直接将被测的绝缘电阻值显示出来。

检测前，应根据被测绕组(或测量点)的最高工作电压选择绝缘电阻表。当最高工作电压不超过 250V 时，应选用 500V 绝缘电阻表。当最高工作电压超过 250V，但是不高于 1000V 时，应选用 1000V 绝缘电阻表。检测时，应在绝缘电阻表指针或者显示数值达到稳定后再读取数值。

在测量驱动电机定子绕组对机壳的绝缘电阻时，如果各绕组的始末端单独引出，则应分别检测各绕组对机壳的绝缘电阻，不参加试验的其他绕组和埋置的检温元件等应与铁芯或机壳做电气连接，机壳应搭铁；当中性点连在一起而不易分开时，则测量所有连在一起的绕组对机壳的绝缘电阻[29]。

在这里需要格外注意的是，在每次检测完成后，对搭铁部分的回路都应该做电气连接令其放电。

4.3.3　电机驱动系统非电量的检测

车用电机系统中的非电量主要指转矩、转速、磁场、温度、振动和噪声等物理量，这些物理量能够直接反映车用电机系统的品质表现和质量。对于评价车用电机系统有着较为重要的作用。

转速和转矩是影响电机性能及负载匹配关系的重要机械量，是电机制造厂和用户都十分关心的两个参量。电机温度是影响电机可靠性及寿命的重要参量，对于电机及其控制器中的绕组、铁芯、IGBT 等部件，往往需要考核它们的温升是否与一定的容量相对应，是否超过规定的相应限值。气隙磁场是电机进行机电能量转换的物质基础和主要媒介，漏磁场虽然不参与机电能转换，但对电机参数、运行性能和起动性能均有重要影响。振动和噪声对环境的污染、对人类健康的危害已经被公认。国家标准中详细规定了电机振动和噪声的限值及检测方法，了解和掌握这些测试方法及测试设备的基本原理是十分必要的。

检测非电量时，一般要借助传感器将非电量变换成电量，然后用电测量技术实现非电量的测量。非电量的电测原理如图 4-4 所示。

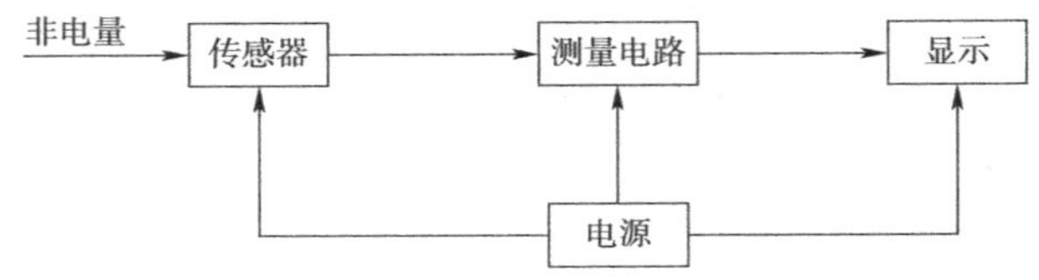

图 4-4　非电量的电测原理

4.3.3.1　转速测量

电机转速一般指电机转子的每分钟转数(r/min)，是电机测试中必须测量的一个重要参数。电机转速可以分为平均转速和瞬时转速，感应电机的转速还可以用转差率来表示。

转速测量方法很多，大多数是作电机平均转速的测量，在研究电机动态过程时，也需要测量电机的瞬时转速。常用的几种主要方法有基于转速表测速、光电数字测速、闪频法测速、基于霍尔传感器的速度测量以及测量转差率。其中，瞬时转速测量可采用测周法，即用时钟脉冲来度量电机转过给定角位移的时间。

4.3.3.2　转矩测量

使机械转动的力矩称为转动力矩，又称转矩。电动机产生的是驱动转矩，发电机产生的是制动转矩。作为电机最重要的特征参数的转矩，它的测量是电机试验中非常重要且必须完成的一部分。转矩的测量方法及测试装置是从事计量和电机研究方面的技术人员长期探索的问题。测量转矩的方法有三种：平衡力法(反力法)、传递法(扭转法)及能量转换法。

平衡力法(反力法)，是考虑当匀速工作的电机主轴受转矩作用时，在它的机体上必定同时存在着相反作用方向的平衡力矩，通过对机体上的平衡力矩测量来确定作用在主轴上转矩大小，这种方法就是平衡力法。

传递法(扭转法)，传递法是通过弹性元件来完成的，对于传递转矩时所产生的物理参数变化作为参考依据从而测量转矩，这里所谓参数大多数是说弹性元件的变形、应力或应变。

能量转换法是根据其他能量参数测量机械能参数及转矩的方法。

在传递类转矩测量仪器中，根据测量传感器弹性元件的物理参数分为变形型、应力型、应变型。在扭轴变形型的转矩测量仪器中，按照转矩信号的产生方式分为光电式、磁电式、电容式、光学式及钢弦式等；在应力型转矩测量仪器中，有磁弹式及光弹式等；在应变型转矩测量仪器中，有电阻应变片式。在平衡类转矩测量装置中，根据平衡支架上的机种分为电力测功机、水力测功机、电涡流测功机、磁滞测功机、磁粉测功机等；根据测力机构分为硅码式、摆锤式、弹资式、电子秤式等。在能量转换类测量转矩方法中，测量电机电参数的方法应用较多，例如损耗分析法、校准直流电机法、回馈法等。

4.3.3.3 电机温度及工作温升的测量

电机运行时会产生各种损耗，例如铁芯中因磁通交变而产生涡流损耗和磁滞损耗，定、转子绕组中因流过电流而产生功率损耗，转子的机械旋转和电机通风等原因而产生摩擦损耗和通风损耗，电机中的谐波磁场和漏磁场等还会引起种种的附加损耗等。这些损耗在电机中将会转换成热能，从而带动电机各部分的温度升高。

电机某一发热部分的温度与冷却介质温度之差称为该部分的温升。当电机达到热稳定状态时，电机的温度将不再增加，这时损耗产生的热量全部散发到冷却介质中去，电机的温升也将稳定在一定的数值上[27]。

电机温升的测量主要是指电机绕组、与绕组接触的铁芯、换向器和集电环等电机关键部件温升的测量，以及电机轴承温度的测量等[10]。电机在额定状态下长期运行而达到热稳定时，电机各部分温升的允许限值称为温升限值。电机绕组的温升限值主要取决于电机的绝缘特性，应该指出，当最高环境温度超过40℃ 或海拔超过1000m 时，电机的温升限值和额定容量应予以修正，修正的方法和数值在 GB 755—2008 中做了规定。

电机温升测量的四种方法分别是电阻法、检温计法、温度计法和叠加法。

电阻法测量能停转后的电机温度时，要求在温升试验结束后立即进行电阻的测量，一般情况下，电机断能后应尽快测得第一点读数，以后每隔一段时间（如 10 ~ 30s）读取一次读数，测量持续一定时间，直至读数不发生明显变化为止。将测得的读数作为时间的函数绘成曲线（推荐使用半对数坐标），并将曲线网推至断能时刻，这样，所获得的温度即作为电机断能瞬间的温度。

检温计法在电机制造过程中，预先把检温计埋置在电机绕组中，并将多个检温计适当分布，此时，可以利用检温计示值或检温计的平均值作为绕组温度。采用温度计法测量，将温度计的感温部位贴附在电机被测部分的表面来测量其温度，可以采用水银、酒精等膨胀式温度计，或者非埋置的热电偶或热电阻温度计，以及采用半导体温度计。叠加法，当不中断电源时，叠加一微弱直流电流到负载电流上，通过测量电机绕阻直流电随阻值发生的变化，从而测量绕组温升。可见，叠加法实质上也是一种电阻法。采用了开尔文电桥原理，而且是电机负载情况下带电测温。

4.3.3.4 电机磁场的测量

气隙磁场在电机的机电能量转换中起着十分重要的作用，气隙磁场的磁感应强度、每极磁通量以及磁场的分布情况可以在电机设计时确定，并通过试验加以验证。在水磁电机进行装配时，为了使主磁极具有良好的对称性，常常需要对水磁块进行试验筛选，即对其磁性能进行逐一检测。电机的漏磁场，特别是电机端部漏磁场的增大，将引起部分结构件的附加损耗大为增加，致使这些结构件局部过热和电机效率降低。在电机端部漏磁场的研究中，试验研究占有重要地位。本电机中磁场的测量方法，主要是应用较为广泛的探测线圈法、霍尔效应法和磁通计法。

探测线圈法又称感应法，是以电磁感应定律为基础的、测量磁场磁感应强度的一种最常用的方法，适用于测量正弦波或者非正弦波交变磁场电机，加接积分器后又特别适用于变频电机的磁场测量。利用霍尔元件测量磁场的原理非常简单，把霍尔元件放在被测磁场中，输入控制电流 I，并保持电流为常值。这时霍尔电动势的大小就可以确定磁通密度 B 的大小。

测量直流磁场时,若控制电流为直流.则霍尔电动势也是直流的;若控制电流为交流,则霍尔电动势也是同频率的交流电动势。测量直流磁场时通常使用交流电,这主要是因为交流电压容易被放大,测量交流磁场时,如果用直流的控制电流,则霍尔电动势是与交变磁场同样规律变化的交流电动势。

4.3.3.5 电机振动试验

电机振动的测定是电机检测的一个重要方面,表征振动的主要参数是振动位移、振动速度和振动加速度等。电机振动测量时,利用振动传感器把上述电机振动参数变换成电参数信号,然后用测振仪进行信号处理和显示。

电机振动的测定方法及限值国家标准 GB 10068—2008 中规定了旋转电机的振动测定方法及限值[39]。

电机安装要求与运行状态可参照对 GB 10068—2008 的有关规定,采用自由悬挂安装(将电机悬挂在弹簧上,或者安装在有弹性的支撑件上,如弹簧、橡胶垫等)或者刚性安装(电机紧固在坚硬的底板上),并满足一定的对悬置系统或底座的振动速度的要求。采用键连接的电机,测量时轴上应带半键,且必须在不破坏原有平衡的前提下采取有效的安全措施。测量时传感器与测点应接触良好,使测量过程具有可靠的连接,不受被测部件的振动状态的影响。传感器及其安装附件的总重应小于电机质量的 1/50,当测振仪读数出现周期稳态摆动时,测量值取其读数的最大值。

4.3.3.6 电机噪声的测量

电机的噪声一直以来是环境污染的噪声重要源头指标,同样地它也被认为是电机各项技术的综合表现。并且在选择电机产品时,电机的噪声是一项重要的性能指标,影响着产品的竞争力从而作为考量。

按照产生原因的不同,可以将电机噪声分为三类,分别是机械噪声、电磁噪声和空气动力噪声。机械噪声是指轴承的净擦、转子的机械不平衡、电刷与换向器(或集电环)之间的摩擦等原因产生的噪声;电磁噪声是指电机中由电磁原因产生的电磁力引发电磁振动而产生的噪声;空气动力噪声主要是指在冷却气体的风路中,当有涡流或压力的突然变化时,气体将引起扰动而产生的噪声[30]。空气动力噪声与电机风扇、风路和通风道的设计、制造水平直接有关。

电机噪声的测定是一个极其复杂、技术性很强且需要技术人员非常细致的工作。因为电机噪声的测定在不同测试方法、测试仪器、测试环境等诸多条件下产生不同的结果,同时电机的运行状态对其测量也是重要的因素。负载情况下引起噪声特性复杂的因素有调速电机的供电频率和电机转速变化对噪声的影响;电源电压非正弦和电压大小的变化对噪声的影响;负载变化引起电机定、转子磁场的变化对噪声特性的影响等。

电机噪声的物理量度包括声压与声压级、声强级与声功率级、频谱、响度与响度级。

4.4 基于静态模型的电机系统性能分析与寿命标定

电机系统可靠性是电机系统性能随时间的保持能力,是与时间密切相关的质量特性。电机系统在长期运行过程中,受热、电、机械和化学等不利因素的影响,其部分结构、部件都会随时间发生劣化、老化,同时由于制造、安装及维护不当等原因,电气和机械方面的故障的出现直接影响整个电机系统的可靠运行。一旦电机和控制系统出现故障,轻则使电气性能下降或者寿命降低,重则导致重大安全事故。

电动汽车电机系统的可靠性测试方法可以参考《电动汽车用驱动电机系统可靠性试验方法》(GB/T 29307—2012)[31]。

4.4.1 基于静态模型的电机系统可靠性数量特征

在电机系统性能分析中,可靠性是重要的一个方面。其中在可靠性研究中,常用的基本数量特征主要有可靠度 $R(t)$ 、失效率 λ 和平均寿命 L 等。

4.4.1.1 可靠度 $R(t)$

可靠度是产品在规定时间和规定条件下完成规定功能的概率,记作 $R(t)$[32],产品寿命 T 是随机变量,因此可靠度可表示为:

$$R(t)=P(T>t) \tag{4-5}$$

式中:t——规定的时间。

4.4.1.2 失效率 λ

失效率 $\lambda(t)$ 是工作到 t 时刻尚未失效的产品,在时刻 t 后的单位时间内发生失效的概率[33]。失效率 $\lambda(t)$ 与可靠度 $R(t)$ 的关系可表示为:

$$R(t)=\exp\left[-\int_0^t \lambda(t)\mathrm{d}t\right] \tag{4-6}$$

4.4.1.3 平均寿命 L

平均寿命是标志产品平均工作时间的特征量,是寿命的数学期望,它与失效概率密度可可靠性的关系可表示为:

$$L=\int_0^{+\infty} tf(t)\mathrm{d}t \tag{4-7}$$

对于不可修复产品和可修复产品而言,平均寿命的含义是不同的。对于可修复产品,是指平均故障间隔时间,记作 MTBF(Mean Time between Failure);对于不可修复产品,是指产品失效前平均工作时间,记作 MTTF(Mean Time to Failure)。

根据产品在生产使用过程中的失效率变化情况,可以将其划分为早期失效期、偶然失效期和耗损失效期。一个产品的寿命周期可分为如下三个阶段:

(1)早期失效期,主要原因是产品在设计、制造和总装过程中的缺陷,从而产生的各种故障,一般会在筛选实验或试运行过程中剔除。

(2)偶然失效期,经过一定时间磨合后原始的产品的故障表现非常稳定,在此阶段产品的设计、制造水平会大大提高产品的可靠性,通过对这一阶段产品失效的分析,可以找出设计、制造过程中的不足,并加以改进,提高产品质量。因此这才是研究的目的和对象。

(3)耗损失效期,产品在使用寿命的后期,由于老化、疲劳、磨损等,失效率增大来得剧猛。

通过对于这三个阶段的分析,在测量过程中,生产方会对于发生早期故障的产品进行筛选予以剔除,所以可以近似认为现场使用的产品都处于偶然失效阶段,其失效率假定为常数。

因为电机系统是一个复杂的机－电能量转换装置，在电机系统中各个部分的失效机理是不相同的，所以对于系统而言，其整个寿命周期里所处的失效期也有很大的差别。例如当电机的转轴、端盖和机壳这些装置还在偶然失效期时，电机其他部分如绕组绝缘或轴承已经处于耗损失效期。

4.4.2 电机驱动系统寿命标定

常见的连续型寿命分布类型主要有正态分布、对数正态分布、威布尔分布、指数分布等，在电子电气产品可靠性分析中，威布尔分布和指数分布应用最广泛。

4.4.2.1 威布尔分布

两参数威布尔分布的概率密度函数为：

$$f(t)=m/n(t/\eta)^{m-1}\mathrm{e}^{-(t/\eta)^m}(t\geqslant 0) \tag{4-8}$$

可靠度、失效率和平均寿命分别为：

$$R(t)=\mathrm{e}^{-(t/\eta)^m} \tag{4-9}$$

$$\lambda(t)=m/n(t/\eta)^{m-1} \tag{4-10}$$

$$\mathrm{MTTF}=\eta\Gamma(1+1/m) \tag{4-11}$$

式中：η——尺度参数，$\eta>0$，η 越大，分布的分散程度越大；

m——形状参数，$m>0$，m 取不同值时，概率密度函数曲线形状不同；

$\Gamma()$——伽马函数。

$m<1$ 时，故障率递减，相当于浴盆曲线的早期失效期；$m>1$时，故障率递减，相当于产品的损耗失效期；$m=1$ 时，故障率为常数，即指数分布情况，相当于产品的偶然失效期。

威布尔分别含有两个参数，对各种类型的试验数据拟合能力强，范围应用广，对产品的三个失效期都可以适应。但是，用于系统寿命分布时，要求串联系统的每个元件都相似或寿命分布相同，这点一般在系统中很难得到满足。

4.4.2.2 指数分布

设随机变量 T 服从指数分布，则失效概率密度函数为：

$$f(t)=\lambda\mathrm{e}^{-\lambda t}(t\geqslant 0,\lambda>0) \tag{4-12}$$

可靠度、失效率和平均寿命分别为：

$$R(t)=\mathrm{e}^{-\lambda t} \tag{4-13}$$

$$\lambda(t)=t \tag{4-14}$$

$$\mathrm{MTTF}=1/\lambda \tag{4-15}$$

指数分布在一定的条件下，还可以用来描述整机和复杂系统的故障间隔时间的失效分布。系统是由大量元件构成的，任何一个元件失效都会造成整个系统发生故障，所有元件的平均寿命有一致的下界，元件之间的失效相互独立，且失效后立即修复或更换，这样，当系统工作较长时间后，该系统故障间隔时间分布即近似地为指数分布。电机经过设计过程中的可靠性筛选，消除了早期故障，基本工作在偶然失效阶段，可认为其寿命服从指数分布。

4.4.2.3 加速寿命试验基本理论

加速寿命原理可靠性试验在产品研制和生产的各个阶段中，有不同的目的和内容。其中,寿命试验是可靠性试验的主要内容,通过寿命试验,可以了解产品的失效规律和可靠性指标,评价和分析产品寿命特征。按照施加的应力水平的不同,寿命试验又可分为正常寿命试验和加速寿命试验。正常寿命试验是指对产品施加正常应力水平的寿命试验,正常应力也就是产品标准中规定的额定应力;而加速寿命试验是指强化试验条件,使试件加速失效,以便在短时间内得到正常应力条件下的各项可靠性指标。在一定的失效物理理论以及合理的工程统计和假设基础上才能去建立加速寿命试验,利用与物理失效规律相关的统计模型对超出正常应力水平的加速条件下获得的可靠性信息进行转换,从而得到产品在正常应力下可靠性特征可复现的数值估计[34]。加速试验通常是在相对较短的时间内,例如几个月或者几周,利用热、电、机械等外界条件,或者其他内部应力使之加速。一般而言,产品的寿命与应力成反比,随其增加而递减。按照施加应力的不同可分为三种,分别为恒定应力加速寿命试验、不进应力加速寿命试验、序进应力加速寿命试验,而在这三种加速寿命试验中,恒定应力加速寿命试验是最基本的,它的理论也最成熟,从中得到的信息也最多。

4.4.2.4　系统产品加速寿命试验研究方法

对元器件和零部件级产品,确定其应力和加速模型是相对来说容易的,这是由于其失效模式和机理比较单一,而且这类模型是有效地加速失效且不改变失效机理的。而对整机或系统产品,其包含多种元器件和材料,故障模式、失效机理及可靠性影响因素比较复杂,系统失效是多个潜在失效机理相互竞争的结果,很难确定不改变设备的失效机理的应力条件,试验过程中需施加多种加速应力以更加真实地反映系统在正常应力下的故障情况,但这样建立系统在高应力下与正常应力条件下失效率之间的关系模型就变得很困难。

目前对整机或系统产品加速寿命试验的研究方法有转化法、性能退化法和可靠性增长理论法[35]。

(1)转化法:根据木桶原理,任何一种产品的寿命都取决于该产品中易失效件的寿命,无论产品的其他关键件、重要件或性能设计是如何优越。只要有一个失效的部件是可以影响整个产品的性能的,那么对于产品而言其寿命也就到此结束。所以产品寿命是取决于它的薄弱环节中易失效件的寿命。整机产品的加速寿命试验就可以被转化成为产品薄弱环节的零部件或元器件的加速寿命试验。

(2)性能退化法:当产品受到环境应力作用时,材料的性能或状态会随之产生复杂的物理、化学变化,产品损伤不是瞬间产生的,而是经过一定时间、一定作用的累积,才会导致产品损伤的出现,也就是说损伤达到所能承受的极值时,产品故障就会发生。因此,当产品性能参数越接近其极限状态,产品发生故障的可能性就越大。

(3)可靠性增长理论法:加速寿命试验对产品而言,产品可靠性是随着试验时间的增加、试验量级的增大逐步下降的,假设加速寿命试验是产品可靠性的“负增长试验”,那么,可靠性增长试验中的理论和分析方法就可以应用到加速寿命试验中。利用可靠性增长理论来研究整机或系统级产品的加速寿命试验是一种新的方法,其可行性还有待进一步研究;性能退化法把研究对象当作一个黑匣子,不用考虑失效机理的复杂性,也不考虑产品的内部,只关心其主要性能参数随应力、时间的变化情况,再利用退化模型对其寿命进行预测。但该方法只能得到产品寿命的点估计值,不能得到其他一些可靠性指标(如可靠度、可靠寿命)的点估计值,更不能得到可靠性指标的区间估计值。虽然提出早,也有一些相关的退化模型,但是此应用不多,成功范例较少;转化法是目前比较实用且用得较多的方法,成功范例也较多。转化法最关键的是对产品薄弱环节的分析,根据对车用驱动电机系统失效机理的分析和相似产品现场使用经验,如果将绕组绝缘、永磁体、轴承、功率开关器件和控制电路(含传感器)定为系统加速寿命试验的薄弱环节,结合其可靠性影响因素,经过试验分析,选取加速应力,就可以进行相应的可靠性分析和加速寿命计算。

4.5 电动汽车电机系统检测设备标准及功能

针对电动汽车电机驱动系统不同物理量的检测,在技术发展过程中形成了不同的测试方法和技术,以及相应的仪器和设备。

4.5.1 设备分类及选用标准

4.5.1.1 仪表仪器的分类

电动汽车电机驱动系统中有若干的电量和非电量参数的检测,测试这些物理量都需要采用合适的仪器仪表。仪器仪表是多种科学技术的综合产物,品种繁多,有多种分类方法。

(1)按使用目的和用途分类主要有量具量仪、汽车仪表、拖拉机仪表、导航仪器、驾驶仪器、无线电测试仪器、载波微波测试仪器、计时仪器、教学仪器等。

(2)按准确度分类。例如,可以将指示仪表按准确度分为多类,例如0.1、0.2、0.5、1.0、1.2 、2.5、5.0级等,见表4-2。

仪表准确度等级 表4-2

仪表的准确级别	0.1	0.2	0.5	1.0	1.5	2.5	5.0
基本误差(%)	±0.1	±0.2	±0.5	±1.0	±1.5	±2.5	±5.0

在规定的使用条件下,由于仪表的内部特性和质量方面的缺陷等引起的误差,称为基本误差,仪表的准确度可以反映仪表的基本误差,它的绝对值在标度尺工作部分的所有分度线上不应超过仪表准确度的数值。

(3)按照显示方式和应用分类。

①指示仪表:如各种电压表、电流表、功率表等。

②校量仪表:如电桥等。

③数字仪表:如数字电压表、数字频率表、数字相位表等。

④扩大量程装置:如仪用互感器、分流器、附加电阻等。

⑤记录仪表和示波器:如函数记录仪、示波器、功率分析仪等。

(4)按照工作原理分类。仪表按工作原理分为磁电系、电磁系、电动系、感应系、静电系、电子式、整流系、热电系、双金属丝结构等。

(5)按使用条件分类。按使用条件分为五组,即A、A1、B、B1及C组。使用的环境条件分为工作条件和最恶劣条件,见表4-3。

仪表分类 表4-3

分组类别		A	AI	B	BI	C
工作条件	温度	0～40℃		0～40℃		-40～60℃
	相对湿度	95%（±25℃）	85%（±25℃）	95%（±25℃）	85%（±25℃）	95%（±35℃）
	霉菌、昆虫	有	没有	有	没有	有
	盐雾	没有	没有	按要求定	没有	有
	凝露	有	没有	有	没有	有
	尘砂	有（轻微）	有（轻微）	有（轻微）	有（轻微）	有
最恶劣条件	温度	-40～60℃		-40～60℃		-50～60℃
	相对湿度	95%（±35℃）	95%（±30℃）	95%（±35℃）	95%（±30℃）	95%（±60℃）
	霉菌、昆虫	有	没有	有	没有	有
	盐雾	有（在海运包装条件下）		有（在海运包装条件下）		有
	凝露	有	没有	有	没有	有
	尘砂	有（在包装条件下）		有（在包装条件下）		有

4.5.1.2 仪器仪表的主要性能指标

在工程上，仪表性能指标通常用准确度、回程误差（又称变差）或灵敏度来描述，校验仪表通常也是调校这三项。

回程误差产生的主要原因是仪表可动机构的间隙、运动部件的摩擦、弹性元件滞后等。随着仪表制造技术的不断改进，特别是微电子技术的引入，许多仪表全电子化了，无可动部件，模拟仪表改为数字仪表等，所以回程误差这个指标在智能型仪表中就显得不那么重要和突出了。

灵敏度有时也称"放大比"，增加放大倍数可以提高仪表灵敏度，但单纯加大灵敏度并不改变仪表的基本性能，即仪表准确度并没有提高，相反，有时会出现振荡现象，造成输出不稳定，所以仪表灵敏度应保持适当的量。

（1）准确度。仪表准确度是仪表测量值接近真值的准确程度，通常用相对百分误差（也称相对折合误差）表示。仪表准确度不仅和绝对误差有关，而且和仪表的测量范围有关。绝对误差大，相对百分误差就大，仪表准确度就低。如果绝对误差相同的两台仪表，其测量范围不同，那么测量范围大的仪表相对百分误差就小，仪表准确度就高。准确度常用准确度等级来规范和表示，准确度等级就是最大相对百分误差去掉正负号和百分号。仪表准确度等级一般都标志在仪表标尺或标牌上，数字越小，说明仪表准确度越高。

（2）复现性（重复性）。检测复现性是指在对同一被检测的量不同测试条件下进行检测时，其检测结果的达到一致的程度，检测复现性通常用不确定度来估计。

（3）稳定性。在规定工作条件内，仪表性能随时间保持不变的能力称为稳定性。表征仪表稳定性现在尚未有定量值，通常用仪表零漂移来衡量。仪表投入运行一年之中零位没有漂移，说明仪表稳定性好；仪表投入运行不到三个月，仪表零位就变了，说明仪表稳定性差。

（4）可靠性。可靠性是仪表的另一个重要性能指标，仪表可靠性高说明仪表维护量小，反之，仪表可靠性差，仪表维护量就大，通常用平均无故障时间（MTBF）来描述仪表的可靠性。

随着仪表更新换代，特别是微电子技术引入仪表制造行业，使仪表可靠性大大提高，例如，一台全智能仪表的 MTBF 比一般非智能仪表的 MTBF 要高 10 倍以上。

4.5.1.3 测量准确度和精密度

测量准确度是指测量结果与被测量真值之间的一致程度，而测量精密度是指在规定条件下获得的各个独立观测值之间的一致程度。

在大部分的场合下，认为测量准确度是一个定性的概念，是一个理想化的概念，难以将其定量化。

4.5.1.4 仪器仪表的选用

检测仪器的选择往往考虑两个方面，即技术性和经济性的方面，选择计量特性能够恰当满足预定的要求，这些计量特性有最大允许误差、测量范围、稳定性、分辨力、灵敏度等。

(1)技术性。测量结果的置信水平和仪器的最大允许误差相关且负相关，在选择测量仪器的最大允许误差时，考虑测量的置信水平，所以最大允许误差应为测量对象所要求误差的 1/5 ~ 1/3。

测量的准确度与测量仪器的灵敏度严重相关，因此在选择灵敏度时，应注意灵敏度过高会增加及时达到平衡状态的困难，但是过低又会影响测量准确度。

同时测量仪器的稳定性也会影响测量的准确度，因此在正常使用条件下，测量仪器表征测量仪器的计量特性随时间长期不变的能力是十分重要的考量。再有，仪器的特定操作条件和极限环境也是在选用仪器时要考虑的因素，因为这些限定了被测量值的范围、影响因素，也提出了其他重要的要求，以使测量仪器的计量特性限定在测量的极限范围。

仪器还要考量其是否标准化、系列化、通用化，满足上述特性的仪器更方便安装、使用、维修和更换。

(2)经济性。测量仪器的经济性是另外一个选用原则。经济性是指仪器的成本，主要是仪器的基本成本、安装及维护成本。考量经济性就意味着，仪器的选择在满足技术要求的条件下还应该易于安装、方便维修、互换性好、校准简单，这样的测量仪器才是选择时的首选。

通常，测量准确度和仪器成本是成反比的。仪器的准确度越高则成本就越高，但是一味要求过高准确度，令其超过实际测量所需，则会导致精度的浪费，不符合经济性原则。

4.5.2 指示式仪表

一般测量电压、电流时，可选择合适的指示系电工仪表，测试电机时，多选用电动系仪表。电动系表的表头是交、直流两用表头，可通过内部电路的不同连接构成电流表、电压表、功率表等。电机检测前，应详细了解电机的铭牌数据，或仔细估算被测电压、电流的数值及变化范围，以便选择合适的仪表和量程。

4.5.3 数字式仪表

数字式仪表所用的元器件也从最早的机电元器件，经过电子管、晶体管发展成集成电路和大规模集成电路。仪表的技术指标和自动化程度也不断提高，具有自动转换特性、自动切换量程及自动校准等功能，便于与计算机系统配合使用，特别是20世纪70年代微处理器的出现，把微型计算机的功能引入数字式仪表中，产生了智能化的数字式仪表，它具有程序控制、信息存储、误差计算与自校正、数据处理及自检修等功能。目前国内外已生产有许多种测量各种量并具有很宽技术特性范围的数字式仪表，如电压表、电流表、功率表、频率计和计数器等。

在实际工作中，电压、电流等是随时间连续变化的量，称为"模拟量"，但是，数字式仪表却是以数字形式来显示所测结果的数字量，是一种断续变化的脉冲量。为了对模拟量实现数字化的测量，就需要一种能把模拟量变换为数字量的转换器，即模－数转换器，以及能对数字量进行计数的装置，即电子计数器。

与模拟式指示仪表相比，数字式仪表有以下优点：

(1)准确度高；

(2)输入阻抗高。基本不取电流，消耗被测量信号的功率极小，即对被测电路工作状态的影响微不足道。例如，数字电压表基本量程的输入阻抗在1000MΩ以上；

(3)灵敏度高，例如现代的积分式数字电压表的分辨率可达到1μV以下；

(4)测得结果直接以数字形式给出，无读数误差，且记录方便；

(5)测量速度快。1s可测多次，有些数字电压表的测量速度高达每秒上百万次，而模拟指示仪表测试一次一般需要几秒钟；

(6)测量过程自动化；

(7)操作简单，使用人员无须经过特殊培训。

数字式仪表的缺点：

(1)由于采用了大量的电子元器件，其结构比模拟式仪表复杂得多；

(2)价格较高；

(3)需要有较高水平的技术人员维修；

(4)不便于观察动态过程，不直观。

4.5.4 转速转矩测量仪

目前转速转矩仪已经得到了广泛的应用，主要有相位差式和应变片式两种。

4.5.4.1 相位差式转速转矩仪

转速转矩仪的基本原理：通过弹性轴、两组磁电信号发生器，把被测转矩、转速转换成具有相位差的两组交流电信号，这两组交流电信号的频率相同且与轴的转速成正比，而其相位差变化部分又与被测转矩成正比。

4.5.4.2 应变片式转速转矩仪

应变片式转速转矩仪的转矩检测敏感元件是电阻应变桥。将专用的测扭应变片应变胶粘贴在被测弹性轴上以组成应变电桥，只要向应变电桥提供电源即可测得该信号，然后将该应变信号放大，再经过压/频(V/F)变换器变成扭转转变压器承担的信号，传感器的能源输入及信号输出是由两组带间隙的特殊环形旋转变压器传递的，因此可实现能源及信号的无接触传递。

4.5.5 电功率分析仪

相对于传统有功功率表而言,电功率分析仪有其达不到的优点。

传统有功功率表不能应对在工频或中频正弦波测量过程中,当波形畸变增大时,检测误差增大的情况下,甚至丧失测试功能,然后电功率在波形畸变较大的时候,也可以获取一定准确度的测量结果。同时,电功率分析仪也是测量用电功率和其他电参数的仪器,具备传统有功功率表的升级技术。

(1)首电功率分析仪具备传统有功功率表的基本功能,测量电压、电流有效值和总有功功率。

(2)能够测量正弦电路和非正弦电路的电压、电流真有效值和总有功功率。相对于工频功率表而言,在带宽和基波频率范围方面也超越了前者,能够同步测量的电参数的频率范围高达数兆赫兹。

(3)能够对非正弦电压、电流及功率包含的详细信息进行定性和定量的分析。定性分析和定量分析采用不同的分析方法,定性主要是通过直观的时域分析法,而通过抽象但准确量化的基于傅里叶变换的频域分析法来完成定量分析。

电动汽车电机系统由于采用变频调速技术,其电压、电流等信号含有较多的谐波含量,传统的仪器仪表是无法对其进行准确的检测的。采用电功率分析仪,不但能够对电机变频系统进行准确的电气检测,还可以进行清波分析等,也可以同时进行电机转速和转矩信号的采集及分析,变频技术的发展,对测量还会提出更高更新的要求,测量仪表厂家会根据变频器的发展和需求加快新仪器的开发研制,以满足变频器生产测试的需求[36]。

功率分析仪可以检测和显示的参数包括:电压和电流的有效值、平均值、峰值、峰峰值;基波和谐波含量,波形畸变;有功功率、无功功率、视在功率;相位角;电机轴端转速、转矩及机械功率等,一般情况下,高准确度宽带功率分析仪的测试带宽可达 3 ~ 10MHz,电流和电压的测试精度可达 0.01%,功率的计算精度可达 0.02%。

功率分析仪具有丰富的接口,除了以上介绍的电压、电流及转速、转矩测量接口外,一般情况还具备模拟和脉冲信号输入输出接口、键盘接口、打印机接口、RS232 接口、USB 接口、网口等,通过相应的软件,可以实现功率分析仪与计算机的连接及通信,方便远程控制和数据的保存处理。

4.5.6 测功机

能够作为动力的机械负载并能够直接测量被检测件输出转矩、转速或者功率的设备,称为测功机。电机测试用的测功机包括磁粉测功机、水力测功机、电涡流测功机、直流电力测功机和交流电力测功机等,现阶段使用比较多的主要是电涡流测功机和交流电力测功机。

磁粉测功机即磁粉制动器,通过改变励磁线圈中电流来改变磁粉连接力,使制动转矩大小发生变化,从而测得转子的制动转矩。水力测功机利用水对旋转体的阻力测功,有两种负荷调节方法:一种是通过改变进出水阀开度,调节进入测功机的水量来改变负荷;另一种是通过改变闸套的相互位置来调节水层作用的有效面积而改变负荷。水力测功机体积小,质量轻,结构简单,制动转矩大,可以正反转,操作方便,使用寿命长,但是小负荷时稳定性差,动态响应时间长，供水系统需要有稳压水箱。

电涡流测功机的结构简单、使用方便、调节平滑，是很受欢迎的一种大功率测功机，测试部分已由平衡锤和刻度盘发展为利用转矩传感器（或力传感器）和转速传感器实现数字测量和自动记录。电涡流测功机配备监控系统，并和台架周边设备形成自动化程度很高的试验平台。监控系统包括信号采集和调理单元、电源/伺服控制单元、计算机控制单元、节气门（转矩）控制单元。其核心是工控机，它具有两方面功能：一方面，实现与电涡流测功机及台架其他设备之间的通信，实现台架工作状态的监测和试验测试数据的采集处理，实现测试数据的存储、打印及绘制图形等；另一方面，完成测试平台设置和自动控制，运动 PID 控制算法实现电涡流测功机加载，集成被测牵引电机的控制信号，准确控制每个测试点或测试工况的运行试验。

直流测功机实际上是一台定子可以在支座上转动的直流电机，另外增加了一些测量转矩的部件（如转速转矩传感器或者力传感器等）。直流测功机一是可以作为直流发电机，符合测功机的功能要求；二是作为其他机械的动力，以直流电动机运行。前者用作测量外接动力的输出转矩；后者则用作驱动外接设备的输入转矩。直流测功机检测电动机输出转矩的工作原理：当转子被试电动机拖动旋转后（此时定子励磁绕组通入励磁电流），转子电枢切割气隙中的磁力线并产生感应电动势，如果电枢外接负载，则有直流电流输出。电枢电流和定子磁场相互作用，在定子和转子上分别产生一个大小相等、方向相反的转矩；转子上的转矩阻止转子旋转，对被试电机来讲是一个制动转矩，起到负载的作用。定子上受到的转矩和转子转向相同，使定子产生偏转，这样就对装在定子外壳一测的力传感器施加了压力或拉力。力传感器将这一力转化为电信号传给配套显示仪，显示出被试电机输出转矩值。

直流测功机输出的电能可用电阻负载直接消耗掉，也可以通过直流电源机组或逆变器回馈给电网。直流测功机准确度高、操作方便、输出电能可以回收，节约厂能源；但结构复杂、使用中维护较大。

直流电力测功机由于受到电刷和换向器的限制，转速不高，最近几年，由于交流电机控制技术的完善，交流测功机应用日益广泛，它的工作转速范围可以非常大，控制性能达到甚至超过直流测功机。交流电力测功机是目前市面上先进的加载测功设备，在实用性方面，交流电力测功机既可以作为发电功能的测功机使用，也可以作为驱动电机为其他设备提供动力。

4.5.7 直流电源

电机系统在台架试验过程中需要大功率直流电源供能以完成相关试验工作，这个直流电源可以采用车载电池的形式，利用动力电池为电机系统提供直流电，但是采用这一方式并不能保证试验过程中电池电压的一致性和检测过程的长久性，导致试验条件在不停地发生变化，影响了试验数据的准确性和一致性；同时，试验过程中需要大量的电池，占用了试验场地，为试验安全带来了隐患。基于以上原因，一般在电机系统的台架试验过程中采用专门的大功率直流电源，为试验过程提供稳定的直流电压。直流电源的工作原理是来自电网的交流电经过隔离变压器后变为合适的交流电压，经过整流变为脉动电压后，进而经过波变为平滑电压，通过稳压控制电路，获得一定精度的直流电。目前，大功率直流电源一般有两种形式：一种为线性直流稳压电源；另一种为高频直流稳压电源。线性直流稳压电源内部采用线性串联和晶闸管调整模式，通过测量稳压电路输出端取样电阻测量电压值的大小，进而调整晶闸管触发延迟角的大小，以实现直流电压高低的调整。但这种方式的控制精度较低，响应时间慢。

在进行电机系统的台架试验过程中，提供直流电时，往往需要真实再现或者模拟实车车载电池的电压、电阻等参数的变化情况。在此需求下，基于高频开关直流稳压电源技术，进一步开发了电池模拟器。电池模拟器是一种模拟储能电池外特性的装置，具有成本低、结构简单、使用方便、易于维护的特点。

4.5.8 环境适应性检测设备

车用电机系统需要适应各种可能的工作环境，为考核其环境适应性，需要进行环境适应性试验，环境适应性试验设备的选择应遵循以下五项基本原则。

(1)环境条件的再现性，在实验室内完整而精确地再现自然界存在的环境条件是可望而不可即的事情，但是，在一定的容差范围之内，完全可以近似地模拟工程产品在使用、储存、运输等过程中所经受的外界环境条件，即试验设备所创造的围绕被试产品周边的环境条件(含平台环境)应该满足产品试验规范所规定的环境条件及其容差要求。

(2)环境条件的可重复性，一台被试件可能在不同的环境试验设备进行试验，为了保证同一台产品在同一试验规范所规定的环境试验条件下所得试验结果的可比较性，必然要求环境试验设备所提供的环境条件具有可重复性。这种可重复性必须要求环境试验设备能满足国家标准所规定的设备检定规程中的各项技术指标及精度指标的要求。

(3)环境条件参数的可测控性，任何一台环境试验设备所提供的环境条件必须是可观测的和可控制的，这不仅是保证试验条件再现性和可重复性的要求，而且从产品试验安全出发也是必需的，以便防止因环境条件失控导致被试产品的损坏。

(4)环境试验条件的排他性，每一次进行的环境试验，对环境因素的类别、量值及容差都有严格的规定，并排除非试验所需的环境因素，以便为试验中或试验结束后判断和分析产品失效与故障模式提供确切的依据，故要求环境试验设备除提供所规定的环境条件外，不允许对被试产品附加其他的环境因素干扰。

(5)试验设备的安全可靠性，环境试验设备必须具有运行安全、操作方便、使用可靠、工作寿命长等特点，以确保试验本身的正常进行。试验设备的各种保护、报警措施及安全连锁装置应该完善可靠，以保证试验人员、被试产品和试验设备本身的安全可靠。

其中，环境适应性检测设备主要包括：高低温检测设备、盐雾检测设备、防水检测设备、防尘检测设备。

高低温检测设备主要是指高低温试验箱、湿热试验箱、湿热变化试验箱、温度冲击试验箱等，工作空间温度一般可以在 -90 ~ 200℃之间变化，湿度一般在 20% ~ 100% 之间变化。

盐雾检测主要是考核产品或金属材料的耐腐蚀性能，在盐雾试验设备所创造的人工模拟盐雾环境条件下，依据其特点将其分为两类：一类为天然环境暴露试验；另一类为人工加速模拟盐雾环境的试验。

防水试验设备主要用于考核被试产品外壳、密封件在防水试验后，或者在试验期间是否能保证良好的工作性能,考核产品在运输过程或使用过程中可能受到浸水的影响,为产品提升提供依据。防水试验设备一般包括滴水试验设备和喷淋试验设备。

防尘试验的试验设备是防尘试验箱,它以人工模拟沙尘环境来检验被试样品的防尘能力,可以用来做防尘性能测试及 IP 防尘等级测试。试验时,由风机推动一定浓度的沙尘以一定的流速吹过被试样品表面,测试这些被试样品暴露于干砂或充满尘土的大气作业下防御尘埃微粒渗透效应的能力、防御沙砾的磨蚀或阻塞效应的能力及能否储存和运行的能力。

4.5.9　振动噪声检测设备

4.5.9.1　振动检测设备

在物体振动过程中,振动 位移、速度和加速度几个参数是同时存在的,工程上常测取振动的加速度,然后利用积分求取振动速度和位移。

振动加速度传感器多采用质量-弹簧系统,把测得的振动加速度变换成力,再由力敏元件把力变化成电信号输出。在电机系统的检测过程中,经常使用振动试验台,它是模拟振动的一种设备,用来考察产品能否经受住长时间振动而不改变其性能或不至于导致机械损坏。

4.5.9.2　噪声检测设备

噪声测量中常用的仪器有声级计、频谱分析仪、电平记录仪、磁带记录仪等。噪声的测量主要是噪声升压的测量。测量声级的仪器为声级计,主要由传声器、放大器、衰减器、计权网络、检波和显示部分组成。电极的噪声主要来源于以下三种因素:电磁力波引起的电磁噪声、空气动力引起的通风噪声以及机械运动引起的机械噪声。各种不同性质的噪声有着不同的响度和频率,同时对于噪声的研究,除噪声级的大小之外,还需要格外关注噪声的主要组成成分,这些分布在不同频段上的组成成分需要采取不同的措施削弱,频谱分析仪就是用来分析噪声频谱的主要仪器。它具有灵敏度高、动态范围大、频率范围宽和分析时间短等一系列优点。

在噪声频谱分析中应用最普遍的是电平记录仪,是一种自动记录仪,能准确地记录一定频率范围内交流信号的有效值、平均值和峰值以及直流信号。

振动噪声综合测量仪在检测时不受周围背景噪声的影响,所以不需要单独为其建造消声室。因此振动噪声综合测量仪在恶劣环境下极其方便有效,例如外界噪声很大、反射很强、环境不稳定或被测声音很小等情况。

4.6　电动汽车电机系统检测设备检测参数

4.6.1　电动车电机驱动系统台架检测设备

基于电力测功机、电涡流测功机等多种测功设备建立的试验台架是车用电机系统性能的重要检测设备,完整的检测台架一般包括测功机、电池模拟器(直流电源)、转速/转矩传感器、电功率分析仪、台架控制及通信系统、数据采集系统、冷却系统、联轴器以及其他机械的和电气的连接设备。有效利用试验台架进行电机系统的性能试验,能够准确地完成相应的参数测量,充分了解车用电机系统的工作能力,加快车用电机系统以至于整车的开发速度。

车用电机系统的试验台架可以与高低温试验箱、振动试验台、电磁兼容设备、半实物硬件在环仿真系统等仪器设备和开发工具结合在一起,从而更充分地模拟车用电机系统的实际工作环境。电机驱动系统的台架检测结构如图4-5所示。

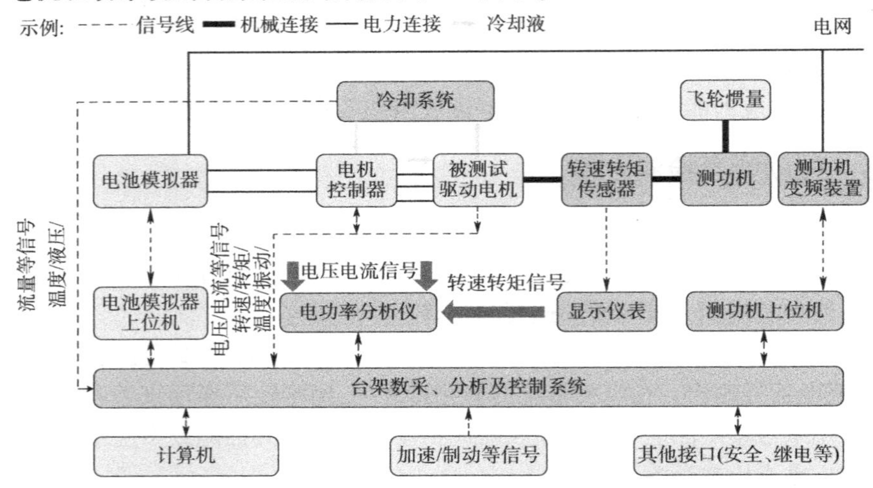

图4-5 电机驱动系统的台架检测结构

被测试驱动电机、转速/转矩传感器、测功机(一般以交流电力测功机居多)之间采用弹性联轴器顺序连接以传递机械动力,电机控制器电池模拟器、与被测试驱动电机之间通过电气加以连接来传递电功率。测功机与测功机变频装置之间也为电气连接,作为测功机系统的控制单元,测功机上位机能够完成对测功机和测功机变额装置的工作状态的检测,也能够不断调整变频装置来调整测功机的工作状态,完成对测功机的控制。

在台架试验过程中,测功机需要通过模拟来确定被测驱动电机轴端负载,在加减速或者变速过程等动态工作特性测试过程中,有时候需要模拟相关车辆机械惯量的大小,可以采用交流电力测功机电惯量模拟的方式,但是这种方式无疑将增加测功机的功率或者转矩等级,特别是模拟的惯量较大时,必须采用功率或者转矩等级大得多的测功机来实现,并且要求测功机的动态响应特性要高,这将导致测试成本的增大[37]。一般情况下,为了解决这一问题,可以将测功机的电惯量模拟和机械飞轮惯量模拟相结合,采用机械飞轮模拟主要惯量部分,采用测功机的电惯量模拟功能进行小惯量补偿,从而可以在不增加太多测试成本的情况下完成对整车惯量的模拟检测。

为台架上被测试驱动电机及电机控制器提供冷却环境称为冷却系统,冷却方式有两种,风冷或是液冷,因此通常有两种情况,第一种情况是被测试驱动电机和电机控制器利用自带有冷却风扇完成冷却,但第二种情况则需要根据被测试系统的要求,确定冷却管路连接方式,通过试验台架为其提供相应流量、压力和温度的冷却液进行冷却。既可以是串联式冷却方式(即冷却液顺序进入电机控制器和被测试驱动电机,然后返回至冷却系统,构成一个串联液路,冷却液流经电机控制器和被测试驱动电机的流量相同,冷却液可以循环使用),也可以为被测试驱动电机和电机控制器单独提供冷却液(流经电机控制器和被测试驱动电机的冷却液路可以单独提供,流量可以不相同)。

电池模拟器是测试中重要的部分,它能够直接为被测试驱动电机系统提供动态直流电源,这种动态特性表现在电池模拟器在模拟车载电池的电压/电流变化的能力。电池模拟器是为被测试电机系统提供直流电,这种直流电的电压视要求而定,同时还可以根据测试要求以及被测电机的负载的变化动态地去调整输出的电流,带动其变化,这种输出特性全部是由上位机来控制的。电池模拟器还有一种能力,它存在两种状态,分别是电力输出及电力的回馈工作状态。当电池模拟器处以第一种状态时,即表明电池模拟器从电网获得电能,输出一定电流和电压的直流电,而此时的被测试系统是处于驱动状态下的。而若是电池模拟器处于第二种状态,即吸收一定电流和电压的直流电,并将其返回给电网,此时的被测试驱动电机系统工作处于回馈制动状态[27]。

为了直接能够测量电机输出轴端的转矩和转速,一般会在被测试驱动电机和测功机之间安装转速/转矩传感器。这种传感器有两种安装方式,一种是只是在试验时才将传感器安装在上述二者之间,与之相对的是,不仅仅针对试验,而是将该传感器长期固定在测功机输出轴上,从而使得在进行台架安装过程中大幅减少机械调整和连接的工作量。转速/转矩传感器是具有显示仪表的,这样方便直观地观测显示在仪表上的数值来确定在电机轴端的转速和转矩,同时这种仪表还具备数据传输功能,通过通信接口向外进行数据的传输和波形的显示。

通过台架试验,通常可以获得许多重要参数的检测。

(1)电机及电机控制器的工作情况:转速/转矩、电机振动状态、电压、电流的状况、重要的工作温度,例如在电机绕阻、IGBT 等关键部件等。

(2)测功机的工作状态:如测功机的电压/电流及温度,振动状态,转速/转矩等。

(3)冷却系统的工作状态:如冷却液温度、流量、压力等。

(4)转速转矩传感器输出的数值等。

参数的测量值的获得,可以有两种方式获得,一是通过电机控制器,而是通过观测单独设立的传感器的显示装置获得,但是在一般情况下,相对于电机控制器,后者的在测量的参数的准确度要更高,当然为了保证测量结果的有效、精准,可以采取二者结合的方式,即能保证了测量结果的合理性和测量的独立性。例如电机轴端转速,其数值既可以通过电机控制器测量旋转变压器或者转速码盘获得[27]。

为了确保信号检测和计算的准确性,台架系统的电功率分析仪会设置多个测量通道,它可以同步检测需要测试的电机和其电机控制器之间的电压、电流以及转速/转矩的信号,也就是说电功率分析仪除了能够测量各相电压、电流信号外,也可以将转速/转矩通过显示仪表上的接口或者传感器输出的信号直接或与之相连。

另外为了确保信号检测和计算的准确性,在台架系统中,一般还需要配置电压/电流传感器,这种传感器可以测试电机系统直流电力和交流电力,同时它还可以将测量所得的信号输入电功率分析仪。

利用信号分别做出对台架数据采集、分析和控制系统获得电池模拟器、电功率分析仪、测功机系统、转速/转矩传感器、冷却系统等各部件工作时的状态信息的分析和显示,再利用通信功能完成对信号和数据的传输。

台架系统的通信包括台架系统内部通信或是与被测试电机系统的通信,无论何种通信,都可以采用各种方式实现,具体的方式还是要考虑测试对象以及对测试精度的要求,最常见的是采用普通的串并联总线，其次还有 CAN 总线、P XL 总线、GPIB 总线等。目前，台架试验和控测系统对电机控制器、测功机之间的通信以 CAN 总线为主；对于独立的台架检测系统，如果对检测准确度要求较高，对被测电机及其控制器的电压/电流和转速/转矩等信号采集的同步性要求较高，则采用 PXL 总线为好，但是也会导致测试设备成本的提高[37]。

4.6.2 台架检测重要检测参数

车用电机系统的技术条件和试验方法已经有相关的国家标准可供参考，如 GB/T 18488.1—2015《电动汽车用驱动电机系统第 1 部分：技术条件》[49]和 GB /T 18488.2—2015《电动汽车用驱动电机系统第 2 部分：试验方法》。这里仅就关键参数的台架试验方法予以阐述。通过台架试验，通常可以检测许多重要参数，它们包括如下：

(1) 电机及电机控制器的工作情况：转速/转矩、电机振动状态、电压、电流的状况、重要的工作温度，例如在电机绕阻、IGBT 等关键部件等。

(2) 测功机的工作状态：如测功机的电压/电流及温度，振动状态，转速/转矩等。

(3) 冷却系统的工作状态：如冷却液温度、流量、压力等。

(4) 转速转矩传感器输出的数值等。

4.6.2.1 驱动电机及控制器效率的测量

一般情况下，在某一特定工作点上，电机的效率、电机控制器的效率以及电机和控制器组成的系统效率需要分别测量和计算。电机控制器效率应根据其输入功率和输出功率的比率计算，即：

$$\eta_c = \frac{P_{co}}{P_{ci}} \tag{4-16}$$

式中：η_c——电机控制器效率；

P_{co}——电机控制器输出功率，kW；

P_{ci}——电机控制器输入功率，kW。

试验时与电机控制器配套提供的辅助装置，如果与电机控制器共用一个电源供电，其功率应一并输出，并计算在效率内；如果采用另外的单独电源供电，则需要单独测量或计算辅助装置的功率值，但在效率计算时可以不考虑[20]。

电机效率应根据其输入功率和输出功率的比值计算，即：

$$\eta_m = \frac{P_{mo}}{P_{mi}} \tag{4-17}$$

式中：η_m——电机效率；

P_{mo}——电机输出功率，kW；

P_{mi}——电机输入功率，kW。

如果要测量电机和电机控制器组成的系统的效率，考虑到测量过程中现有电气测量仪表，对于变频电力信号测量的误差，以及电机控制器本身效率较高的特性，不推荐采用式(4-16)和式(4-17)直接相乘计算的方法获得电机系统的效率。建议将电机系统一并在试验台架上进行试验，计算获得电机系统的效率应根据电机系统输入输出参数的测量情况。

处于电动工作状态时的电机系统，其输入功率为电机控制器直流母线输入的电功率，输出力率为电机轴端的机械功率,电机系统电动工作状态下的效率按照式(4-18)计算。

$$\eta = 9.55\frac{UI}{Tn} \tag{4-18}$$

式中:η——电机系统的效率;

n——电机转速;

T——电机轴端转矩,N·m;

U——电机控制器直流母线电压平均值,V;

I——电机控制器直流母线电流平均值,A。

4.6.2.2 转速/转矩工作测试点的选取

台架试验过程中,为了更加全面地掌握被测试电机系统在全部工作范围内的转速/转矩特性。需要在尽可能多的工作点处进行测试和分析,但是为了减少测试工作量,又不宜选择过多的工作点。

选择转速点时要遵循一定的原则,在电机系统工作转速范围内应该取不少于10个转速点,最高转速是一个格外重要的参考标准,相邻转速点之间的间隔应该在最高工作转速的10%左右,而其最低转速点最好是不大于最高工作转速的10%。另外一些特征点是测试点选择时应必须要考虑的,例如那些出现在特殊状态时的转速点,包括额定工作、最高工作、持续功率对应的转速点等。

在选择转矩测试工作点时与选择转速点是一致的,都要遵循一定的原则,在电机系统工作转速范围内应该取不少于10个转速点,最高转速是一个格外重要的参考标准,相邻转速点之间的间隔应该在最高工作转速的10%左右,而其最低转速点最好是不大于最高工作转速的10%,数量可以减少,但不低于5个,另外一些特征点是测试点选择时应必须要考虑的,例如那些峰值转矩数值处的点、持续功率曲线上的点、峰值功率曲线上的点以及其他特殊定义的工作点等。

4.6.2.3 测量参数的选择

台架试验过程中需要测试哪些参数与试验目的有很大关系,也与台架状态和关键零部件的监控、安全运行有关。对车用电机系统进行台架性能试验和验证时,在相关的测试点处可以全部或者部分选择以下相关参数以便于进行数据采集、分析、监控或者控制。这些参数主要包括:电机控制器直流母线电压和电流;电机的电压、电流、频率及电功率;电机的转矩、转速及机械功率;驱动电机、电机控制器或电机系统的效率;电机电枢绕组的电阻和温度;冷却介质的流量、压力和温度;台架关键部位或者关键零部件的振动;其他特殊定义的测量参数等。对于车用电机系统开发过程中进行的台架试验,还需要考虑通信协议的执行情况,关键参数的标定情况,以及电感、电阻的非线性变化情况等。

4.6.2.4 参数测量过程中的注意事项

台架检测过程中任何参数的检测都是在一定的工作条件下完成的,确定了某一转速转矩测量工作点之后,测试仪表准确度、测试过程中的损耗、电机绕阻及其他零部件的工作温度、电压电流的供给、具体测试点的选择等,都会影响测试结果的准确性。不同的工作状态,对于同一个参数测量获得的数值必定会产生一定的差异。因此在测量过程中,为了获得更为准确一致的测量结果,需要对测量过程和测试状态加以控制。

测试前，根据测试准确度要求的大小，选用的测量仪表应具有足够准确度。

测量时，被测电机系统应处于热平衡工作状态，电机控制器的直流母线工作电压以额定电压为准，必要时，可以根据测试设置其他测试条件，电机系统可以在实际冷状态或者热状态条件下工作，电机控制器的直流母线电压可以设置在最高工作电压、最低工作电压、额定工作电压或其他工作电压处，测试的转速和转矩可以是一个工作点、曲线或者全部工作区。但是，需要在测试报告中记录相应的测试条件。电机控制器输入、输出功率可以通过测量其输入或输出的电压和电流计算获得，电压和电流的测量点应选在驱动电机控制器靠近接线端子处。控制器的输入功率、输出功率和效率也可以使用电功率分析仪直接测量获得。

一般情况下，电机控制器和电机之间的电力传输线缆不会对测量结果产生明显影响，如果线缆的长度或阻抗严重影响了被测系统的工作特性，则需要调整线缆，或者对测量结果予以修正，以避开或减少影响。

测试过程中，为保证测量的准确度，电机的工作转矩和转速宜直接在电机轴端测量，电机轴端和转速/转矩传感器之间应是刚性连接。如果可以忽略联轴装置的传动效率和中间的风磨损耗，也可以在驱动电机轴端与转速/转矩传感器之间放置联轴装置，此时，转速/转矩传感器的读数即电机轴端的输出值。对于精密测量，或者需要考虑联轴装置的传动效率和测试过程中的风磨损耗的情况，应对试验结果进行修正。

4.6.2.5 关键参数的试验和验证

1)持续转矩和持续功率

测试过程中，电机控制器直流母线电压设定为额定电压，电机系统可以工作于电动状态，也可以工作于馈电状态。测试时，根据电机系统的技术条件，使其工作于规定的持续转矩和持续转速条件下，应能够长时间正常工作，并且不超过电机的绝缘等级和规定的温升限值。

利用该测试验证的转速、转矩数值，就可以计算获得电机在相应工作点的持续功率，即：

$$P_{\mathrm{m}}=\frac{Tn}{9550} \tag{4-19}$$

式中：P_{m}——电机轴端的持续功率，kW。

2)峰值转矩和峰值功率

可以在电机系统实际冷态下进行峰值转矩试验，试验过程中，电机控制器直流母线电压设定为额定电压，电机系统可以工作于电动状态，也可以工作于馈电状态。

试验时，根据电机系统的技术条件使其工作于规定数值的峰值转矩、峰值转速条件下，并持续一定时间，电机系统应能够正常工作，并且不超过电机的绝缘等级和规定的温升限值。峰值转矩的大小与试验持续时间有很大关系，对于同一个被测试电机系统，如果要求的持续时间短，则可以获得更大的峰值转矩，如果要求的持续时间长，则对应的峰值转矩数值就会明显降低，因此，一般情况下，为便于比较，很多企业将电机能够持续工作 30s 的最大工作转矩作为峰值转矩。

作为峰值转矩的一种特殊情况，可以测试电机系统在每个转速工作点的最大转矩，测试过程中，在最大转矩处的测试持续时间可以很短，一般情况下远低于 30s，根据测试数据，就可以绘制电机系统转速—最大转矩曲线。

如果需要多次进行峰值转矩的测量，宜将电机恢复到实际冷态，再进行第二次试验测量。

获得峰值转矩和相应的工作转速之后，就可以利用式(4-19)计算电机系统在相应工作点的峰值功率，相应地，峰值功率也与试验持续时间相对应。

3)堵转转矩

检测过程中，电机控制器直流母线电压设定为额定电压。测试时，应将电机转子堵住，电机系统工作于实际冷状态下，通过电机控制器为电机施加所需的堵转转矩，记录堵转转矩和堵转时间。

改变电机定子和转子的相对位置，沿圆周方向等分取5个堵转点，分别重复以上试验，每次重复试验前，宜将电机恢复到实际冷状态。每次堵转试验的堵转时间应相同。

取5次测量结果中堵转转矩的最小值作为该电机系统的堵转转矩。

4)最高工作转速

检测过程中，电机控制器直流母线电压设定为额定电压，电机系统宜处于热工作状态。测试时，应匀速调节试验台架，使电机的转速至最高工作转速，并施加一定的负载，工作稳定后，在此状态下的持续工作时间应不少于3min。

5)效率MAP和高效工作区

在电机系统转速转矩的工作范围内，按照本节第二部分介绍的方法选择 工作点，测试点选取尽量分布均匀，但是也要根据效率分布情况适当调整在电机系统效率变化比较大的区域，操作点应该选取多一些，防止丢掉重要信息。一般情况下，在高功率区，从一个测试点到另一个测试点的效率变化比较小，所以测试点选取时每个转矩或转速之间的间隔可以大一些；对于轻负载区，效率变化较大，测试点选取间隔应该小一些。在测试点的选择数量上，不宜低于100个。这样一来，稳态检测后绘出的电机系统整体效率MAP信息就比较完整。

检测时，被测电机系统应达到热工作状态，电机控制器的直流母线工作电压为额定电压，电机系统可以工作于电动状态，也可以工作于馈电状态。在不同的转速和不同的转矩点进行测试，根据需要记录电机轴端的转速、转矩，以及电机控制器直流母线电压和电流、交流电压和电流等参数，然后计算各个测试点的效率。检测过程中，由于效率测试点多，如果将所有的测试点都通过测量做出来，耗费的时间将很长。为了解决这个问题，可省略某些检测点，省略的原则是测试结束后利用已测试、计算的效率值通过插值求出省略测试点处的效率值。一种简单的测算高效区的方法是，统计高于一定效率的符合条件的测试点的数量，其值与总的试验检测点的数量的比值，即为高效工作区的比例。也可以在试验数据的基础上，采用数值拟合和数学插值的方法获得相应的高效工作区。

第5章　电动汽车电控系统检测技术及检测设备

5.1　电控系统检测技术及检测设备概述

随着电动汽车技术的发展，人们开始逐渐接受除了燃油汽车外的电动汽车。其中，电动汽车的电控系统与传统汽车相比有着明显的优势，并且有一些相对严苛的要求，例如电控系统要有高控制精度、高动态响应速率，并同时提供高安全性和可靠性。它包括几个重要部分，例如能量管理系统这一核心，它由功率分配、功率限制以及充电控制这几重要部件组成。电控系统作为电动汽车产业链的重要一环，其技术、制造水平直接影响整车的性能和成本[50]。电控市场在很大程度上会影响电动汽车发展。

本章依次介绍电动汽车电控系统性能参数、电动汽车电控系统检测内容及流程、电动汽车电控系统各模块性能分析、电动汽车电控系统检测设备标准及功能以及电动汽车电控系统检测设备软硬件设计。5.2节是从电控系统重要性和发展现状入手，对电控系统性能要求做了详细介绍。5.3节从电控系统检测内容、流程以及故障维修诊断、维修手段几方面对电控系统检测作了详细介绍。5.4节将电控系统分不同的模块，依次进行性能分析。5.5节简单介绍了检测设备需要达到的一些标准要求以及相应的具体功能，为系统检测提供理论支撑。5.6节从硬件设计和软件设计两方面入手，深入解释了电控系统的设计。

5.2　电动汽车电控系统性能参数

5.2.1　电动汽车电控系统重要性与发展现状

电动汽车是传统燃油汽车的替代品，电动汽车驱动系统在技术性能等有特殊需求。随着电子、计算机、传感器等技术的迅猛发展，汽车电子控制成为汽车发展的主要趋势之一。传统的汽车电路主要采用点对点的布线方式。此布线方式使得整车线束杂且多，安装空间紧缺，故障维修难度增大。加上大量电子控制单元的引入，使得数据存储量庞大。传统的方式已经无法满足信息交换分享的需要，现阶段市场上各主流品牌的汽车多数采用CAN总线网络和LIN总线网络相结合来进行电子信号的传输、逻辑判断和功能命令执行。CAN总线网络能容纳多个数据节点、通信速率高达1Mbit/s、抗电磁干扰能力强。主要用于汽车上的发动机ECU（Electronic Control Unit 电子控制单元）、制动ABS（Anti-lock Braking System 防抱死系统）、转向EPS（Electric Power Steering 电动助力转向系统）等功能控制。LIN（Local Interconnect Network 内部互联网络）的传输速率最高可达20Kbit/s。LIN主要是为CAN总线提供辅助功能，在不需要CAN总线的带宽和多功能的场合，比如电动车窗、车灯照明、空调控制、刮水器等通常使用 LIN 总线,这样可大大节省成本。

在美国的一些高级纯电动汽车电控系统上,其为了适应不同的工况,纯电动汽车的状态可以通过电控系统控制相应开关来选择限制电动机的电流。电控系统包括电池管理系统、动力驱动系统、制动系统、检测系统和故障诊断处理系统等[51]。日本研制纯电动汽车相关技术的公司较多,比如马自达、丰田、本田等公司。例如丰田公司其中一个型号的电动汽车电控系统首先接收来自加速踏板信号、制动踏板信号、变速杆挡位信号或转向角度信号的操作指令,并采集电动汽车各位置的传感器信号,例如横摆角速度信号、纵横向加速信号、转速信号等,电控系统随之将这些信号处理,最后通过逆变器 W 及电机控制器来驱动电动汽车后轮。而国内市场的纯电动汽车整车电控系统主要由一些高校和少数汽车公司(如比亚迪、奇瑞、柳州五菱汽车有限公司等)研发。例如其中一款电控系统可控制电动助力转向系统、电池管理系统、空调系统、加速踏板等,并能够计算车上所有电子设备的功耗,再与电池 SOC 进行对比,通过功率模型的计算后将控制指令发送到电机控制器上,最后通过改变电机转矩值来控制电动汽车的运行状态。

当前国内电动汽车的整车企业电控元件占比很大。考虑到 2016 年全年获批的新建电动汽车企业已经达到 7 家,且其中不乏长江汽车、敏安汽车、万向集团等尚无整车生产经验的企业,可知,电动汽车制造企业的崛起,给供应商提供电控元件的比重会上升。根据中机中心公布的新能源汽车装机数据统计,2016 年 1—7 月,第三方电机企业达到 92 家,第三方电控企业达到 98 家,分别提供了 44.6% 和 43.8% 的装机量。第三方电机、电控企业,在第三方市场中的最高市占率仅分别为 14.5% 和 18.4%,在整体电机、电控市场的市占率更是仅为 6.48% 和 8.07%。整个电机、电控市场仍处于未定型的竞争格局,尚无任何企业对市场形成统治性优势,转型企业、新兴企业均有机会在市场中脱颖而出,迅速获得较大的市场份额。国内新能源汽车电控装机来源分布如图 5-1 所示。

目前,在电动汽车的整个产业链中,电池行业的市场关注度居高不下,而电控行业比电池受市场关注度低。我国电动汽车商业化时间不长,因此总体来说电动汽车的配套电机、电控系统产业市场格局尚处在不断变化和发展中。早期来看,由于电动汽车产业规模较小,特别是客车、专用车市场规模较小,因此相关整车企业在配套电机、电控系统上普遍选择外购零部件的方式,然后由整车厂进行动力总成和整车制造,这一特性在电动专用车(物流、环卫等车型)市场尤为明显。

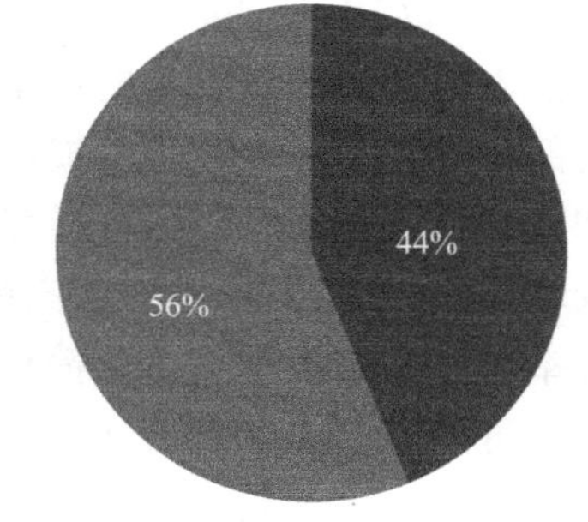

图 5-1 国内新能源汽车电控装机来源分布图(2016.1-2016.7)

电动汽车的电控系统要安全、可靠性能同时具备。其主要组成部分包括逆变器(主要是 IGBT 功率模块)(IGBT 即绝缘栅双极型晶体管)等组件。其中,逆变器负责蓄电池的直流-交流电转换从而驱动电机运转。IGBT 应用于逆变器中,占到整个控制器成本的 40% 左右。目前我国高端 IGBT 仍由外资占主导地位,英飞凌、ABB、三菱、仙童、东芝、富士等企业占据主导。在 IGBT 芯片市场上,90% 仍主要依赖进口。不过这种局面已开始有所转变,部分国产 IGBT 技术正在迅速缩小与国际领先企业的差距。虽然目前国内主流的电控生产厂商主要应用国外器件,但随着 IGBT 国产化的进程加速,未来进口替代后有望显著降低国内电控系统的成本。

5.2.2 电动汽车电控系统性能要求

近年来,传统的燃油汽车受到巨大的挑战,纯电动汽车越来越受到人们的青睐。使电动汽车的电机、电池及电控等组件集成,是当前提高电动汽车性能的一个关键方法。电控系统要完成一定的任务,必须具备一定的性能。通常,要求控制系统的输出量应能实时、准确地按照输入量的规定而变化,并且在两者之间保持稳定的对应关系,对应关系尽量不受任何干扰的影响。对于不同的自动控制系统,对它们的要求可以归结为稳定性、快速性、准确性这三个方面。

系统的稳定性是控制系统工作不出现问题的、非常必要的条件。控制系统的快速性一般用调节时间来衡量,调节时间越短,快速性越好,但控制系统的快速性常常与相对稳定性相矛盾。控制系统的准确性指在系统调节完成后,它的输出和输入间依然有误差的大小。对准确性的高要求是稳态误差为零。稳定程度高、动态过程平稳性能好、能够较快地到达系统稳态值、瞬态响应时间短、最终控制精度高、稳态误差小是对控制系统的总体性能要求。

电动汽车的核心技术是三电,三电指的是动力电池、电机及电控、整车控制器。动力电池负责储能,电机电控负责驱动,整车控制器则是全局通盘负责整车所有 ECU。电控系统是新能源电动汽车的“三大核心”技术之一。据统计,电控系统效率提升 1%,可显著提升纯电动汽车的整车经济性,其设计出的车型在市场竞争中更加具有竞争优势。电控系统要有高控制精度、高动态响应速率。为了提升保证电控系统的性能满足功能需求,提升电控系统的效率,可以从不同技术角度入手。

当前,为了提升电控系统的效率,可以将以下优化技术作为出发点:载频动态调整技术、DPWM 发波技术(Differential Pulse Width Modulatio 微分脉宽调制)、过调制技术、广域高效 HSM 电机(Hierarchical Storage Management 分层存储管理)。首先,从电控系统的损耗谈起,目前电控系统的损耗主要来至逆变器控制器部分,而逆变控制器损耗的 70% 又主要来至开关部分,因此,可以从开关损耗角度降低,来研究提升载频动态调整技术。根据仿真实验可知,调整开关的频率以后,逆变器的效率最大能够提升 2%,使用动态载频率技术,尤其是在低转速,对载频要求不那么高的时候,调整载频可以有效降低控制器的损耗,提供控制器的效率。DPWM 发波技术可简单理解为不连续发波技术,采用 DPWM 发波技术比采用 COWM 技术可以减少 1/3 的开关闭合次数,其可显著降低开关损耗。当调制比 $M > 0.816$,CPWM (Chaotic Pulse Width Modulation 混沌脉宽调剂)和 DPWM 调制下的谐波近似相同。此区域可采用 DPWM 技术以降低器件损耗。逆变器的损耗主要由开关损耗和导动损耗。其中导动损耗与输出电流有很大的关系,在输出功率一定的条件下,输出电流降低对应的输出电压则需要相应的予以提高。在电路设计过程中,加入过调制,能够有效地提高弱磁区和输出转矩,提高输出电压 4%,峰值功率对应提升 4% 左右,进而改善整车在高速区域的动力性能;加入过调制,输出功率相同的情况下,电流会显著降低,进而能够减小系统的发热量,提高控制器的过载能力,改善整车动力性能。加入过调制,能够有效地提升高基波电压,与未加入过调制相比较,其可提高电机的效率,电机电流能明显减小(0 ~ 8%),进而可有效地提高整车的续驶里程。广域高效 HSM 电机除了电控效率提升,还包括电机效率提升,相比 IPM 电机(Intelligent Power Module 智能功率模块)可以兼顾低速区效率和高速区效率,其在中高速恒功率运行区域内,效率优势更加明显。

在一定程度上,电控系统所影响的整车电耗,其实要比续航数值更有参考意义。如果说电机和电池技术决定了一辆电动汽车的硬件价值,那电控则直接决定了车辆的软件处理能力,并且也将帮助电机和电池发挥出最大的硬件潜能。电控技术不是因电动汽车而出现的,在传统燃油汽车上,电子控制系统(ECU)也同样重要,它直接负责车辆的信号接收、分析以及作出指令判断。而这项技术在应用到了电动汽车上后,整车电子控制系统需要承担的责任也将更加复杂,而所谓的电气化架构也因为电控系统的模块增多而成为一家汽车企业的核心技术手段。作为整辆车的总控制台,高效、稳定以及提高车辆综合性能,是电控系统在电动汽车中承担的重要责任。相比于传统燃油汽车,汽车在转向电气化后增加了电池组、驱动电机、变速器(减速器)、动能回收系统等,而如果再加上自动驾驶和增程式系统,电控系统所要承担的责任就更多了,所以在传统燃油汽车上使用的"单一电子控制器"目前也变成了"车辆中央电子控制器",从名称上也能够看出电控对于电动汽车的重要意义。

目前一辆状态并不算好的电动汽车应该包括了续航能力差、最高时速低、驱动系统反应慢等问题,而这其中任何一个状况都和电控系统有着必然的联系。因此为了提升满足电动汽车的性能要求,必须从这些参数方面来满足提升电控系统的性能满足指数进而提升电动汽车的性能条件。

电动汽车上的电子控制系统可以细分为多个子系统,包括电机控制单元、电池控制单元、动能回收系统以及整车高低压转换系统等。目前市场中电动汽车被分为插电式混合动力、纯电动以及燃料电池系统,三类车型在电池与电机方面属于共性的核心技术,而电控系统则会因为驱动方式的不同而不同,当然其中包含的子系统也有所不同。电控决定了电机的调速、转矩控制等,同时也将控制电池放电倍率、整车高低压电转换的效率,它既要控制能耗又要兼顾性能,并且满足高动态的车辆响应频率的同时,还要保护电池和电机的安全性。电控系统就像一辆电动汽车的"管家"一样,需要根据不同的模块,从控制转矩、控制转速、电流转换等具体的参数入手来满足汽车的性能要求。

电动汽车电子控制系统主要模块结构如图5-2所示。

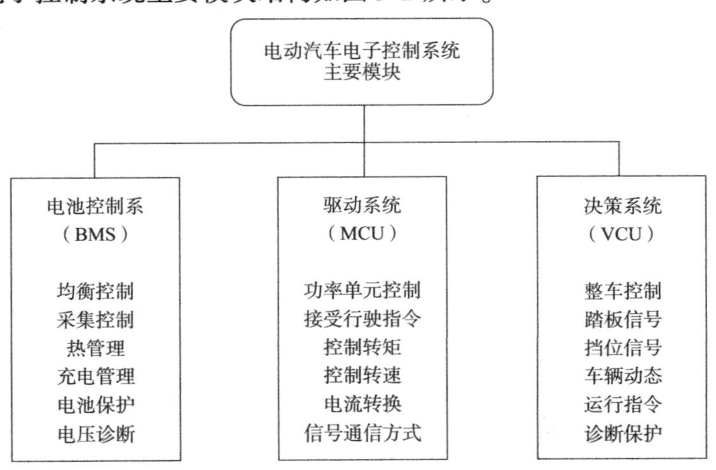

图5-2 电动汽车电子控制系统主要模块结构图

5.3 电动汽车电控系统检测内容及流程

近年来,电动汽车技术得到了快速的发展,随着技术的不断进步,驾驶员的驾驶体验和乐趣也越来越丰富。良好的驾驶环境、绝佳的驾驶体验以及数字化的驾驶平台,无不体现出科技发展为人们带来的便利。然而科技进步的同时也为电动汽车故障的检测与维修提出了新的挑战。高效检测处理汽车故障值得引起我们注意。

5.3.1 电动汽车电控系统检测内容

在具备了电动汽车电控系统检测的基础基本知识以及准备好了电动汽车电控系统检测过程中常用的仪器设备之后便可以开展对汽车电动系统的检测工作。它包括对汽车电控燃油喷射系统的检测、汽车电控自动变速器系统的检测、对汽车电控转向系统(PPS)的检测以及对汽车防抱死制动系统(ABS)的检测。下面将分别对这几方面检测内容具体介绍。

1)汽车电控燃油喷射系统检测

对汽车电控燃油喷射系统的检测包括多个方面[52]。

(1)对燃油压力调节器的检测:

①关闭点火开关,拔出短接导线。

②接入油压表,连接检测插孔,打开开关使电动汽油泵运转起来。

③根据标准值,检测故障是否由于油压调节器异常造成的。

④测量发动机运转压力。

(2)对燃油泵的检测:

①通过万用表欧姆挡,检测电动燃油泵两端子间的电阻。

②将蓄电池电源短时间加在电动燃油泵两端子上检测燃油泵状态。

③检查燃油泵控制电路。

(3)对燃油供给系统的检测。可以采用以下方法对油压进行检测:

①静态检测。

②持压检测。

③动态检测。

(4)对喷油器的检测:

①就车检查:在热车以后,让发动机怠速运转,然后利用听诊器对各缸喷油器工作时产生的声响进行听诊。

②喷油器电阻检测。

③喷油器的单件检查:目测检查;喷油器喷油量和漏油的检查。

2)汽车电控自动变速器系统检测

对汽车电控自动变速器系统的检测包括八个方面的具体的检测[53]。

①油温传感器的检测检测。

②自动变速器控制继电器的检测。

③电磁阀的检测。

④A/T 模式转换开关的检测。

⑤防手动换挡开关的检测。

⑥防手动换挡开关和控制拉索的调整。

⑦A/TECU 的检测。

⑧传感器和电磁阀的波形检测。

3)汽车电控转向系统(PPS)检测

对汽车电控转向系统的检测包括四个方面的检测[54]。分别是检测转向盘自由行程、检测储液罐液面高度、检测转向器及配合副联动状况、检测转向系统液压油路密封性。需要对每一个部分进行全面高效细致的检测,才能最终保证整个系统的性能达标。

4)汽车防抱死制动系统(ABS)检测

对汽车防抱死制动系统(ABS)的检测包括三个主要部件的检测。分别是轮速传感器的检测、ABS ECU 的检测、制动压力调节器的检测。这几个部分的检测需要注意的是每一部分的各个环节需要对时间等各方面的精度把握性较高,才能比较有说服力,表明检测到位。

5.3.2 电动汽车电控系统检测流程

电控系统的检测流程可参考系统的开发流程来进行。系统的开发从系统需求与构建、子系统技术需求和组件技术需求、控制软件架构及子模块需求、软件构造、软件功能验证和硬件功能集成验证、HIL 级系统(hardware-in-the-loop 硬件回路)验证和台架级功能验证及整车级标定和需求验证等 7 个主要工作环节展开,全面地涵盖了电控系统开发的所有过程并有相应的流程规范。因此,电动汽车电控系统的检测流程也将从这七个环节一一展开。

(1)在系统需求和架构环节,需要对根据整车需求和其他必要输入,生成初始的动力系统电气架构进行检测,并对产生初步的控制系统方案进行评估。

(2)在子系统技术需求和组件技术需求这一过程中,主要是对控制系统架构和集成设计是否合理、网络通信是否无误这几部分的内容进行检测。

(3)在控制软件架构及子模块需求检测这一过程中,主要是对控制软件架构、子模块需求和底层软件需求的检测。首先需要对控制策略功能描述、软件子模块以及连接关系、任务调度策略以及系统约束仔细检查。同时,对软件分层架构及各方职责、安全性架构及安全等级、实时操作系统或调度程序、数字或模拟 1/O 接口驱动、Bootloader(引导加载程序)及程序刷写工具、需求分析流程图、CAN 驱动及交互层、诊断协议及诊断工具、标定协议及标定工具、软件开发环境、接口定义等都要一一检测。

(4)在软件构造方面,包括对控制算法建模及测试和自动代码及控制器刷写的逐一检测。

(5)在软件功能验证和硬件功能集成验证这一过程中,需从两个角度请两方面专家逐一检测。

(6)在 HIL 级系统验证和台架级功能验证过程中,主要是软件方面的功能检测需要到位。

(7)在整车级标定和需求验证过程中,需对整车控制系统进行深入检测。

5.3.3 电动汽车电控系统故障诊断与维修手段

5.3.3.1 故障诊断方法

诊断方法有直观诊断法、测试电流\电阻\电压法、故障码诊断法等。根据故障的不同，可以进行单独或者组合交叉使用[55]。

(1)直观诊断法。通过问、看、听、摸、闻、试的直接诊断,初步了解特点并为下一步操作的进行提供相应的现实依据。可以对故障特征、发生时间、冷热车判断、车速、气候等方面进行了解。同时可以了解故障车辆的电控系统类型、部件损坏与否、插接器正常与否、插接可靠与否等方面的信息,为进一步进行其他故障的排查提供依据。

(2)测试电流\电阻\电压法。电器故障时可能有断路、短路等情况进而导致电流、电压的异常。进而来帮助判断问题出现的具体原因。测试电流导通与否有三个具体的方法:跨接线法、试灯法、测试电阻\电压法。可以通过对汽车电路进行测量电阻、电压值来初步判断出故障原因。

(3)故障码诊断法。故障码诊断法是由故障码,确定故障具体部位的方法。具体运用故障码诊断法时,首先要读取故障码,然后根据其含义,进一步排查具体位置并排除相应故障,排除故障后再将存储的故障码清除。它的具体步骤总共可分为三个方面进行:

①读取故障码。通过仪器进入操作界面进行读取操作。他可以同时显示故障码及其含义来为故障诊断时的具体分析提供有用的信息。

②确定故障的具体部位、排除故障。故障码由于只能确定大致粗略的范围,确定故障的具体部位是一个很重要的操作。

③清除故障码。清除故障码必须在故障排除后进行。它可以是人工清除和仪器清除两种形式。但一般不太建议使用人工清除的方式,仪器清除的方法相对简单安全,比较推荐。

5.3.3.2 维修技术知识储备

随着汽车上电子功能应用的增加,对维修人员相关知识能力的要求会越高,因为这伴随着电路元件等的复杂化。由于市场激烈竞争,各种新技术不断涌现,使得维修者自己的知识库不断被取代,需要不断更新新的知识库才能保证源源不断的新业务。因此,维修人员需要有一种不断进取学习的精神,保证自己掌握最新的技术手段来使自己具有行业岗位竞争力。他们应该从以下几个方面来充实自己的知识库。

(1)电路图册,看懂电路图。电路图册会根据具体的车型产生相应的变化,但是可以知道的是,总体方面所有车型都有一些共同之处,知识对具体的细节方面不同车型会有一些不同的设计定义。因此维修人员需要懂得基本的电路原理,保证大部分的知识能够读懂,因此对于细节部分能够融会贯通,保证在进行维修工作的第一步时能够先了解车辆的电路信息,进而寻找出最佳的维修方案,这能帮助工作人员避免出现工作上一些操作的失误。

(2)掌握如何用试灯、万用表、诊断仪等工具对电路进行检测的能力。汽车电气线路的断路、短路,电器元件的电阻等主要靠试灯和万用表的测试判断。因此进行具体的检测和故障分析之前需要维修人员能够掌握这些检测的基本手段,以帮助分析检测工作的顺利实施。

(3)维修手册。维修手册含有各种相关功能、原理的具体介绍,同时也有相关安装步骤等的介绍,维修人员通过阅读维修手册,能了解一些基本故障的发生原因和处理要素,通过这一环节,能帮助维修人员节省大量的时间和精力,来专注进行具体的维修分析工作。维修手册对维修人员而言,是一本强有力的工作准则,用于对维修人员的工作进行指导。

5.4　电动汽车电控系统各模块性能分析

电控系统对于电动汽车而言就像是人体的大脑一般,其能够通过对各个子系统的功能进行综合的方式来进行电动汽车的有效控制,并确保电动汽车在实际运行过程中的安全性与稳定性。电动汽车的电控系统作为调度控制中心,其主要作用在于通过电动系统与其他模块之间的通信,来对汽车的运行状态进行控制,从而确保汽车运行的稳定性与安全性。电动汽车控制器组成部件中,开关量输入/输出这一模块主要是在该电动汽车中,通过控制继电器的模式来进行整车系统的有效控制,并在此基础上对该电动汽车上面的一些结构起控制作用。电源电路的电源模块是一个核心部分,通过该模块能够直接在车载蓄电池中进行电能的获取,并且能够对开关量所输入的挡位信息等各种相关联的信息进行高效处理。CAU 通信模块能够将各种操作信号及时传递给相关的部件,从而取得良好的控制作用。A/D 信息采集模块的作用则是对该电动汽车的加速以及制动信号进行采集与调度,然后对电动汽车的信息转换起到一定的指挥效果。对于电控系统的性能分析可以从它的流程控制着手,分别针对不同模块进行分析。

(1)通信模块的控制性能分析。通信模块对电机控制、整车控制、电池管理以及充电系统等模块起着重要的联系控制作用。CAN 通信模块接到相关信息,进而进行相关的计算,然后把它们传递到对应的终点,以此起到对电动汽车通信情况控制的作用。

(2)工作模式控制性能分析。在电动汽车的电控系统中主要包含了以下六种工作模式:

①充电模式:在驾驶人员打开充电门之后,控制器直接进行充电信号的检索,启动充电模式并直接连接到充电机中,使得整个电动汽车处于充电的状态。在充电模式中整车电控系统还能够进行汽车充电状态的持续检测,并能有效避免一些危险事故的发生,从而确保纯电动汽车使用以及充电等进程的安全稳定。

②上电模式:上电模式由驾驶人员启动,在电动汽车的设备恢复正常之后,电控系统进而达到准备工作的状态。

③故障模式:故障分为一级故障与二级故障,电动汽车的整车控制器监测到二级故障之后会直接进入故障模式,进而进行一定的限制操作起相应的保护作用。

④停车模式:当电动汽车的电控系统进入到停车模式后,汽车正式安全下电。

⑤制动模式:制动模块能够对相关状态数据的收集起到作用,然后对制动的扭矩进行计算。

⑥行车模式:驾驶员使汽车正式运行。

(3)驱动系统控制性能分析。电动汽车的驱动控制系统能够根据汽车所处状态对汽车各部分进行相应调整控制,从而保证整个电动汽车的运行安全性。

(4)汽车状态控制性能分析。电动汽车的整体控制系统主要是进行信息的采集与处理工作,然后将一些重要的信息在仪表板中进行显示,驾驶员能够直接通过车上各仪器反映的信息对汽车各方面动态情况进行相应判断。汽车的状态控制能够对纯电动汽车的形势信息进行直观显示,并使得该电动汽车的运行性能得到进一步的提升。

5.5 电动汽车电控系统检测设备标准及功能

在检测电动汽车电控系统时,能正确使用专用检测设备并理解它们的功能是十分重要的。下面将主要介绍专用万用表、解码器、发动机性能分析仪、汽车专用示波器这四个主要设备的标准及功能。

5.5.1 专用万用表

汽车专用万用表有着数字型的万用表的各种便利性,最重要的是能够应用到汽车领域来进行相应的检测。汽车专用万用表有各种形式,同时还具备了各种不同的功能。甚至有一些外挂功能例如类似于行车记录相关的功能应用,能够使之具备多种用途为汽车的使用安排和便利进行保证。同时有一些特殊的功能实现需要一些非常规的设备器件保障。

它具备的一般功能包括13个方面:电流电压电阻的检测、断路短路检测、阻抗检测、压降检测、发电机的检测、转速检测、温度检测、传感器测试、频率时间测试、线圈占空比检测、闭合角检测、数据保持功能、最大最小值检测功能。同时汽车专用万用表会受到型号的影响,使得内外布置形式有些差别。但显示器、功能键等常规部件都是专用万用表的重要组成部分之一。

5.5.2 解码器

解码器的一个重要的功效是读出故障码,进而为专业人员提供一定参考。除此之外,它也具有些其他的特殊功能。它分为通用和专用两种型号。专用解码器只能检测指定的车型,德国大众公司、美国通用公司、日本本田公司、奔驰、宝马等公司某些车型都有使用此种类型的解码器。功能在某些方面比通用型解码器强。通用型解码器适用的车包括了美、欧、亚及国产车系等各种类型的车。

解码器的功能包含基本和特殊测试功能。它的功能主要体现在以下八个方面:读取故障码、消除故障码、动态数据流测试、静态数据流测试、执行元件测试、基本设定、控制单元的编码、音响解码功能。主功能使用起来相当便捷易懂,并且功能与车型、车系有关,研究时需根据具体情况来定。

5.5.3 发动机性能分析仪

发动机性能分析仪的功能可以从十二个方面分别进行介绍。①无外载测功;②点火系统分析;③发动机分析;④起动机及发电机性能检测;⑤传感器分析;⑥电控系统故障自诊断;⑦废气分析;⑧数字万用表;⑨柴油机性能检测功能;⑩结果分析报告;⑪波形测试功能;⑫存储与打印功能。

5.5.4　汽车专用示波器

汽车专用示波器的功能有基本和附加功能之分。它也可以分为三个大的方面:①示波功能;②万用表的功能;③发动机的性能测试。虽然有基本和附加的功能区别,但每一项功能都对提高示波器效率以及对汽车发动机等方面的检测起着相当重要的作用,启用该设备的功能,为汽车各方面的功能提供了技术上的保障。

5.6　电动汽车电控系统检测设备软件系统与硬件系统设计

5.6.1　电控系统检测设备软件系统设计

利用软件来分析汽车电子信号是进行检测的关键[56]。它在数据的存储、读取等方面能发挥重要的功能作用。软件系统的设计分为以下几个方面。

5.6.1.1　数据存储

数据存储的存储方式是我们熟悉的随机文件式。它很重要的一个的好处是进行操作时能够有较大的访问权限,只需要提前知道一些相关信息就能实现。数据采集顺利完成后,需要对附加信息进行说明,包括数据的名称和采集速率等方面的描述性信息。

系统设计原理框图如图5-3所示。

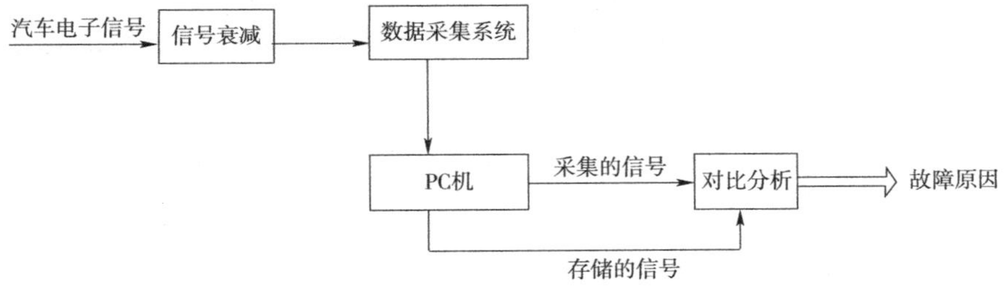

图5-3　系统设计原理框图

5.6.1.2　面向对象方法在系统设计中的应用

数据顺利采集并存储完成之后,使用时可以从对象的角度来进行考虑也就是可以把数据看作类间的不同对象。

Wave类描述了所表达的信号的许多基本特征。面向对象这一方法步骤的作用是不需要根据相应具体的特点去进行重复不断的描述工作,只需要对类进行定义就能够实现清晰化地管理实现。在进行具体分析时,可以先对分析对象进行声明,调用相对应的方法,就能够清晰描述所要表现的特征。

5.6.1.3　DirectX技术在波形绘制时的应用

图形处理函数如果需要对硬件进行访问,需要进行一些间接的操作过程。例如需要对较大批量的数据进行绘制并展现到屏幕上,就需要用DirectX软件开发工具包使用相应的接口来实现。DirectDraw便是其中一个可利用的接口,它具有很多能够使得目标完成的特征,来帮助屏幕上的图像输出顺利进行。它能够对图像进行比较快速的处理,具体过程如图5-4所示,其中A、B、C表示页面地址。

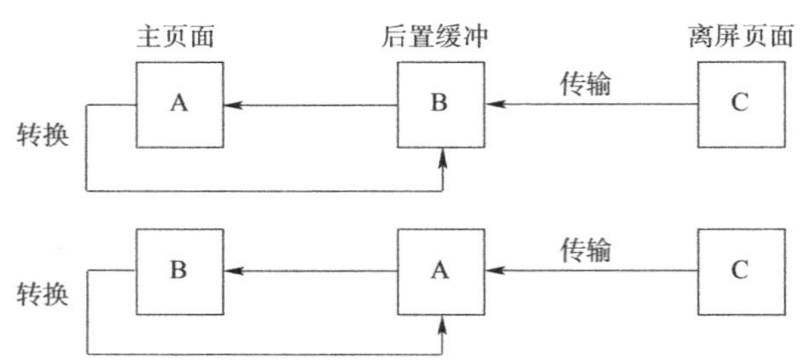

图 5-4　页面交换过程

5.6.2　电控系统检测设备硬件系统设计

硬件设计可以从四个具体的方面着手。首先是信号调理系统,主要是进行提前处理,包括各种数字化的处理,之后再将所收集的信息进行转化送入相应的系统中。对于温度传感器、节气门位置传感器这些强模拟信号和氧传感器这些弱模拟信号需要进行不同的压值区分,从而为系统的精度提供助力,并达到信号初步处理的目的。

数据采集系统是将处理好的信号进行采集和读取操作。采集卡的选择需要根据具体的需求来定,一般而言会对通道、输入位数和输出位数有一定的不同定义。

计算机系统可以处理和显示信号并进行分析和检测操作,同时记录结果进行显示。记录显示的形式有两种:一种是记录相应的曲线这种图像式记录;另一种是记录数字代码等数字型记录。之后需要对信号进行分析操作来提取对我们有用的信号。

激励装置是能进行有效测量的一种装置。在特定情形下,需要对被测试的对象进行激励,使得它为检测和提供信息创造便利。

第6章　电动汽车实时数据采集

6.1　电动汽车数据概述

电动汽车是一个高度电气化、电子化的产品,在实际运行过程中会产生大量的数据,比如电池系统的电压、温度、电流、电量,电机系统的转速、转矩,电控系统的输出指令等,这些数据不仅是电动汽车运行状况的反应,同时也是电动汽车健康管理系统的核心基础,基于这些数据,可以挖掘出其内在的联系,分析其与故障之间的关系,不仅可以作为在线分析的依据,也可以作为离线分析的样本数据。

本章将介绍电动汽车的数据通信协议,并结合国家标准总结电池系统、电控系统和电机系统各项数据的采集方法和采集种类。

6.2　电动汽车 CAN 总线

6.2.1　CAN 总线协议介绍

汽车电控系统是控制整车各个功能模块的关键,而电控系统和各模块之间通信的协议就是 CAN 总线协议。

CAN 总线协议规定了电子控制单元(Electronic Control Unit)与总线之间的连接规则,数据在各节点、各介质、编码/解码的标准等,通常只包括物理层和数据链路层。

6.2.2　电动汽车 CAN 网络

电动汽车与传统汽车不同,包含诸多电子模块和电子元件,目前 CAN 总线网络主要包括车辆总成控制单元 Vehicle Control Unit、负责控制电机的 Motor Control Unit、负责控制电池的 Battery Control Unit 等。车辆总成控制单元负责整合整个控制网络,收集各个模块传感器的信息、执行单元(如节气门)的信息以及作出决策等功能。

总的来说,CAN 总线网络就是承载着汽车各个模块元件的信息传输和它们之间的通信,并且通过高效的协议来提升通信速率以及 11 位的地址来保证优异的鲁棒性。

6.3　电动汽车电池系统数据采集

6.3.1　电动汽车电池管理系统

电池系统是电动汽车的核心,电池数据也是整个电动汽车数据中最重要、数据量最大的一部分,通过分析电池数据,可以分析电池的性能、预测电池的寿命,不仅对电动汽车的健康管理有帮助，同时也是电池技术继续突破的基础，因此，准确高效地采集电池系统数据是电动汽车健康管理系统的核心步骤。而绝大部分电池数据都是通过电池管理系统（Battery Management System）采集的，电池管理系统是电动汽车的核心部件之一，关系电池系统的电量分配、电量调度、电量预测等功能，一个算法优异的电池管理系统能极大地提升电池的利用效率。

电池管理系统的主要功能有以下几个方面。

（1）数据采集。最重要的功能，通过各采集模块获取并计算电池的电压、温度、电流、内阻、State of Charge 等参数。

（2）电池状态分析。通过第一点采集计算得到电池参数对电池系统的健康状态进行分析，如剩余行驶里程、电池健康（State of Health）等。

（3）电池管理。是电池管理系统的核心功能，一个电池组会有数万个电池单体，每一个电池单体的剩余电量、状态都不同，电池管理就是通过算法来实现电池使用效率的最大化。

（4）安全监控。通过分析单体电池最高电压、单体电池最高温度等参数，来对电池的状态进行监控，防止电池状态异常，发生过充和过放现象。

（5）温度管理。电动汽车的工况会随着环境变化，电池管理系统需要在低温环境下对电池进行一定程度的加热，同时在电池温度过高时进行冷却，将电池组的温度控制在一定范围以内。

（6）一致性控制。前面几点提到电池的温度、电压、电流都会存在一定的差异，一致性控制就是使电池的各方面参数以及工作状态都尽量保持一致，防止单体电池发生过充或者过放的现象。

（7）通信。电池管理系统将收集到的数据与整车控制单元（ECU）以及其他模块进行传输通信。

（8）可视化及操作 API。提供可供人使用的 API 接口或者可操作界面及按钮。

电池管理系统采集电池电压的方法主要有以下五种：

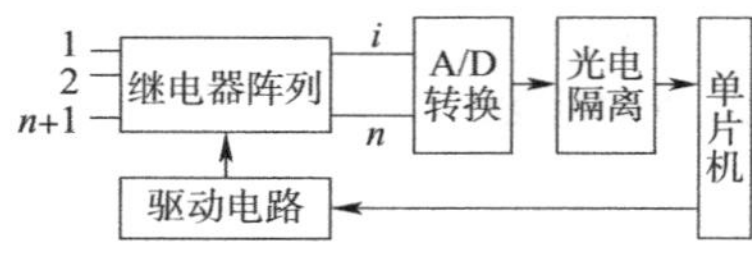

图 6-1　继电器阵列法

（1）继电器阵列法，如图 6-1 所示。

（2）恒流源电路采集法。

（3）隔离运放采集法，如图 6-2 所示。

（4）压/频转换采集法，如图 6-3 所示。

（5）线性光耦放大电路采集法。

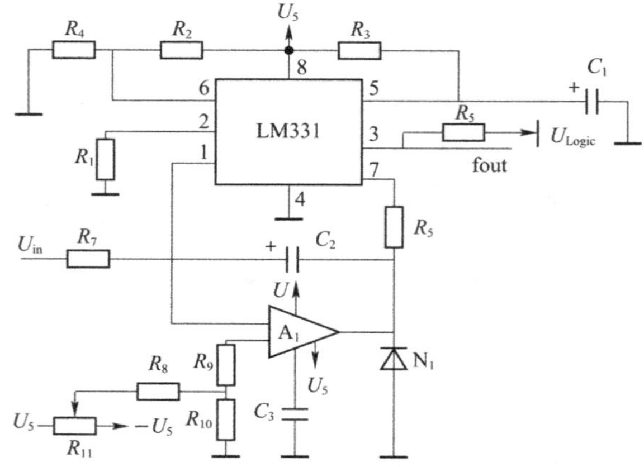

图 6-2　隔离运算采集法

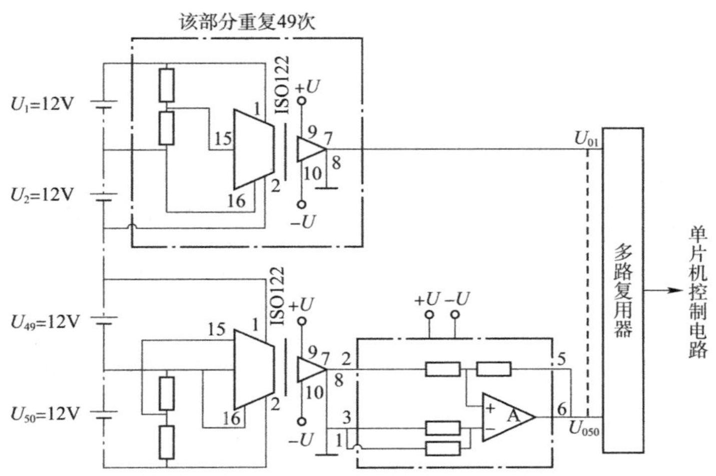

图6-3　压/频变换采集法

电池管理系统的温度采集方法主要有以下三种:

(1)热敏电阻采集法。

(2)热电偶采集法。

(3)集成温度传感器采集法。

电池管理系统的电流采集方法有:

(1)分流器法。

(2)互感器法。

(3)霍尔传感器法。

(4)光纤传感器法。

6.3.2　电动汽车电池管理系统数据采集

根据《电动汽车远程服务与管理系统技术规范》(GB/T 32960—2016),电动汽车的电池管理系统需要实时采集并上传动力电池、电控系统、电机系统、整车等数据,包括车辆在行驶、充电及停止状态 下的数据。

在动力电池方面,电动汽车通过电池管理系统来采集数据,数据格式和数据内容见表6-1。

电池管理系统数据采集　　　　表6-1

字段代表含义	数据长度(byte)	Type	描述及要求
充电状态	1	字节	01:停车充电;02:行驶充电;03:未充电状态;0x04:充电完成;"FE"表示异常,"FF"表示无效
总电压	2	数字	Valid 区间:0~10000(表示0~1000V),精度:0.1V;"FE"表示异常,"FF"表示无效
总电流	2	数字	Valid 区间:0~20000(允许误差范围1000A,表示-1000~1000A),精度:0.1V;"FE"表示异常,"FF"表示无效

续上表

字段代表含义	数据长度(byte)	Type	描述及要求
SOC	1	字节	Valid 区间:0～100(表示0%～100%),精度:1%;"FE"表示异常,"FF"表示无效
绝缘电阻	2	数字	有效区间:0～60000(表示0～60000kΩ),精度:1kΩ
车辆状态	1	字节	01:车辆起动状态;02:熄火;03:其他状态;"FE"表示异常,"FF"表示无效
运行模式	1	字节	01:纯电;02:混动;03:燃油;"FE"表示异常,"FF"表示无效
累积里程	4	数字	Valid 区间:0～9999999(表示0～999999.9km),精度:0.1km;"FE"表示异常,"FF"表示无效
DC/DC 状态	1	字节	01:工作;02:断开;"FE"表示异常,"FF"表示无效
挡位	1	字节	
预留	2	数字	预留位

数据单元说明:

①车辆状态:当车辆起动时,车载终端应将车辆起动状态以常态进行发送,当车辆主动熄火后,应将车辆熄火状态以常态进行发送。

②充电状态:当车辆进行充电时,应对充电状态进行区分,当车辆处于熄火或停止状态下的充电可归为停车充电,当车辆处于行进中的状态下的充电为行驶充电。车辆未充电与充电完成由厂商自行定(注:制动能量回收不算充电状态)。

③运行模式:对车辆当前的驱动模式进行区分。

④车速与里程:车速与里程皆应取自仪表板数据,如车速确实无法获取,可使用 GPS/北斗速度替代,但里程必须取自仪表板以确保数据准确,因故需更换仪表板,原里程值需同步到新仪表板。

⑤总电压与总电流:指整车输出总电压与整车输出总电流。

⑥SOC:以1%为计量单元进行实时传输。

⑦DC/DC:DC/DC 转换器工作状态,与 DC/DC 报警对应。

⑧挡位:车辆运行过程中的挡位信息,如有除附录描述外的挡位,可根据速率变化转换为1挡、2挡、3挡等,或自行约定相关挡位信息。

⑨绝缘电阻:该数据项取值为整车正极对地电阻,应为动态变量,与绝缘电阻故障对应。

实时数据—极值数据见表6-2,实时数据—燃料电池见表6-3。

数据单元说明——实时数据—极值数据　　表6-2

字段代表含义	数据长度(byte)	Type	描述及要求
最高电压电池子系统代号	1	字节	Valid 区间:1 ~ 250,“FE”表示异常,“FF”表示无效
最高电压电池单体代号	1	字节	Valid 区间:1 ~ 250,“FE”表示异常,“FF”表示无效
电池单体电压最高值	2	数字	Valid 区间:0 ~ 15000(表示 0 ~ 150V),精度:0.01V;“FE”表示异常,“FF”表示无效
最低电压电池单体代号	1	字节	Valid 区间:1 ~ 250,“FE”表示异常,“FF”表示无效
电池单体电压最低值	2	数字	Valid 区间:0 ~ 15000(表示 0 ~ 150V),精度:0.01V;“FE”表示异常,“FF”表示无效
最高温度子系统代号	1	字节	Valid 区间:1 ~ 250,“FE”表示异常,“FF”表示无效
最高温度探针单体代号	1	字节	Valid 区间:1 ~ 250,“FE”表示异常,“FF”表示无效
最高温度值	1	字节	Valid 区间:0 ~ 250(数值允许误差范围 40℃,表示 -40 ~ +210℃),精度:1℃;“FE”表示异常,“FF”表示无效
最低温度子系统代号	1	字节	Valid 区间:1 ~ 250,“FE”表示异常,“FF”表示无效
最低温度探针子系统代号	1	字节	Valid 区间:1 ~ 250,“FE”表示异常,“FF”表示无效
最低温度值	1	字节	Valid 区间:0 ~ 250(数值允许误差范围 40℃,表示 -40 ~ +210℃),精度:1℃;“FE”表示异常,“FF”表示无效

数据单元说明——实时数据—燃料电池　　表6-3

字段代表含义	数据长度(byte)	Type	描述及要求
燃料电池电压	2	数字	Valid 区间:0 ~ 2000000(表示 0 ~ 2000V),精度:0.1V;“FE”表示异常,“FF”表示无效
燃料电池电流	2	数字	Valid 区间:0 ~ 2000000(表示 0 ~ 2000A),精度:0.1A;“FE”表示异常,“FF”表示无效
燃料消耗率	2	数字	Valid 区间:0 ~ 60000(表示 0 ~ 600kg/100km),精度:0.01kg/km;“FE”表示异常,“FF”表示无效

续上表

字段代表含义	数据长度(byte)	Type	描述及要求
燃料电池温度探针总数	2	数字	N 个燃料电池温度探针,Valid 区间:0 ~ 65531;"FE"表示异常,"FF"表示无效
探针温度值	1 * N	字节[N]	Valid 区间:0 ~ 240(数值允许误差范围 40℃,表示 −40 ~ 200℃),精度:1℃;"FE"表示异常,"FF"表示无效
氢系统中最高温度	2	数字	Valid 区间:0 ~ 2400(数值允许误差范围 40℃,表示 −40 ~ +200℃),精度:0.1℃;"FE"表示异常,"FF"表示无效
氢气最高浓度	2	数字	Valid 区间:0 ~ 60000(表示 0 ~ 50000 × 10^{-6}),精度:1 × 10^{-6};"FE"表示异常,"FF"表示无效
氢气最高浓度传感器代号	1	字节	Valid 区间:1 ~ 252,"FE"表示异常,"FF"表示无效
氢气最高压力	2	数字	Valid 区间:0 ~ 1000(表示 0 ~ 200MPa,精度:0.1MPa,"FE"表示异常,"FF"表示无效
倾其最高压力传感器代号	1	字节	Valid 区间:1 ~ 252,"FE"表示异常,"FF"表示无效
高压 DC/DC 状态	1	字节	01:工作;02:断开;"FE"表示异常,"FF"表示无效

6.4 电动汽车整车控制器数据采集

电动汽车整车控制器(ECU)主要负责采集车辆与平台之间通信数据,数据中涉及时间定义见表 6-4,具体数据类型见表 6-5 ~ 表 6-9。

时 间 定 义 表 6-4

字段代表含义	数据长度(byte)	Type	有效值范围
小时	1	字节	0 ~ 23
分钟	1	字节	0 ~ 59
秒	1	字节	0 ~ 59

数据单元说明——车辆登入 表 6-5

字段代表含义	数据长度(byte)	Type	描述及要求
数据采集时间	6	字节	时间定义见表 6-4
登入流水号	2	数字	车载终端每登入一次,登入流水号自动加 1,从 1 开始循环累加,最大值为 65531,循环周期为天

续上表

字段代表含义	数据长度（byte）	Type	描述及要求
ICCID	20	字符串	SIM 卡 ICCID 号（ICCID 应为终端从 SIM 卡获取的值，不应人为填写或修改）
可充电储能子系统数	1	字节	可充电储能子系统数 n，Valid 区间：0～250
可充电储能系统编码长度	1	字节	表示不上传该编码
可充电储能系统编码	$n \times m$	字符串	可充电储能系统编码宜为终端从车辆获取的值

注：可充电储能子系统指当车辆存在多套可充电储能系统混合使用时，每套可充电储能系统为一个可充电储能子系统。

车辆登入报文作为车辆上线时间节点存在，需收到成功应答后才能进行车辆实时报文的传输。如车辆登出/平台登出/异常下线后需重新发送车辆登入。

数据单元说明：

①数据采集时间：数据采集时间指车辆起动的时间，作为车辆上线判定依据之一，如时间为乱码或与 GPS 时间有较大偏移，则认为此次上线失败。

②登入流水号：登入流水号作为车辆上线次数的判定依据，车辆发送一次登入报文登入流水号 +1，每日 00:00 分自动归 0。

③ICCID：车载终端所使用的 SIM 卡 ICCID 编号，包含插入式与贴片式，此数值应从 SIM 卡中直接读取。ICCID 时车辆身份认证的辅助条件，如发生变更，必须由厂商提供车辆静态信息变更通知，否则认为车辆登入非法。

④可充电储能子系统信息：可充电储能子系统用于声明车辆使用的储能方案，如为纯电，则默认为 1，如为电电混合，则依据实际情况发送。可充电储能系统编码长度时可充电储能系统编码的变量声明，目前可充电储能系统国家标准并未确定，以厂商自定义编码为传输数据，如无编码，则此项传输 0x00。可充电储能子系统编码目前采用厂商自定义编码，国家标准确认后，强制使用国家标准编码，目前如无编码，此项不传输。

数据单元说明——车辆登出　　表 6-6

字段代表含义	数据长度（byte）	Type	描述及要求
登出时间	6	字节	时间定义见表 6-4
登出流水号	2	数字	登出流水号与当次登入流水号一致

数据单元说明：

①登出时间：登出时间指车辆熄火的时间，作为车辆下线判定依据之一。

②登出流水号：登出流水号与当次登入流水号一致。

数据单元说明——平台登入　　表6-7

字段代表含义	数据长度(byte)	Type	描述及要求
平台登入时间	6	字节	时间定义见表6-4
登入流水号	2	数字	下级平台每登入一次,登入流水号自动加1,从1开始循环累加,最大值为65531,循环周期为天
平台用户名	12	字符串	平台登入用户名
平台密码	20	字符串	平台登入密码
加密规则	1	字节	01:数据不加密;02:数据经过RSA算法加密;03:数据经过AES128位算法加密;"FE"表示异常,"FF"表示无效,其他预留

平台登入报文作为平台正常上线时间节点存在,需收到成功应答后才能进行车辆实时报文的传输。如平台登出/异常下线后需重新发送平台登入。

数据单元说明:

①平台登入时间:平台登入时间指平台发起连接的时间,作为平台上线判定依据之一,如时间为乱码或与GPS时间有较大偏移,则认为此次上线失败。

②登入流水号:登入流水号作为平台上线次数的判定依据,平台发送一次登入报文,登入流水号+1,每日00:00分自动归零。

③用户名与密码:用户名与密码为双方平台间约定的用户名与密码,作为平台身份判定依据之一。

④加密规则:双方平台约定的加密规则代码。

数据单元说明——平台登出　　表6-8

字段代表含义	数据长度(byte)	Type	描述及要求
登出时间	6	字节	时间定义见表6-4
登出流水号	2	数字	登出流水号与当次登入流水号一致

数据单元说明:

①登出时间:平台正常离线的时间,作为平台下线判定依据之一。

②登出流水号:登出流水号与当次登入流水号一致。

数据单元说明——实时数据—数据格式　　表6-9

类型编码	说明	类型编码	说明
01	整车数据	0x07	报警数据
02	驱动电机数据	0x08-0x09	终端数据预留
03	燃料电池数据	0x0A-0x2F	平台交换协议自定义数据
0x04	发动机数据	0x30-0x7F	预留
0x05	车辆位置数据	0x80-FE	用户自定义
0x06	极值数据		

数据单元说明：

①整车数据：车辆一般运营数据，以仪表板数据为主。

②驱动电机数据：以电机控制器数据为主，车辆充电时可不传输。

③燃料电池数据：采用燃料电池驱动的车辆需传输此项，如无此种可充电储能子系统可不传输。

④发动机数据：采用油电混合的车辆需在使用发动机时传输此项数据。

⑤车辆位置数据：车辆 GPS 或北斗位置数据，一般使用车辆终端的 GPS 信号，如车载终端无 GPS 数据，也可使用车辆数据。

⑥极值数据：车辆特征点数据，可作为绝大多数车辆故障判定依据。

⑦报警数据：车辆本身判定发生报警后上传的报警信息。

⑧预留数据：单体信息预留信息类型。

⑨其他：自定义数据。

6.5　电动汽车驱动电机数据采集

电动汽车电机控制器主要采集包括驱动电机的个数、温度、转速等信息，具体采集内容见表6-10～表6-12。

驱动电机数据说明(1)　　表6-10

字段代表含义	数据长度(byte)	Type	描述及要求
驱动电机个数	1	字节	Valid 区间：1～253
驱动电机总成信息列表	Σ每个驱动电机总成信息长度		按驱动电机序号以此排列

驱动电机数据说明(2)　　表6-11

字段代表含义	数据长度(byte)	Type	描述及要求
驱动电机序号	1	字节	驱动电机顺序号，Valid 区间：1～253
驱动电机状态	1	字节	01：耗电；02：耗电；03：关闭状态；0x04：准备状态；“FE”表示异常，“FF”表示无效
驱动电机控制器温度	1	字节	Valid 区间：0～250(数值允许误差范围 40℃，表示 -40～+210℃)，精度：1℃；“FE”表示异常，“FF”表示无效
驱动电机转速	2	数字	Valid 区间：0～65531(数值允许误差范围 20000 表示 -20000～45531r/min)，精度：1r/min；“FE”表示异常，“FF”表示无效
驱动电机转矩	2	数字	Valid 区间：0～65531(数值允许误差范围 20000 表示 -20000～45531N·m)，精度：1N·m；“FE”表示异常，“FF”表示无效

续上表

字段代表含义	数据长度(byte)	Type	描述及要求
驱动电机温度	1	字节	Valid 区间:0~250(数值允许误差范围 40℃,表示 -40~+210℃),精度:1℃;"FE"表示异常,"FF"表示无效
电机控制器输入电压	2	数字	Valid 区间:0~60000(表示 0~6000V),精度:0.1V;"FE"表示异常,"FF"表示无效
电机控制器直流母线电流	2	数字	Valid 区间:0~2000000(数值允许误差范围 1000A,表示 -1000~+1000A),精度:0.1A;"FE"表示异常,"FF"表示无效

数据单元说明:

①驱动电机个数:根据车载驱动电机个数以常态进行发送,然后针对不同对电机发送不同的电机相关数据。

②驱动电机序号:驱动电机的对应序号,参与厂商所提供的车辆静态信息对应。

③驱动电机状态:该序号所对应驱动电机工作状态。

④驱动电机控制器温度:驱动电机控制其所反馈的温度值。

⑤驱动电机转速:该序号所对应驱动电机转速,无负值,倒转时应上送挡位值倒挡,以及对应的倒转转速。

⑥驱动电机转矩:该序号所对应驱动电机转矩。

⑦驱动电机温度:该序号所对应驱动电机温度。

⑧电机控制器输入电压:电机控制器输入电压。

⑨电机控制器直流母线电流:电机控制器直流母线上的电流。

实时数据——发动机 表 6-12

字段代表含义	数据长度(byte)	Type	描述及要求
发动机状态	1	字节	01:启动状态;02:关闭状态;"FE"表示异常,"FF"表示无效
曲轴转速	2	数字	Valid 区间:0~60000(表示 0~60000r/min),精度:1r/min;"FE"表示异常,"FF"表示无效
燃料消耗率	2	数字	Valid 区间:0~60000(表示 0~600L/100km),精度:0.01L/km;"FE"表示异常,"FF"表示无效

数据单元说明:

①发动机状态:发动机工作状态。

②曲轴转速:发动机曲轴转速。

③燃料消耗率:发动机燃料每百公里的消耗量。

6.6　电动汽车故障及定位数据采集

电动汽车的故障报警数据及定位数据见表 6-13 ~ 表 6-15。

实时数据——定位数据　　表 6-13

字段代表含义	数据长度(byte)	Type	描述及要求
定位状态	1	字节	01:启动状态;02:关闭状态;"FE"表示异常,"FF"表示无效
经度	4	数字	以度为单位的经度值 $\times 10^6$,精确到 $1/10^6$(°)
维度	4	数字	以度为单位的纬度值 $\times 10^6$,精确到 $1/10^6$(°)

数据单元说明:

①定位数据采用 WGS-84 坐标系。

②当无法获取到 GPS/北斗信号时,发送最后一次有效定位信息,并将定位状态所转化的二进制中的 bit0 置为无效。

实时数据——故障数据—故障列表　　表 6-14

字段代表含义	数据长度(byte)	Type	描述及要求
最高报警等级	1	字节	为当前发生的故障中的最高等级值,Valid 区间:0 ~ 3,"0"表示无故障;"1"表示 1 级故障,指代不影响车辆正常行驶的故障;"2"表示 2 级故障,指代影响车辆性能,需驾驶员限制行驶的故障;"3"表示 3 级故障,为最高级别故障,指代驾驶员应立即停车处理或请求救援的故障;具体等级对应的故障内容由厂商自行定义;"FE"表示异常,"FF"表示无效
通用报警标志	4	数字	通用报警标志位
可充电储能装置故障总数 N1	1	字节	N1 个可充电储能装置故障,Valid 区间:0 ~ 252,"FE"表示异常,"FE"表示无效
可充电储能装置故障码列表 * N	数字	字节	扩展性数据,由厂商自行定义,可充电储能装置故障个数等于可充电储能装置故障总数 N1
可充电储能装置故障码列表	4 * N	数字	扩展性数据,由厂商自行定义,可充电储能装置故障个数等于可充电储能装置故障总数 N1
驱动电机故障总数 N2	1	字节	N2 个驱动电机故障,Valid 区间:0 ~ 252,"FE"表示异常,"FE"表示无效

续上表

字段代表含义	数据长度(byte)	Type	描述及要求
驱动电机故障码列表	4 * N2	数字	扩展性数据,由厂商自行定义,驱动电机故障个数等于驱动电机故障总数 N2
发动机故障总数 N3	1	字节	N3 个驱动电机故障,Valid 区间:0 ~ 252,“FE”表示异常,“FE”表示无效
发动机故障列表	4 * N3	数字	扩展性数据,由厂商自行定义,发动机故障个数等于发动机故障总数 N3
其他故障总数 N4	1	字节	N4 个其他故障,Valid 区间:0 ~ 252,“FE”表示异常,“FE”表示无效
其他故障码列表	4 * N4	D 数字	扩展性数据,由厂商自行定义,故障个数等于其他故障总数 N3

实时数据——故障数据—通用故障 表 6-15

位	定 义	处 理 说 明
0	1:温度差异报警;0:正常	标志维持到报警条件解除
1	1:电池高温报警;0:正常	
2	1:车载储能装置类型过电压报警;0:正常	
3	1:车载储能装置欠电压报警;0:正常	
4	1;SOC 低报警;0:正常	
5	1:单体电池过压报警;0:正常	
6	1:单体电池欠电压报警;0:正常	
7	1:SOC 过电压报警;0:正常	
8	1:SOC 跳变报警;0:正常	
9	1:可变电储能系统不匹配报警;0:正常	
10	1:电池单体一致性差报警;0:正常	
11	1:绝缘报警;0:正常	
12	1:DC/DC 温度报警;0:正常	
13	1:制动系统报警;0:正常	
14	1:DC/DC 状态报警;0:正常	
15	1:驱动电机控制器温度报警;0:正常	
16	1:高压互锁状态报警;0:正常	
17	1:驱动电机温度报警;0:正常	
18	1:车载储能装置类型过充;0:正常	
19 ~ 31	预留	

数据单元说明:

①最高报警等级:在当前发生的所有报警中,级别最高的报警所处于的等级。其中“0”

为无报警,“3”为最高级报警。

②通用报警标志:在车辆运行过程中必须校验的报警,相关报警阈值由厂商自定义,但需以静态数据形式上报地方监测平台与国家监测平台留作备案。

③其余报警:除通用报警外的其他报警皆为预留报警,厂商可用于传输相对应的自定义报警。

*注:除通用报警外,其余报警如报警综述为0则列表项应为空,不上送任何数据。

单体数据的采集与传输:单体电池电压与单体电池温度在国家标准正文中并无传输要求,但是单体电池电压与单体电池温度的数据格式有相关描述。车辆厂商需保证自身拥有对单体数据监测的能力,当有关部门提出相关完备需求时,车辆厂商应第一时间提供单体数据,确保故障相关数据的完备。

车辆数据传输的安全保障:国家标准中要求在数据传输中要确保数据安全。国家标准中采用车辆数据先传输到企业平台,再通过有线网络传输到公共平台的方案。其中车辆到企业平台的数据安全应由企业自行保障。平台间传输通过不对称加密手段,保证数据在传输过程中不被第三方获取。加密方式可采用数据加密、通道加密、本地加密。

故障发生时数据传输频率:车辆数据正常传输时,应以不低于1条/30s的频率发送,当故障发生时,应以故障发生点为开始,以1Hz的频率发送30s,并以1Hz的频率补发故障发生点前30s的数据,其余时间可以按正常频率传输。

故障结束:当车辆停止发送故障报文时即可判定故障结束。当车辆下线时可以判定故障结束统计信息上报。

统计信息上报:统计信息上报主要针对地方平台与国家平台之间的统计信息传输,因为个性化数据传输,国家标准建议以文件格式进行传输,故提出以FTP、HTTP或HTTPS方式传输到服务端平台,如无相关接口,也可以离线传输的模式实现。

重点数据说明:

①ICCID:ICCID作为车辆的辅助校验项存在,车辆VIN与ICCID相互校验以确认车辆合法性,故国家标准要求ICCID应直接从SIM卡中读取。

②可充电储能系统编码:目前可充电储能系统编码并未有国家标准或行业标准规范,故采用厂商自定义的形式,如无自定义编码,将可充电储能系统编码长度字段设置成0,则可充电储能系统编码字段即可不传输。

③实时数据信息类型:实时数据信息类型可根据车辆实际情况进行自由拼装,如车辆为锂电池驱动纯电动汽车,则驱动电机与燃料电池两种信息类型可不进行拼装与传输。当车辆在进行停车充电时,充电机停止工作,则驱动电机数据可不进行拼装与传输。

第7章　电动汽车在线数据分析

7.1　电动汽车综合分析方法概述

前文提到了电动汽车的电池系统、电控系统、电机系统三大系统的数据采集方法和数据采集内容，本节将结合前文的数据，介绍有关电动汽车能耗分析和安全分析的一系列方法，完成对电动汽车的在线数据分析。

7.2　电动汽车能耗分析

此前我国颁布了《电动汽车能量消耗率限值》（GB/T 36980—2018）等600多项国家标准，而《电动汽车能量消耗率限值》是世界上第一个对电动汽车能源消耗提出的标准，也可以反映出我国在电动汽车领域虽然起步较晚，但是在标准制定上较为规范和快速，走在世界前列，标准中提到：当电动乘用车的整车总重不超过750kg时，能耗率不能高于13kW·h/100km。

因此为了响应国家政策，实现对电动汽车能耗的在线分析，评价纯电动汽车的能耗效率，可以对电动汽车的百公里最低能耗、满电量续驶里程、能源效率比和续驶里程比[27]进行推导。

7.2.1　概念与定义

7.2.1.1　百公里最低能耗及满电量续驶里程的定义

文献[57]中对电动汽车的百公里最低能耗及满电量续驶里程做出了以下定义：纯电动汽车百公里最低能耗指电动汽车在能源转换效率为100%时，每行驶100km所需最小的电能；满电量续驶里程为电动汽车在能源转换效率为100%时，电动汽车充满电能行驶的最远距离。在这种理想情况下，汽车在行驶中的能量转换效率都将假设为100%，在齿轮传动、汽车内部的能量损耗为0，所有的电能都将用于转化为汽车的动能以及克服风阻、道路摩擦等外力，因此在计算百公里最低能耗的时候，要将风力、车速、车身总重、摩擦因数等都考虑进去。

7.2.1.2　能源效率比和续驶里程比的定义

文献[57]中对能源效率比和续驶里程比做出了以下定义：

(1)能源效率比：为百公里实际能耗与百公里最低能耗之比，由于百公里最低能耗是在汽车内部能源转换效率为100%的情况下的最低能耗，因此实际情况下的百公里能耗是肯定要高于这个值的，可以通过测量实际能耗并计算比值来判断汽车整体的能源效率比，百公里实际能耗可以用城市动态驾驶工况（UDDS）、高速工况、北欧驾驶工况（NEDC）、日本驾驶工况等全球多个用于测评汽车性能的驾驶循环工况来进行测定。

(2)续驶里程比：为实际续驶里程与满电量续驶里程之比。由于满电量续驶里程也是在汽车能源转换效率为100%下的理想续驶里程，而实际续驶里程由于汽车内部的传动等过程发生了能量损失，是肯定要小于理想情况下的，因此可以通过计算它们的比值来判断汽车的能源转换效率，比值越接近1.0，汽车的能源转换效率越高。

7.2.2　计算方法

7.2.2.1　百公里最低能耗的计算

电动汽车百公里最低能耗的计算公式如下：

$$E_{100}=\frac{1}{36L_{1-2}}\int_{t_1}^{t_2}\left[mgf\cos\alpha+\frac{1}{2}C_{\mathrm{d}}A\rho\ (v_{\mathrm{veh}}-v_{\mathrm{w}})^2+mg\sin\alpha+\delta ma\right]v_{\mathrm{veh}}\mathrm{d}t \tag{7-1}$$

式中：f——滚动摩擦阻尼；

C_{d}——空气摩擦阻尼；

δ——整车旋转质量；

α——坡度；

A——车辆迎风区域的大小；

ρ——行驶地区空气密度；

v_{w}——车辆速度；

m——汽车总重；

L——车辆在时间 t_1-t_2 内行驶的距离；

v_{veh}——车辆速度；

a——加速度；

g——重力加速度。

式(7-1)为考虑所有情况下的计算公式，若汽车在平路上以恒定的速度行驶，可得到式(7-2)的简化公式：

$$E_{100}=\frac{1}{36}\left[mgf+\frac{1}{2}C_{\mathrm{d}}A\rho\ (v_{\mathrm{veh}}-v_{\mathrm{w}})^2\right] \tag{7-2}$$

7.2.2.2　欧洲驾驶工况下百公里最低能耗的计算

欧洲驾驶工况下车辆速度曲线如图7-1所示。

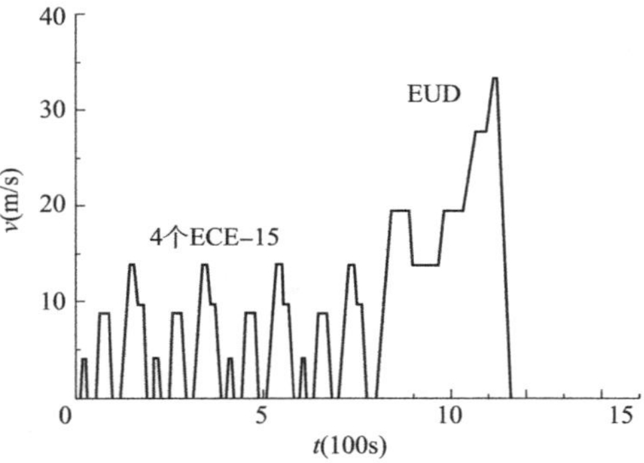

图7-1　NEDC工况的车速—时间关系图

欧洲驾驶工况主要由五个部分组成：其中四个部分都是ECE工况，速度在0～15m/s的区间内；另一个部分是EUD工况，速度在15～35m/s的区间内。整个工况的时间为1180s，通过对速度曲线按照式(7-2)进行积分，可以得到速度曲线与百公里最低能耗的关系为：

$$E_{100}=\frac{1}{36L_{\mathrm{N}}}\int\left[mgf+\frac{1}{2}C_{\mathrm{d}}A\rho v_{\mathrm{veh}}(t)^2+\delta ma(t)\right]v_{\mathrm{veh}}(t)\mathrm{d}t \tag{7-3}$$

7.2.2.3　满电量续驶里程、能源效率比和续驶里程比的计算

将电动汽车电池组可携带的最大能量 E_{c} 除以由式(7-1)～式(7-3)计算的百公里最低能耗，可得满电量续驶里程为：

$$R_1 = (100\text{km}) \cdot \left(\frac{E_c}{E_{100}}\right) \tag{7-4}$$

根据能源效率比 r_E 与续驶里程比 r_D 的定义，r_E 与 r_D 的计算公式分别如式(7-5)和式(7-6)所示。

$$r_E = \frac{E_r}{E_{100}} \tag{7-5}$$

$$r_D = \frac{R_r}{R_1} \tag{7-6}$$

式中：E_r——实际百公里能耗；

R_r——满电量实际续驶里程。

将电动汽车电池组携带的最大电量 E_c(kW · h)除以实际百公里能耗 E_r 可得实际续驶里程为：

$$R_r = (100\text{km}) \cdot \left(\frac{E_c}{E_r}\right) \tag{7-7}$$

由式(7-6)～式(7-8)可得：

$$r_D = \frac{1}{r_E} \tag{7-8}$$

7.2.3 计算结果与分析

通过各种工况下计算得到的上述四个指标，便可以对电动汽车的能耗进行分析，图 7-2为电动汽车按照式 7-2 计算得到的百公里最低能耗与实际百公里能耗与车辆速度的关系图，其中 Leaf 是质量较重的车型，i- Miev 是质量较轻的车型。

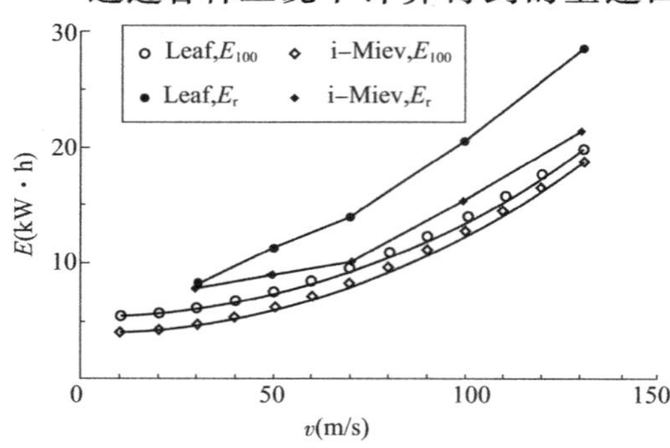

图 7-2　坡度为零、速度恒定下 E_{100} 与 E_r 随 v 的变化

图 7-3 所示为汽车按照式 7-1 与式 7-4 计算得到的满电量续驶里程与实测续驶里程与车辆速度的关系图。

图 7-4 所示为汽车续驶里程比与车速的关系图。

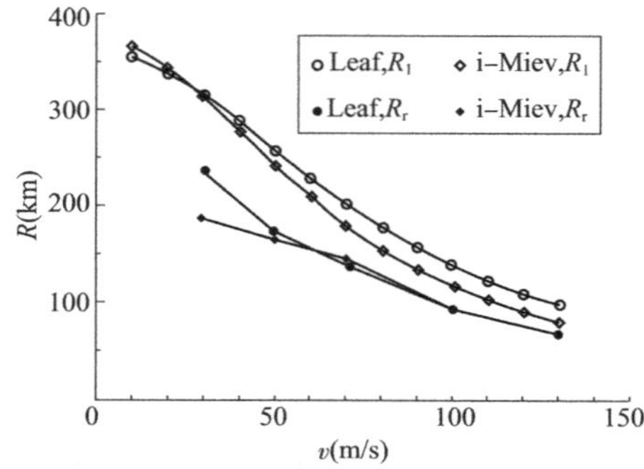

图 7-3　坡度为 0、车速恒定下 R_1 与 R_r 随车速的变化

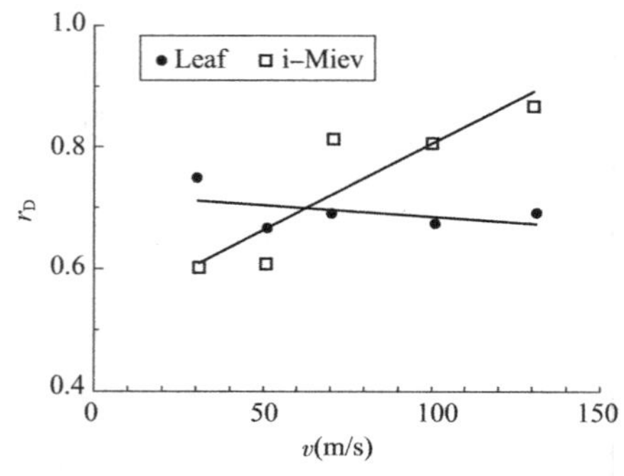

图 7-4　坡度为 0、车速很顶下时 r_D 随 v 的变化

由图 7-2 可以看出：随着车辆速度的提升，百公里最低能耗和实际百公里能耗都会增加，且车辆越重增加得越快。

从图 7-3 可知：当车速较低时，车辆越重，满电量续驶里程越小；当车速较高时，车辆质量对实际满电量续驶里程的影响不大。

7.3　电动汽车安全分析

电动汽车是一个高度电气化的产品，它的主要安全问题主要出现在电池、电机、电控系统这三个系统中，各个系统之间的系统结构如图 7-5 所示[58]，电池系统、电机系统、DC/DC、整车控制系统等电控系统都是电动汽车非常重要的电器单元，因此确保其安全可靠对于确保整车安全来说是非常重要的，通过采集这些系统的实时数据，可以对三大系统进行一定的安全分析。

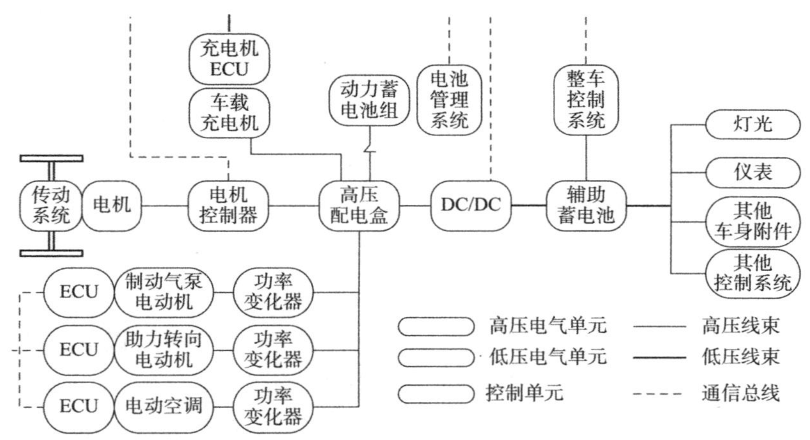

图 7-5　电动汽车三大系统结构

根据国家标准规定，电池系统采集数据主要包括单体电压、单体温度、SOC、总电压等信息，通过对这些数据进行分析，对如下几种安全问题进行判别：

(1)电池充放电特性曲线是否异常。

(2)SOC 及电池寿命状况是否良好。

(3)电池管理系统功能是否正常。

(4)电池包一致性状态是否正常。

(5)电池内阻是否正常。

(6)电池包是否存在热安全及电气安全隐患。

(7)电机控制系统能否正常工作。

(8)电机输出功率是否正常。

(9)电机最大加速度是否异常。

(10)电机是否有异常振动情况。

(11)电控系统的安全问题主要在于信号控制是否正常、CAN 总线通信功能是否正常、指令收发是否正常。

7.3.1 电动汽车电池系统安全分析

动力电池是电动汽车的核心部件也是最重要的部件，一般来说动力电池的成本占车辆总成本的1/3，同时它也是一个非常精密的部件，包括数万个单体电池、各类连接电路、冷却电路以及调度管理各个电池组的电池管理系统，因此对电池系统进行安全监控是非常有必要的。

电动汽车的电池包括铅酸蓄电池、镍氢电池、锂离子电池、燃料电池四种，目前大部分使用的是锂离子电池，本节将介绍四种电池的安全特性及潜在的安全隐患。

7.3.1.1 各类电池安全分析

(1)镍氢电池。镍氢电池主要由 Ni 和 H 的化合物组成正极，由贮氢合金组成负极，中间体为碱性的电解液(通常为浓度30%的氢氧化钾溶液)，它的组成结构如图7-6所示。

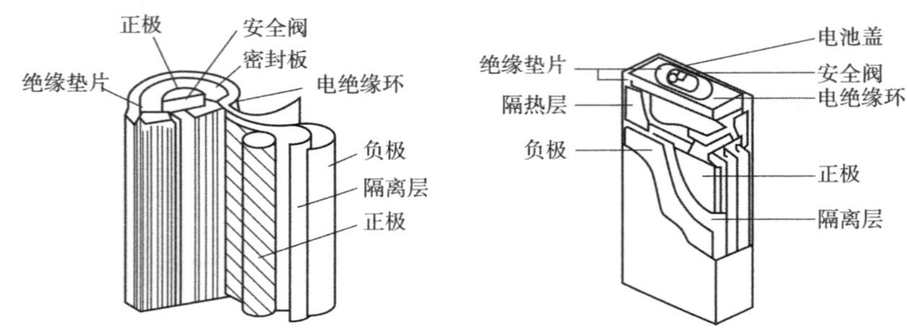

图7-6 镍氢电池组织结构

镍氢电池在电动汽车的行驶过程中，可能存在的安全隐患主要有以下几种[58,59]：

①漏液现象。镍氢电池在电动汽车的行驶过程中，由于行驶工况的恶劣，存在遭受重大冲击、挤压的可能，从而导致电池的保护壳变形甚至破裂，最终导致电池电解液的泄漏，这样电池的各类液体之间将会发生相互作用，产生各种化学反应和电传导现象，影响整个电池系统的安全乃至整个车体的安全，同时因为电解液的强腐蚀性，如果渗漏出电池组，可能会对电动汽车的其他零部件产生破坏，文献[60]中提到，当电池使用过久，超过一定次数的循环充放电，会发生漏碱现象，导致电池的内阻上升，电池的热效应现象严重。

②高压爆裂。由于设计结构的原因，镍氢电池是一个封闭的压力容器，当电池充满电时，电池内部的气体压力会上升到一个较高的水平，文献[61]中提到，充电过程中电池将会释放大量的热量，温度可能会大幅上升导致电池过热，此时由于电池体的核心区域产生的热量不能扩散，会导致电池内部的温度急剧上升，导致充电效率下降，电池内部迅速生成许多氧气，从而让内部的气压达到一个很高的数值，此时如果电池管理系统没有控制安全阀的开启，可能会导致电池发生高压爆裂现象。

③产生氢气氧气易爆混合气体。镍氢电池负极的贮氢合金不仅有存贮氢原子的任务，同时也是电池化学反应的一部分，通常来说，如果镍氢电池化学反应不好导致负极的催化效果不理想，那么镍氢电池在过充电时释放的氧气和过放电时释放的氢气就不能完全被电池内部所吸收，这样就会产生多余的氢气和氧气，形成氢气氧气易爆混合气体，若此时电池内部温度升高，就可能发生爆炸现象。

④氢气泄漏。上一点中提到镍氢电池在过放电时会释放氢气，由于电池安全阀的开启或者电池破裂，那么氢气就会泄漏到电池外部充满氧气的环境中，此时高温和电火花都将会点燃氢气，传统汽车在行驶过程中轻微的碰撞、摩擦、漏电和短路现象不会给汽车带来严重的安全性问题，但是这些对于电动汽车来说就是非常严重的危险源，可以轻易地点燃氢气，导致车辆的燃烧爆炸。

(2)锂电池。锂电池的能量密度是所有电池中最高的，达到150W·h/kg，是镍氢电池的1～2倍、镍铬电池的2～3倍，同时体积比镍氢电池小30%，质量比镍氢电池轻50%，工作电压为镍氢电池的3倍，具有无记忆效应、Cycle长、内部放电效应小、轻污染等特点，是以后电动汽车的主要能源，表7-1为锂电池与其他电池的比较。

锂电池与各种类电池比较[62]　　表7-1

电池类型	工作电压(V)	工作电压区间(V)	体积比能量($W\cdot h/m^3$)		质量比能量(W·h/kg)		循环次数	工作温度(℃)	
			现在	将来	现在	将来		充电过程	放电过程
锂电池	3.6	2.5～4.2	245	400	100	150	500～1000	0～45	-20～60
锰电池	1.5				80		>25		0～65
铅酸电池	2.0				30		200～500		-20～60
镍镉电池	1.2	1.0～1.4	155	240	60	70	500	0～45	-20～65

锂电池的结构如图7-7所示，它的安全隐患主要有以下四种。

①漏气现象。如图7-7所示，锂电池内部的正极物质为锂化合物，在充放电过程中受热会发生分解，进而释放氧气等其他气体，各类正极物充电充满时释放氧气的温度见表7-2；因为锂电池的隔膜一般为聚烯烃组成的多孔膜，会释放气体，电解液在循环充放电的过程中会释放甲烷、一氧化碳等气体，部分电解液的分解电压见表7-3。

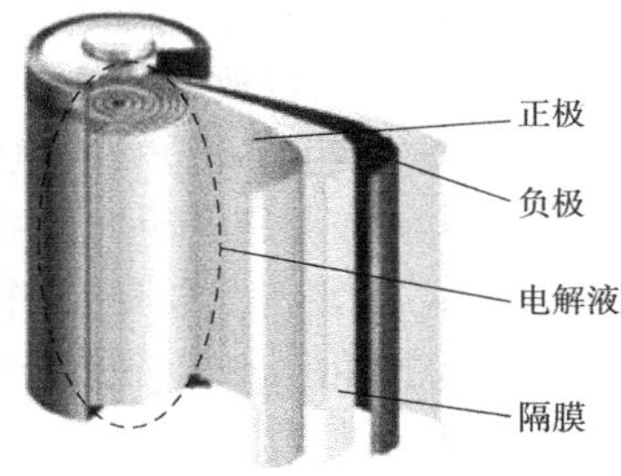

图7-7　两种常见锂电池结构

各类正极物质释放氧气起始温度[63]　　表7-2

物质类型	升温速率≤0.5℃/min时(℃)	升温速率≤2.0℃/min时(℃)
Li_3NiO_2	180	205
Li_4CoO_2	225	240
MnO_2	355	380

电解液释放气体电压(55℃温度下)　　表7-3

溶剂类型	EC/DEC	EC/DMC	PC/DEC
分解电压(V)	4.25	4.1	4.35

可以看到电压和温度对锂电池是否释放各类其他气体是有直接影响的，因此在电动汽车行驶过程中，需要实施监控电池组的温度和工作电压，防止过高释放气体。

②泄漏现象。泄漏现象只发生于液态锂电池，液态锂电池的结构包括正极、负极、集流体、隔膜、外壳等。由液态锂电池的结构可以发现在电动汽车行驶过程中，若电池的外壳出

现腐蚀或者破裂现象，就有可能导致电解液的泄漏现象，如果未及时处理，可能发生起火爆炸等事故。

③燃烧。近年来发生过多起电动汽车自燃的事故，基本都是由于电池的燃烧引起的，造成锂电池燃烧的原因有很多，其中之一就是前文所说的气体释放和有机电解液泄漏，锂电池释放的气体包括甲烷和氧气等，如果这些气体或者液体碰到火花，就有可能发生燃烧事故。

但是造成锂电池发生燃烧现象最大的原因还是其内部结构的问题，锂电池的隔膜通常使用聚烃的多孔膜树脂，但是这种材料在氧气和高温的条件下会发生氧化的现象从而老化，老化后可能发生锂电池正负极短路现象，瞬间产生较大的电流从而引起电池的燃烧。

④爆炸。前文提到的燃烧现象通常都会进一步导致爆炸现象的发生，因为燃烧是从电池组内部发生，隔膜分解导致短路，而锂是一种易燃易爆的物质，燃烧情况下就会发生爆炸，严重危害车辆和人员安全。

7.3.1.2　电池组安全分析

(1)电池组及单体电池容量分析。电池组及单体电池的容量是电池系统最重要的参数，关系汽车的行驶性能，比如续驶里程等，有一些研究发现电池的正极和隔膜功能衰减将导致电池容量的下降，因此需要实时地对电池组及单体电池的容量进行测定和分析。

(2)动力电池放电性能分析。电动汽车动力电池的放电性能关系整车的性能，如瞬间加速能力以及高速行驶能力，随着电池的使用时间增长，电池的放电性能势必会随着下降，同时在各种复杂的工况下，电池的功率需求都是非常不稳定的，因此它的放电能力也会经受着很大的考验，所以放电性能分析需要作为动力电池安全分析的一部分。

(3)电池组寿命分析。电池组的寿命近年来一直是国内外的重点研究方向，如何准确地预测电池的寿命是电动汽车领域非常热门的话题，它的寿命关系整车的寿命，而影响它的因素有很多，比如工作电流、工作电压，而复杂行驶环境下电机功率的不稳定性也会对电池组造成一定的冲击，长期下来会影响电池组的寿命，因此对电池组的寿命进行预测是电池系统安全分析的重要内容。

(4)电池组温度分析。电池组的温度是影响电池安全的重要因素，由于电池组的不一致性，电池组往往各个部分的温度都不一样，有些部位温度较高，有些部位温度较低，因此需要实时地对电池组的温度进行监控和分析，观察预测可能会出现的异常温度并及时报警。

(5)电池组一致性分析。电池组通常有数万个单体电池，这么多单体电池之间的差异是非常大的，它们的电压、电流、内阻、寿命、温度等都是不一样的，因此需要尽可能地保证它们的各项参数都在接近的范围内，对于异常的单体电池要及时发现和修复。

7.3.1.3　电池系统循环次数与安全分析

电池系统的安全问题基本上都是发生在循环次数较多的情况下，文献[64]详细介绍了循环次数对电池特性的影响，见表 7-4。图 7-8 体现了随着循环次数的增加电池内阻的变化。由表 7-4 和图 7-8 可以发现，随着循环次数的增加，电池的有效容量降低，同时内阻变大，200 次充放电循环后电池的容量只有最初容量的 80%，而电池内阻在 175 次充放电循环后突然增大，在循环次数等于 175 和 200 的时候，电池内阻分别是最初内阻的 4 倍和 6 倍。电池内阻增加的原因是，随着充放电过程的进行，电池正极和负极表面的电解质膜增加导致的，并且电池内部的锂化合物会发生形变(图 7-9)；此外电池的厚度也会随着循环次数的增加而增加，在 200 次循环后，电池上部和下部都会增厚，而中间会显得薄一些，上下部接近 5mm，中部为4.45mm。电池内阻增加的原因是：随着循环次数的增加，$LiCoO_2$的表明出现一些裂纹，表面的粒度下降，锂不断从正极中脱出，如图 7-10 所示，这样锂化合物裂纹处电解质缺少，电导率会大幅下降，电解质与正极之间的反应降低，从而使得电池内阻不断增加。电池厚度增加的原因是：通常固体电解质膜处于稳定的状态，同时锂可以穿过电解质膜进入电池的负极，经过多次充放电循环之后，由于嵌锂负极和溶剂之间的反应[53]，新的电解质膜不断生成，如图 7-11 所示，图 7-11a）是崭新的电池，电池表面非常光滑，经过一定充放电后，图 7-11b）中可以看出表面已经出现了一些小的颗粒，这是第一次充电形成的固体电解质膜，这样不断充电的过程使得电解质膜越来越厚，最终如图 7-11c）所示。

电池循环次数和电池放电容量、电池内阻、电池厚度的关系[53]　　表 7-4

循环次数	1	25	50	75	100	125	150	175	200
放电容量（mA · h）	717	690	685	660	650	630	610	590	570
内阻（mΩ）	43	46	80	77	84	87	85	167	253
厚度（mm）	4.22	4.23	4.26	4.27	4.30	4.31	4.31	4.40	4.45

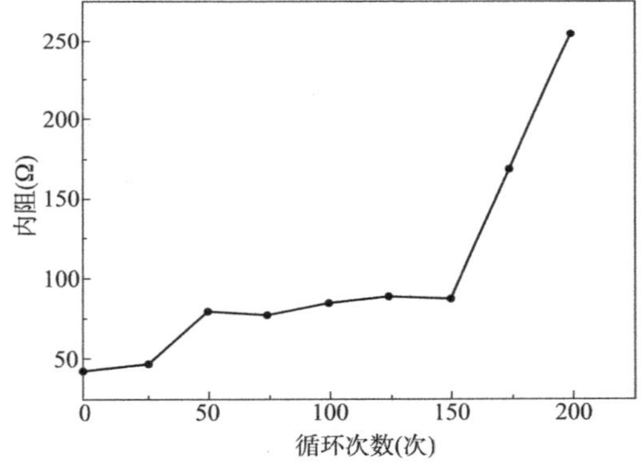

图 7-8　电池内阻与循环次数的关系[53]

图 7-9　电池循环 200 次负极放大图

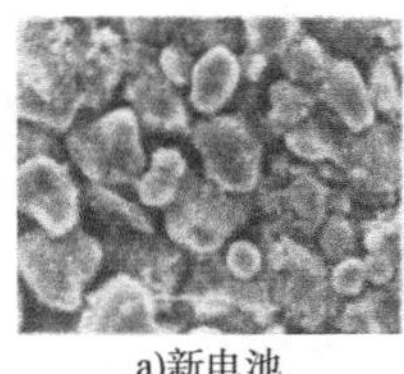

a)新电池

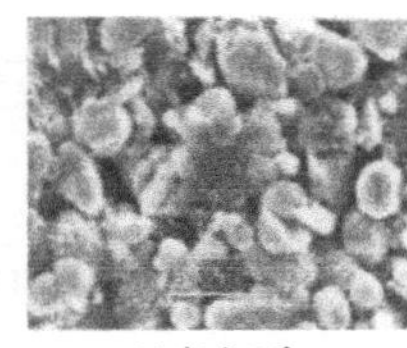

b)充电1次

c)充电200次

图 7-10　电池正极固体电解质膜放大图

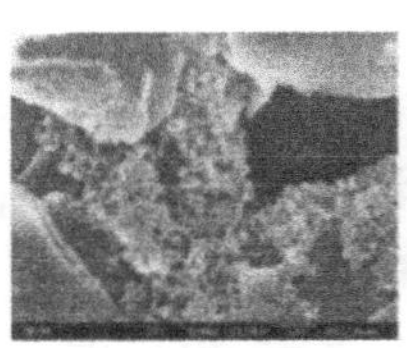

a)新电池

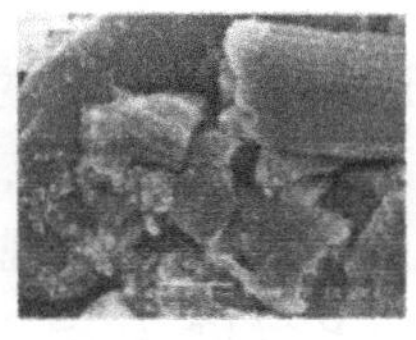

b)充电1次

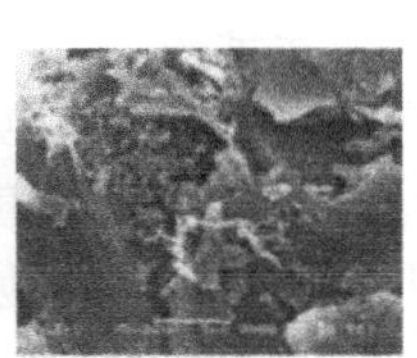

c)充电200次

图 7-11　电池负极固体电解质膜放大图

为了观察电池循环对电池安全的具体影响，文献[53]作了一系列过充电、短路实验。

1）过充电实验

文献分别对比了充电1次和充电125次的电池在过充电时电压和温度随充电过程的变化情况，如图7-12和图7-13所示。

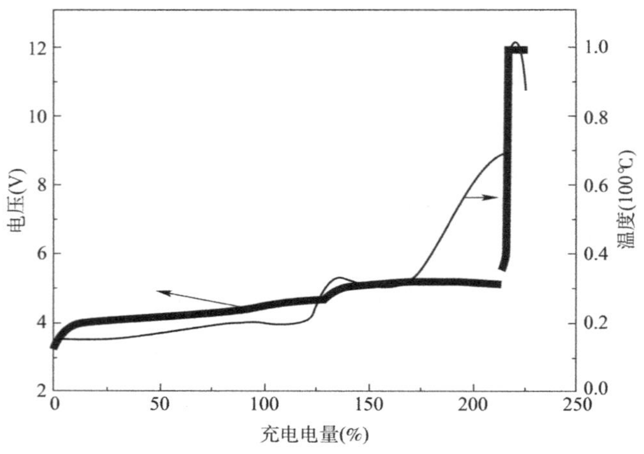

图7-12 充电1次的电池过充曲线

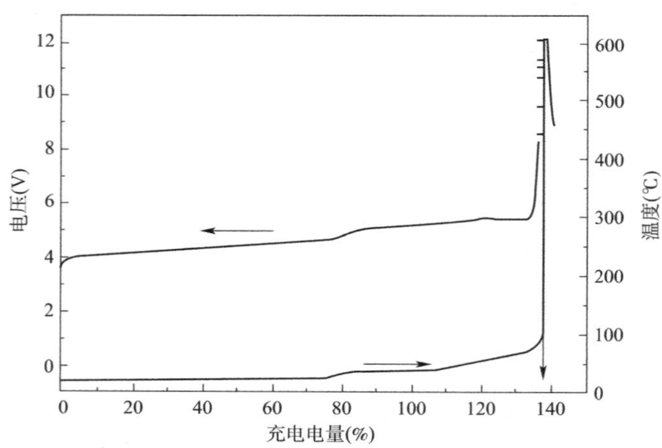

图7-13 充电125次的电池过充曲线

从图7-12中可以看出当充电率达到210%左右时，电压突然急剧增加至12V，电池温度突然增加到100℃附近，但是此时电池还没有发生燃烧、爆炸现象，说明充电1次的电池在过充的情况下也是较为安全的。

从图7-13中可以看出，当充电率达到140%左右的时候，电池的温度急剧增加到600℃左右，电池发生起火现象，这说明随着充电次数的增加，电池的耐热性下降，同时电池在过充的情况下温度会上升到非常高的地步，从而导致燃烧现象的发生。

对过充导致燃烧的电池粉末进行ICP分析，如图7-14所示，可以看出其中有锂含量增加了，这是因为电解质中的锂发生了泄漏，如前文所说，不断地充放电过程导致电池的嵌锂能力下降。

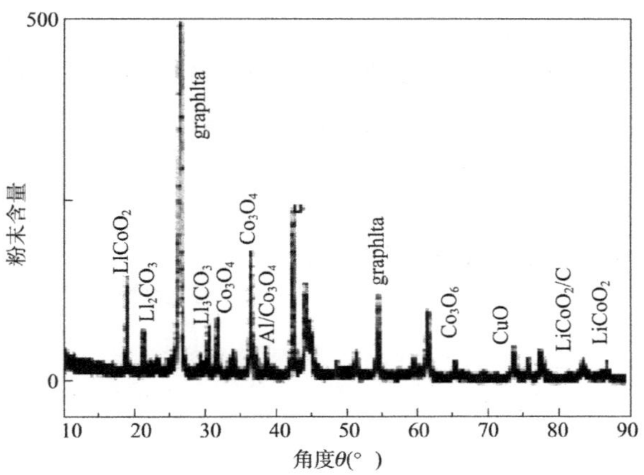

图 7-14 充电 125 次电池粉末 XRD 图谱

同时,图 7-15 体现了随着充电次数的增加,电池在过充电的过程中最高温度与充电次数的关系,可以看到当循环次数超过 100 次时,最高温度会有一个大幅的上升,在 125 次时,电池表面的最高温度会达到 600℃左右,导致电池发生燃烧现象。

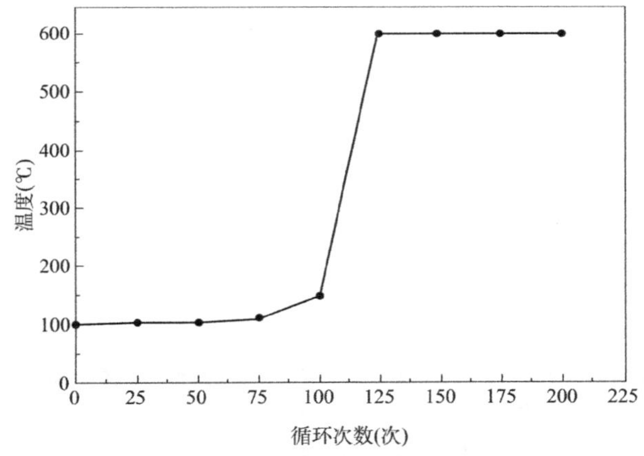

图 7-15 1C12V 充电效率下循环次数与过充电最高温度的关系

图 7-16 是经过 3C12V 充电效率下循环次数与过充电电池最高温度的关系,同 1C12V 充电效率下相似,随着循环次数的增加,电池的最高温度也会增加,但是仅仅 25 次充放电循环,电池就已经进入了一个不可逆的状态,过充电的最高温度渐渐上升到 550℃左右。

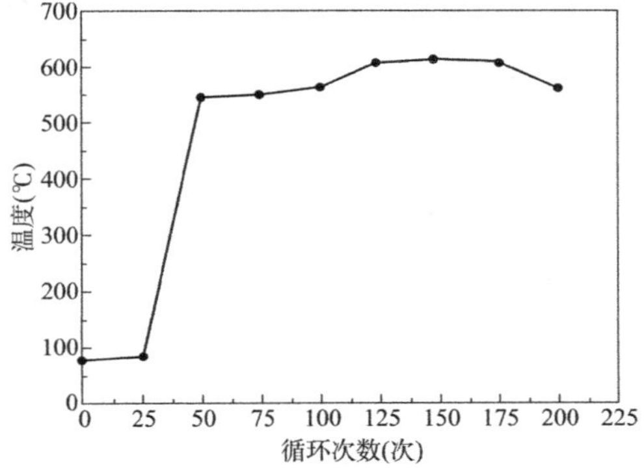

图 7-16 3C12V 充电效率下循环次数与过充电最高温度的关系

综上所述,电池的充放电循环次数是对电池的安全性有显著影响的,随着充放电循环次数的增加,在 1C12V 的充电效率下,125 次循环之后电池的过充温度会急剧增加到 600℃,引起燃烧,在 3C12V 的充电效率下,25 次循环开始,电池的过充电最高温度就会逐渐上升,在 50 次循环的时候到达峰值 600℃左右,可见大电流大功率的充电情况下，电池安全性受影响的循环次数减小。

因此，在电动汽车的行驶过程中以及充电过程中，要时刻监控电池的温度、工作电流、充电电流，防止发生异常现象，以及在一定的循环次数过后，对电池进行维护或者更换。

2）短路实验

文献还对电池在不同充放电循环次数下进行了短路实验，图 7-17 是电池组在不同循环次数下短路实验的 Voltage 和 Temperature 曲线。

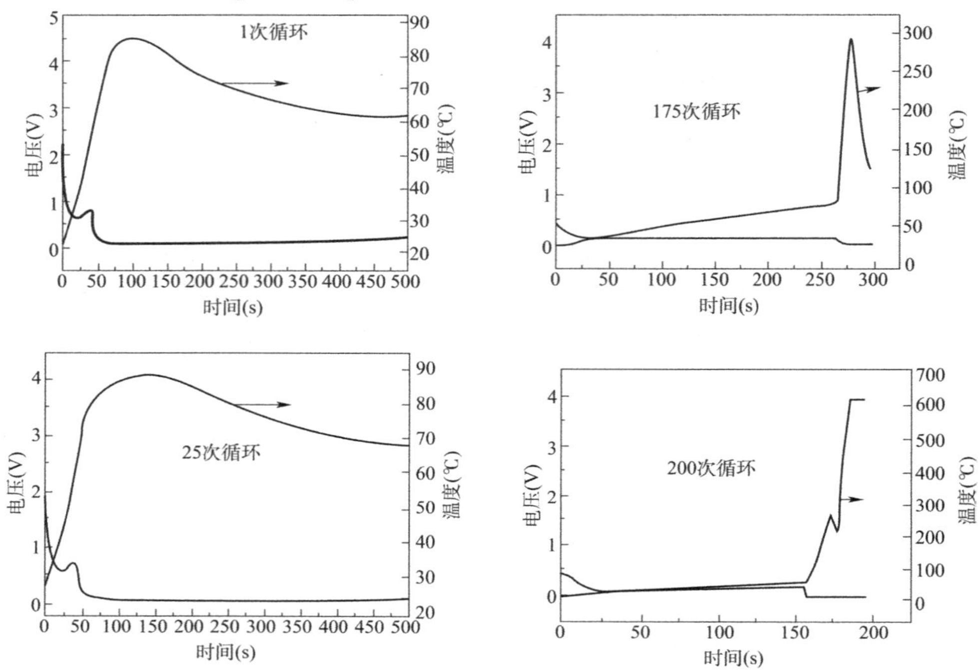

图 7-17 电池在不同充放电循环次数下短路实验的温度电压曲线

可以发现，电池在 175 次循环过后，如果发生短路现象的情况下，温度会达到峰值。

图 7-18 和图 7-19 分别是电池循环 175 次前后电池的温度和电压曲线对比，可以看出，第 1、25 和第 150 次循环后，如果发生短路现象，电池的电压会迅速降低，并且电压会随着循环次数的增加而下降，在 175 次和 200 次后，电池电压会下降到 0.1V 并且发生燃烧现象。

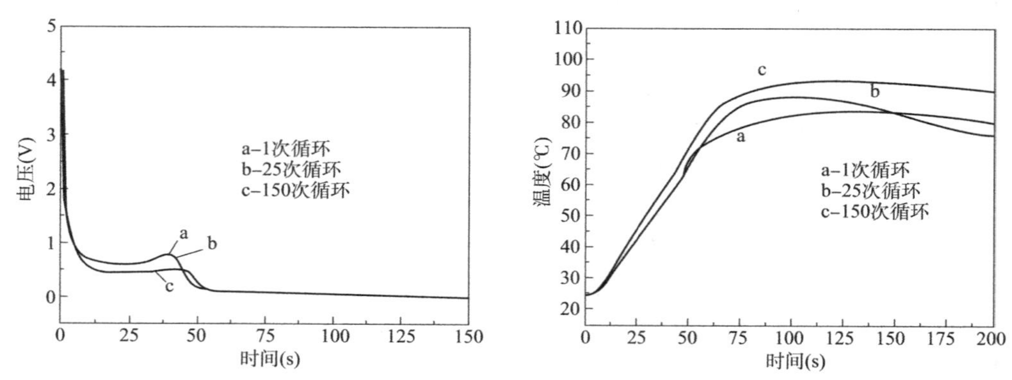

图 7-18 电池循环 175 次前的温度和电压曲线

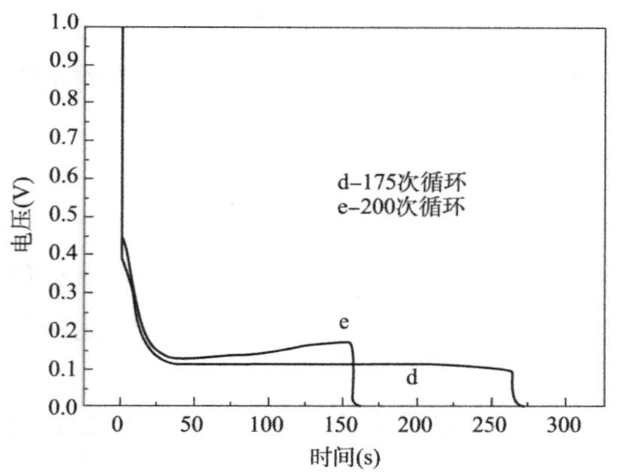

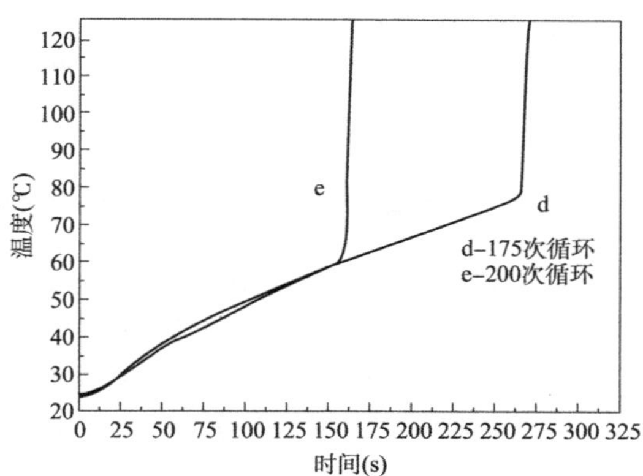

图 7-19　电池循环 175 次与 200 次的温度与电压曲线对比

从图 7-20 的温度对比曲线上可以看出，在电池循环 1 次、25 次、150 次之后，它们温度上升的速度都在 1℃/s 左右，最高温度都在 85～90℃之间；当循环次数超过 170 次的时候，它们的温升速度会下降。

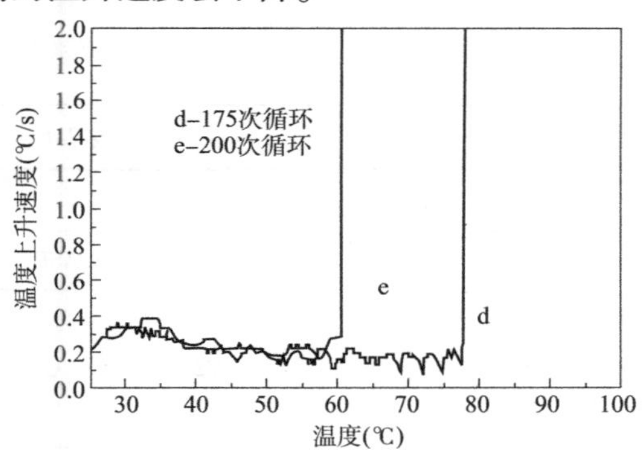

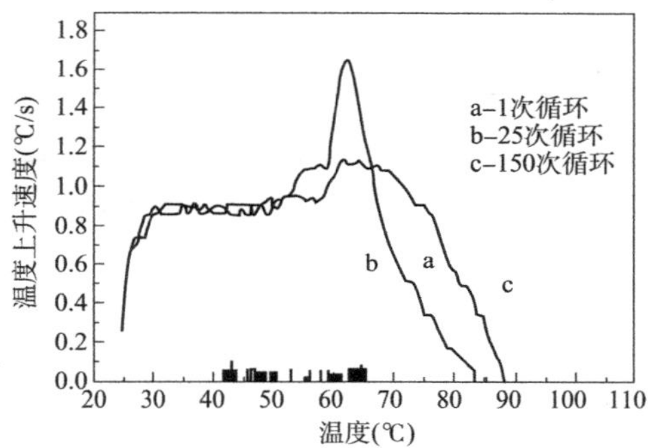

图 7-20　电池循环 170 次前后的温度曲线对比

7.3.2　电动汽车电控系统安全分析

与传统汽车相比，混合动力电动汽车和纯电动汽车有着大量的电子元部件，是一个高度电气化的产品，因此它们发生控制故障的概率要远远高于传统汽车，因此对于电动汽车，需要有一个完备的方法来保证整车的控制系统安全可靠，对于电控系统的安全分析主要是通过观察电动汽车是否出现故障行为，电控系统会对汽车的如下功能进行监控和反馈：

(1)车辆运行状态。

(2)驾驶员需求转矩的计算。

(3)系统上下电管理。

(4)巡航控制。

(5)再生制动。

(6)电池状态估算。

(7)充电控制。

(8)转矩监控。

(9)DC/DC 控制。

(10)车辆信息显示。

通过对这些主要功能进行监控和反馈,实现对电控系统的安全分析,确保其功能的正常运转。

7.3.3 电动汽车电机系统安全分析

电机系统是电动汽车的核心部件,能否正确地输出驾驶员和电控系统的目标功率显得尤为重要,若是在减速指令下电机系统发出了加速响应,将会造成很严重的后果,因此保证电机系统正确的作出响应是一件非常重要的事情。

在电机系统的安全分析方面,目前主要有两种:一种是电机系统控制器转矩 HOZAP 分析,见表 7-5;另一种是 HARA 分析,见表 7-6。

电机系统 HOZAP 分析 表 7-5

功能关键词	功能丧失	错误的行为			非预期的行为	输出卡滞
转矩	转矩丢失	转矩增加	转矩减小	转矩反向	非预期的转矩输出	转矩锁死

电机系统 HARA 分析 表 7-6

功能描述	功能失效行为	整车层面危害	危害场景描述	潜在事故	ASIL 评估			
					S	E	C	ASIL
提供所需要的转矩	非预期的转矩增加	非预期的车辆加速	在市区行驶且前方有行人	非预期加速后与行人碰撞	S3	E4	C2	C
			在市区行驶且前方有车辆	非预期加速后与前方车辆追尾	S2	E4	C2	B
			在高速公路行驶且前方有车辆	非预期加速后与前方车辆追尾	S3	E4	C2	C

HARA 分析是 ISO 26262 标准的一种分析方法。基于该方法,可对电动汽车电机系统进行各种行驶状况下的安全分析:通过判别电机系统在控制系统的指令下是否有失效的行为。

表 7-6 以电机系统的功能失效行为为例进行分析,描述的是典型场景的 HARA 分析,其中的变量是行驶环境和前方为行人或者车辆,分为城市中行驶环境和高速上行驶环境,发生的失效行为是电机系统提供了超过电控系统所需要的转矩,造成了车辆与行人或者车辆碰撞,再根据危害性、可控性、发生频率等来对失效行为进行定级分析。

第8章　基于大数据的电动汽车故障分析

8.1　基于大数据的电动汽车故障分析概述

目前电动汽车车载控制系统通常具备实时监控车辆信息的能力，车辆运行状态、发动机转速及电池的电压、电流、温度等信息通常都会被车载控制系统收集起来，几乎所有车型可以通过硬件接口读取内部加密数据，甚至很多车型会把车辆行驶时的重要参数通过无线网络实时发送到服务器中。如此一来，电动汽车相比于传统车型而言可以提供海量数据，这些数据可以用于故障诊断，通过大数据手段可以及时锁定车辆故障。本章节主要介绍如何充分发挥电动汽车的优势，充分发掘大数据的潜在信息，从而实现基于大数据的电动汽车故障分析。本章依次介绍基于大数据故障诊断的问题描述、数据类型与数据结构、基于神经网络的故障诊断模型、基于支持向量机的故障诊断模型、基于大数据的故障诊断应用。

8.2节基于大数据故障诊断的问题描述中，简单介绍基于大数据的故障诊断需要解决什么样的问题，最终搭建出一个怎样的平台。8.3节数据类型与数据结构中，介绍了大数据场景下，如何有效地存储海量数据，针对不同数据类型如何有针对性的优化存储性能。8.4节基于神经网络的故障诊断模型中，介绍了神经网络基本原理，并简单介绍如何将神经网络作为核心搭建诊断模型。8.5节基于支持向量机的故障诊断模型中，较为详细地介绍了支持向量机的基本原理，并叙述了如何使用支持向量机解决电动汽车故障诊断问题。8.6节基于大数据的故障诊断应用中，较为详细地举例说明了，一个大数据故障诊断平台应如何搭建，怎么样采集并存储数据，平台应当具备什么样的功能，如何为各方用户提供他们所需的服务。

8.2　基于大数据故障诊断的问题描述

目前新能源车辆和充电桩在出厂前就预置了相关的数据监控等设施，车厂及充电桩厂能够通过后台实时了解到新能源车辆及充电桩的动态情况，通过各个字段的数据了解车辆及充电桩的健康情况。各个厂家通常也有自主设计的车辆诊断工具，车厂的技术人员将车辆与诊断工具连接即可获取车辆信息，从而方便技术人员快速分析故障原因，评估故障严重性。由此可见，通过数据来分析车辆健康状况，根据数据进行故障诊断已经是现实可行的方法。虽然目前车厂和充电桩生产厂家倾向于加密有关数据，使得相关数据只能厂家自身和国家监管部门才可以获取，但是近年来由于新能源汽车安全问题越来越引发重视，地方政府和公众希望企业可以把数据应用于故障诊断方面，基于大数据的故障诊断有望在几年里取得突破并逐渐推广。

8.2.1 基于大数据故障诊断平台的结构

基于大数据的诊断平台主要分为大数据平台、国家检测平台、企业运营商平台、消费者服务平台，如图 8-1 所示。

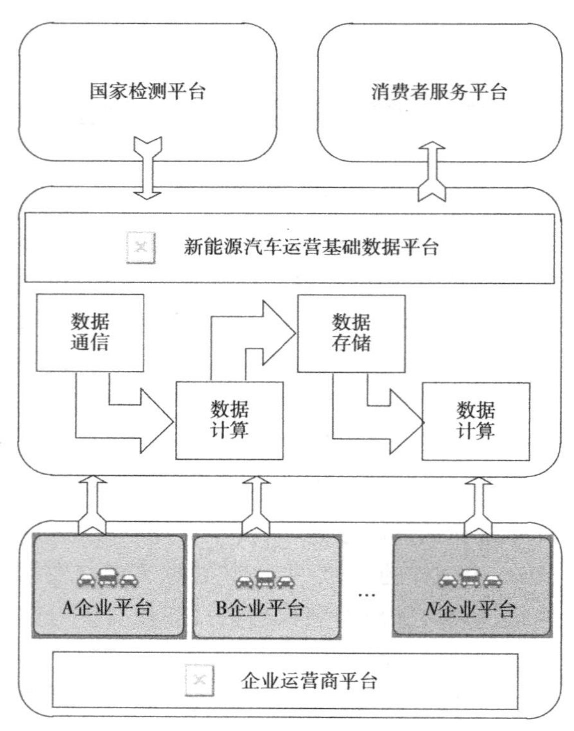

图 8-1 大数据故障诊断平台构架图

在整个系统业务结构中，各企业平台通过制定的标准协议将数据转发至本平台，基础数据平台在此基础上将数据上传云端、同时定期备份，承担整个系统的数据池角色，提供数据通信、数据解析、数据存储、数据计算、数据接口等功能，它通过标准的数据服务接口 & 数据总线对上层应用提供数据服务，同时也通过标准接口对外提供数据服务，如国家监测平台、手机 App（如建设）、微信公众号（如建设）等，也可将充电站/桩的信息从运营商平台转发至本平台，从而做到车桩的融合管理和监控。

应用系统主要是综合平台监管应用软件，综合平台监管应用软件侧重于运营状态监控、故障报警和基本的数据统计，基于基础数据平台搭建的大数据平台侧重更复杂的数据分析和统计工作，如充电行为分析、故障分析、影响安全的驾驶行为分析、能耗分析等。

因此，在整个架构中，数据由企业平台转发至本平台，进行本平台相关监管和应用，同时对车辆数据，本平台转发数据至国家监测平台，满足国家监测平台的要求。新能源汽车大数据故障诊断平台包括基础数据平台、政府监管应用、消费者服务应用。基础数据平台是核心，它包含数据通信、数据解析、数据存储、数据计算，以及根据实际功能需要的各个数据接口。针对政府，可提供安全监控、数据分析、企业数据接入管理等功能，对消费者提供车桩数据、寻桩服务、充电服务、评价反馈等功能。同时，如有第三方系统需要本平台的数据，也可通过数据服务接口提供数据服务。

8.2.2 常见的基于大数据的方法

电动汽车故障分析主要基于已收集到的新能源汽车数据，根据数据特点建立合适的模型，借助已有数据进行训练，然后用于判断预测新能源汽车的故障情况。常见的可用于电动汽车故障分析的方法见表 8-1。

常见方法汇总表 表 8-1

分 类	方 法
广义线性模型	最小二乘法
	岭回归
	LASSO 回归
支持向量机	支持向量机分类
朴素贝叶斯	高斯朴素贝叶斯
	多项朴素贝叶斯
	伯努利朴素贝叶斯
决策树	决策树分类
离散选择模型	LOGIT
	PROBIT
神经网络模型	神经网络模型

可用于新能源汽车故障诊断的方法多种多样，最基本最简单的最小二乘法甚至也可以根据已有数据对故障进行简单诊断分析，判断风险发生的概率。在此基础上衍生的岭回归和 LASSO 模型也都是类似的改进模型，它们本质上都是线性模型，适用于新能源汽车故障呈现线性规律的场景。然而实际情况下很难确定故障是否满足线性关系，虽然某些情况下可以使用这些方法对故障进行预测和分析，但通常不适合更广泛的场景应用。

支持向量机是一类按监督学习方式对数据进行二元分类的广义线性分类器，其决策边界是对学习样本求解的最大边距超平面。SVM 使用铰链损失函数计算经验风险并在求解系统中加入了正则化项以优化结构风险，是一个具有稀疏性和稳健性的分类器。SVM 可以通过核方法进行非线性分类，是常见的核学习方法之一。SVM 具备稳健性与稀疏性的特性。

朴素贝叶斯是基于贝叶斯定理与特征条件独立假设的分类方法。对于给定的输出 x，通过学习到的模型计算后验概率分布，将后验概率最大的类作为 x 的类输出，其中关键的就是后验概率的计算，其中就利用到贝叶斯定理。它适用于标称型数据。优点是在数据较少条件下，可以处理多类别问题。缺点是对于输入数据的准备方式较为敏感。

决策树优点是易于理解和实现，对数据预处理要求不高。缺点是无法很好地应对连续性数据，类别过多时容易提高错误率。

离散选择模型属于离散线性模型，从逻辑斯蒂分布或其他分布规律得到该模型，通过求出多种类别的概率，取概率较大的那个类别作为最有可能的分类。其中算法的核心集中在求权值矩阵，在统计学中我们可以通过最大似然估计计算模型参数，先求出对数似然函数，然后计算最优化条件下的参数，这里问题常常转化目标函数的最优化，常用的方法有梯度下降法和拟牛顿法。适用于数值型和标称型数据。优点是计算代价不高,易于理解和实现。缺点是容易欠拟合,分类精度可能不高。

神经网络从信息处理角度对人脑神经元网络进行抽象，建立某种简单模型,按不同的连接方式组成不同的网络。神经网络具有四个基本特征:非线性、非局限性、非常定性和非凸性。

8.2.3　系统架构

新能源汽车运行监控与管理平台包括基础数据平台、政府监管应用、消费者服务应用。基础数据平台是核心,它包含数据通信、数据解析、数据存储、数据计算,以及根据实际功能需要的各个数据接口。针对政府,可提供安全监控、数据分析、企业数据接入管理等功能,对消费者提供车桩数据、寻桩服务、充电服务、评价反馈等功能。同时,如有第三方系统需要本平台的数据,也可通过数据服务接口提供数据服务。基础数据平台作为整个系统的核心,采用模块化的设计,功能模块包括负载均衡模块、数据网关服务、数据计算服务、数据接口服务、数据交换服务、数据管理服务、大数据分析等。

由上述介绍可以知道,为了更好地检测新能源汽车的安全问题,进行及时的故障诊断,充分利用现有企业和国家所掌握的海量数据,必须要依托大数据诊断平台。大数据的故障诊断平台主要的面临问题有:如何获取和存储数据,如何选择合适的方法对数据处理分析。因此本章接下来的内容按照这个逻辑展开,介绍大数据平台的新能源车辆故障诊断的核心理论。

8.3　基于大数据故障诊断的数据类型与数据结构

基于大数据的故障诊断最首要的就是数据获取和存储问题,不同的数据类型有不同的特性,采用不同的数据结构也有不一样的效果。下面将介绍采集数据的方法,大数据故障诊断系统的数据类型和数据结构。

8.3.1　新能源汽车数据采集方法

新能源汽车数据主要有两种来源:一种是汽车整车和各项系统的车辆数据;另一种是充电桩等设备采集到的设施数据。数据采集需要考虑数据传输的保密性和可靠性,目前较为常见的是采用国家标准进行数据采集和传输。下面首先介绍车辆数据的采集。

根据 GB/T 32960—2016 的要求,各车企车联网平台通过 GB/T 32960.3—2016 协议转发数据接入数据平台,车企需保证数据的有效性、可靠性。国家要求地方监测平台建设参照《电动汽车远程服务与管理系统技术规范》(GB/T 32960—2016),不得在国家标准之外随意扩大信息采集范围。数据平台采用《电动汽车远程服务与管理系统技术规范第 3 部分:通信协议及数据格式》(GB/T 32960.3—2016),本部分规定了电动汽车远程服务于管理系统中协议结构、通信连接、数据包结构与定义、数据单元格式与定义,适用于电动汽车远程服务与管理系统中平台间的通信。协议结构以 TCP/IP 网络控制协议作为底层通信承载协议。车企平台使用 GB/T 32960.3—2016 协议与本平台对接,数据平台也使用 GB/T 32960.3—2016

协议上传数据至国家平台。数据平台需支持 GB/T 32960.3—2016 附录 B 协议,在需要进行对车企数据抽查时,支持车载终端直连上报数据给本平台,对比核实数据的真实性。

工信部新能源汽车三级监督平台规划如图 8-2 所示。

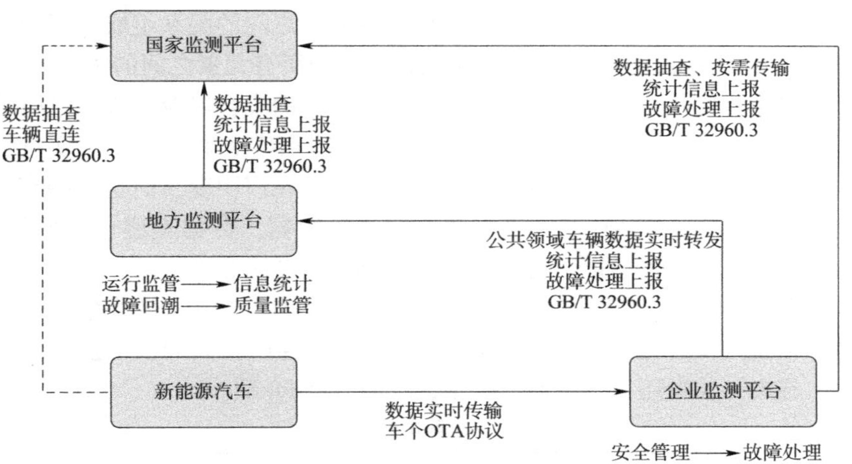

图 8-2　工信部新能源汽车三级监测平台规划

GB/T 32960.3—2016 协议中定义的车辆数据采集项包括:整车数据(车辆状态、充电状态、运行模式、车速、累计里程、总电压、总电流、SOC 等)、驱动电机数据(驱动电机个数、每台电机的电机状态、驱动电机控制器温度、驱动电机转速、驱动电机转矩、驱动电机温度等)、电池数据(可充电储能子系统个数、每个子系统的电压、电流、单体电池总数、单体电池电压、温度探针个数、探针温度等)、极值数据(最高电压电池子系统号、最高电压电池单体代号、电池单体电压最高值、最低电压电池子系统号、最低电压电池单体代号、电池单体电压最低值、最高温度子系统号、最高温度探针序号、最高温度值等)、报警数据(温度差异报警、电池高温报警、车载储能装置类型过电压报警、车载储能装置类型欠电压报警、SOC 低报警、单体电池过电压报警、单体电池欠电压报警、SOC 过高报警、SOC 跳变报警等)。此外如果不是纯电动车,还会涉及其他字段的数据,例如:发动机数据(发动机状态、曲轴转速、燃料消耗率)、燃料电池(燃料电池电压、燃料电池电流、电池燃料消耗率、燃料电池温度探针总数、探针温度列表等)。

设施数据采集方面,国家的标准相对较少,但是为了能让不同企业提供较为统一的字段,数据平台也要规定所要收集的数据类型。数据平台遵照数据传输标准对接运营商平台采集充电设施数据信息或对接充电桩平台直接采集充电设施数据信息。平台提供系统接口统一接入充电桩。所采集的数据包括:充电运营商信息、充电站信息、充电设备信息、充电设备接口信息、充电站统计信息、充电设备接口统计信息、充电站实时状态、充电设备接口实时状态。

8.3.2　数据类型和数据结构的基本概念

为了理解数据类型和数据结构的含义,首先简单介绍两者的概念。简单来说,数据类型是一个值的集合以及在这些值上定义的一组操作的总称。数据结构指的是数据之间的相互关系,即数据的组织形式。

数据结构是计算机存储、组织数据的方式。数据结构是指相互之间存在一种或多种特定关系的数据元素的集合。通常情况下,精心选择的数据结构可以带来更高的运行或者存储效率。数据结构往往同高效的检索算法和索引技术有关。数据结构是指相互之间存在着一种或多种关系的数据元素的集合和该集合中数据元素之间的关系组成。记为:Data_Structure = (D,R),其中 D 是数据元素的集合,R 是该集合中所有元素之间的关系的有限集合。

数据类型在数据结构中的定义是一组性质相同的值的集合以及定义在这个值集合上的一组操作的总称。变量是用来存储值的所在处,它们有名字和数据类型。变量的数据类型决定了如何将代表这些值的位存储到计算机的内存中。在声明变量时也可指定它的数据类型。所有变量都具有数据类型,以决定能够存储哪种数据。数据类型包括原始类型、多元组、记录单元、代数数据类型、抽象数据类型、参考类型以及函数类型。

举例来说明,在 C + +语言中有七种基本数据类型(表 8-2),以整形为例,整形包含的是几乎所有整数以及定义在之上的加减乘除等运算规则,性质相同的值以及一组操作称为一种数据类型。在 C + +中还有其他数据类型,在此不详细介绍。

C + +的基本数据类型 表 8-2

类　型	关　键　字	类　型	关　键　字
布尔型	bool	双浮点型	double
字符型	char	无类型	void
整型	int	宽字符型	wchar_t
浮点型	float		

在此我们也列举一条 C + +中常见的数据结构的例子。

```
struct Books
{
   char title[50];
   char author[50];
   char subject[100];
   int   book_id;
} book;
```

上述代码定义了一种数据结构 Books,这种数据结构包含书的基本信息,例如标题、作者等。当书店每引进一种新书时,新书的基本信息都可以按照这四个属性来描述,当书店需要获得某本书的某项信息时也可以快速地访问该数据结构的成员来获得相关信息。下面是如何使用这一数据结构的例子。

```
int main( ){
    Books Book1;            //定义结构体类型 Books 的变量 Book1

    // Book1 详述
    strcpy( Book1. title, "C + +教程");
   strcpy( Book1. author, "Runoob");
    strcpy( Book1. subject, "编程语言");
```

```
    Book1.book_id = 12345;

    //输出 Book1 信息
    cout << "第一本书标题：" << Book1.title << endl;
    cout << "第一本书作者：" << Book1.author << endl;
    cout << "第一本书类目：" << Book1.subject << endl;
    cout << "第一本书 ID：" << Book1.book_id << endl;

   return 0;
}
```

8.3.3　数据类型

在常见的编程语言中，数据类型通常不尽相同，对数据类型进行不同的定义是各种编程语言自身适用领域和特点决定的。上面举例说明了 C++ 中的七种基本数据类型，除此之外还有数组、日期时间等数据类型，在 C 语言中甚至还有抽象数据类型。

常见的数据库通常为了存储查询数据而优化，通常不会采用像 C 语言一样的数据类型，常见的几种数据库常用的数据类型举例如图 8-3 所示。

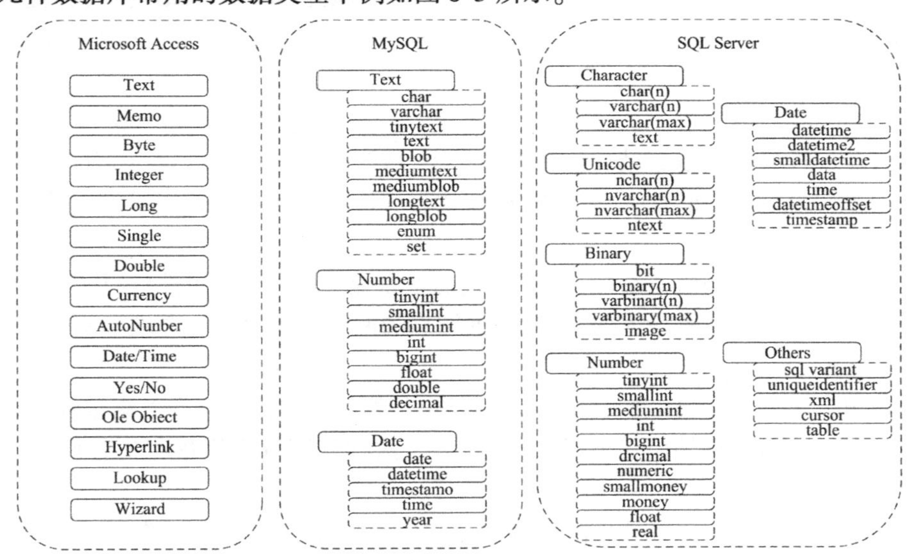

图 8-3　常见数据类型图

8.3.4　数据结构

常见的传统数据结构有以下几类。

(1)数组(Array)。

数组是一种聚合数据类型，是将具有相同类型的若干变量有序地组织在一起的集合。数组可以说是最基本的数据结构，在各种的编程语言中都有对应。一个数组可以分解成多个数组元素，按照数据元素的类型，数组可以分为整数数组、字符型数组、浮点型数组、对象数组等。数组还可以有一维、二维及多维等表现形式[65]。

(2)栈(Stack)。

栈是一种特殊的线性表,其只能在一个表的固定端进行数据结点的插入和删除操作。栈按照后进先出的原则来存储数据,也就是说,先插入的数据将被压入栈底,最后插入的数据在栈顶,读出数据时,从栈顶逐个开始读出。栈在汇编语言程序中经常用于重要数据的现场保护。栈中没有数据时,称为空栈[65]。

(3)队列(Queue)。

队列和栈类似,也是一种特殊的线性表。和栈不同的是,队列只允许在表的一端进行插入操作,而在另一端进行删除操作。一般来说,进行插入操作的一段称为队尾,进行删除操作的一端称为队头。队列中没有元素时,称为空队列[65]。

(4)链表(Linked List)。

链表是一种数据元素按照链式存储结构进行存储的数据结构,这种存储结构在物理上具有非连续的特点。链表由一系列数据结点构成,每个数据结点包括数据域和引用域两部分。其中,引用域保存了数据结构中下一个元素存放的地址。链表结构中数据元素的逻辑顺序是通过链表中的引用域按次序来实现的[65]。

(5)树(Tree)。

树是典型的非线性结构,其是包括 N 个结点的有穷集合 K。在树结构中,有且仅有一个根结点,该结点没有前驱结点。在树结构中的其他结点都有且仅有一个前驱结点,而且可以有 M 个后继结点,$M> =0$[54][65]。

(6)图(Graph)。

图是另外一种非线性数据结构。在图结构中,数据结点一般称为顶点,而边是顶点的有序偶对。如果两个定点之间存在一条边,那么就表示这两个顶点具有相邻关系[65]。

(7)堆(Heap)。

堆是一种特殊的树型数据结构,一般讨论的堆都是二叉堆。堆的特点是其根据结点的值是所有结点中最小的或者最大的,并且根据结点的两个子树也是一个堆结构[65]。

(8)散列表(Hash)。

散列表源自散列函数(Hash funtcion),其思想是如果在结构中存在关键字和T相等的记录,那么必定在F(T)的存储位置可以找到该记录,这样就可以不用进行比较而直接去找所查记录[54]。

大数据领域中为了存储和处理海量数据,通常无法一次性将数据全部读取到内存中,为了能够有效地解决这一问题,通常会采用一些特殊的数据结构以实现不同的目的。常见的大数据中的数据结构有以下六种。

(1)Hash。

Hash 的基本原理不再说明,Hash 的一个关键点是 Hash 函数的选择,如何使映射结果更加均衡及冲突减少。关于哈希也有许多变种,如一致性哈希。海量数据处理中,Hash 可用于快速查找及删除,通常需要将总数据量放入内存中[66]。

(2)bitmap。

bitmap 是非常经典的海量数据处理工具,其本质是用 bit 数组的某一位表示某一数据,从而一个 bit 数组可以表示海量数据[66]。

(3)布隆过滤器(Bloom filter)。

Bloom Filter 是 1970 年由 Bloom 提出的,最初广泛用于拼写检查和数据库系统中。近年来,随着计算机和互联网技术的发展,数据集的不断扩张使得 Bloom Filter 获得了新生,各种新的应用和变种不断涌现。Bloom Filter 是一个空间效率很高的随机数据结构,它由一个位数组和一组 hash 映射函数组成。Bloom Filter 可以用于检索一个元素是否在一个集合中,它的优点是空间效率和查询时间都远远超过一般的算法,缺点是有一定的误识别率。因此 Bloom Filter 不适合那些“零错误”的应用场合。而在能容忍低错误率的应用场合下,Bloom Filter 通过极少的错误换取了存储空间的极大节省[55]。

布隆过滤器的实质是由一个位数组及 k 个哈希函数组成,将要映射的元素通过 k 次哈希映射到位数组的相应位置当中。布隆过滤器可以看作是哈希函数和 bitmap 的扩展,它允许有一定的错误。且错误率与位数组的个数 m、哈希函数个数 k 及要映射的元素个数 n 有必然的联系,当 hash 函数个数 $k=(\ln 2)\cdot(m/n)$ 时错误率最小[55]。

优点是查询操作十分高效,节省空间,易于扩展成并行,集合计算方便,代码实现方便。缺点是有误判的概率,即存在 False Position,无法获取集合中的元素数据,不支持删除操作(删除会影响其他字符串)[55]。

(4)堆。

在海量数据存储中,堆适合解决求取数据中符合条件的某 n 个数,如出现频率最高的前 n 个,堆可以放在内存中进行[55]。

(5)mapreduce。

mapreduce 是一种分布式处理,将数据划分到不同的机器上进行处理,最后再对每台机器上的结果进行整合。数据划分,结果规约[55]。

(6)trie 树。

trie 树是快速查找字符串的一个很有用的工具,是一种树形结构。适用于重复数量比较多的海量数据[55]。

在大数据中,针对不同性质的数据选择合适的数据结构非常重要,不仅可以加快查找和运算速度,也可以节省系统资源。在使用一些商业化的数据库时,通常我们可以简单地根据经验设置一些参数从而快速的生成数据库,很少需要特意设置其数据结构,但是了解这些数据库内部常见的数据结构有助于帮助我们理解大数据的数据存储访问。

8.4　基于神经网络的故障诊断模型

8.4.1　神经网络介绍

8.4.1.1　神经元

神经元是神经网络的基本组成,大概示意图如图 8-4 所示。

图 8-4 中神经元左边的 x 表示对神经元的多个输入,w 表示每个输入对应的权重,神经元右边的箭头表示它仅有一个输出。下面介绍两种入门的神经元类型:感知器和 Sigmoid 神经元。

(1)感知器。

神经网络技术起源于20世纪50~60年代,当时叫感知机(perceptron),其中的单个神经元我们可以叫作感知器。感知器的特点具有浓厚的时代气息:其输入输出都是二进制形式的,如图8-5所示。

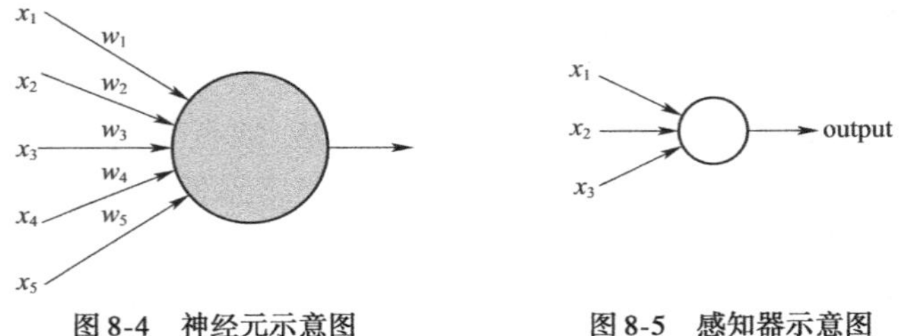

图8-4　神经元示意图　　　图8-5　感知器示意图

感知器有多个二进制输入(值只能是0或1) $x_1,x_2,\cdots,x_n$,每个输入有对应的权值w_1, $w_2,\cdots,w_n$(图中没画出来),将每个输入值乘以对应的权值再求和($\sum x_i w_i$),然后与一个阈值(threshold)比较,大于阈值则输出1、小于阈值则输出0。写成公式如下:

$$\text{output} = \begin{cases} 0 \text{if} \sum x_i w_i \leqslant \text{threshold} \\ 1 \text{if} \sum x_i w_i > \text{threshold} \end{cases} \tag{8-1}$$

把公式写成矩阵形式,再用 b 来表示负数的阈值(即 $b = -\text{threshold}$),那就得到了如下公式:

$$\text{output} = f(x) = \begin{cases} 0 \text{if} wx + b \leqslant 0 \\ 1 \text{if} wx + b > 0 \end{cases} \tag{8-2}$$

例如你所在的城市将有一个你的偶像的演唱会,你正决定是否观看,你可能会通过以下三个方面来权衡你的决定:天气好坏、你的好友是否愿意陪伴、距离公共交通是否很近。我们将这三个因素用对应的二进制变量x_1,x_2和x_3表示。比如,当天气还不错时,我们有$x_1=1$,天气不好时$x_1=0$。相似的,如果好友愿意去,$x_2=1$,否则$x_2=0$。对于公共交通x_3同理赋值。

然后根据你的意愿,比如让天气权重$w_1=6$,其他条件权重分别为$w_2=2$,$w_3=2$。权重w_1值越大表示天气影响最大,比起好友加入或者交通距离的影响都大。最后,假设你选择5作为感知器阈值(即 b 为 -5),按照这种选择,这个感知器就能实现这个决策模型:当天气好时候输出1,天气不好时候输出0,无论你的好友是否愿意去,或者交通是否比较近。

(2)Sigmoid神经元。

首先介绍Sigmoid函数,它是一个常用的“S”型函数,可以把变量映射到(0,1)区间内,其公式为:

$$\sigma(z) = \frac{1}{1+e^{-z}} \tag{8-3}$$

其函数图像是如图8-6所示的“S”型。

回到Sigmoid神经元,它与感知器相比有两个区别。首先,在Sigmoid神经元中,输入的值不再是二进制,而是0~1之间的任意值。即x_i取值是0~1之间的任意实数。其次,Sigmoid神经元的输出也不再是0或1,而是 $\sigma(wx+b)$,其中 $wx+b$ 是矩阵。因此我们可以得出Sigmoid神经元的公式为:

$$L_{oss} = \frac{1}{n}\sum_{i=1}^{n} |f_i - y_i| \tag{8-4}$$

可以发现当 $z = wx + b$ 是一个大的正数时，那么 $\sigma(z) \approx 1$，而当 $z = wx + b$ 是一个很小的负数时，$\sigma(z) \approx 0$。处于这两种情况时，Sigmoid 神经元的输出跟感知器是很接近的。只有当 $wx + b$ 在一个适度的值，sigmoid 神经元和感知器偏差才较大。

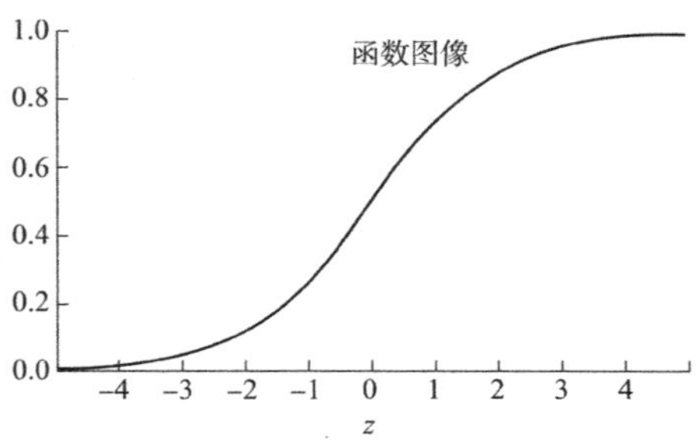

图 8-6 Sigmoid 函数

这里再简单介绍一下激励函数的基本概念。神经元的输入和输出之间具有函数关系，这个函数就称为激励函数。所以上面提到的 Sigmoid 函数就是激励函数的一种，感知器的那个函数也可以称为阈值（或阶跃）激励函数。

激励函数又称点火规则，这使它与人脑的工作联系起来。当一个神经元的输入足够大时，就会点火，也就是从它的轴突（输出连接）发送电信号。同样，在人工神经网络中，只要输入超过一定标准时才会产生输出，这就是点火规则的思想。

8.4.1.2 神经网络的结构

神经网络简单地说就是将多个神经元连接起来、组成一个网络。本节介绍的是最简单、历史悠久的一种："多层感知机"，或称之为"多层向前神经网络（Multilayer Feed-Forward Neural Network）"，它的特点是有多层，且神经元之间是全连接的，即后一层的神经元会连接到前一层的每个神经元（这里定义从输入层到输出层为从后向前）。

一个多层感知机的示意图如图 8-7 所示，网络的最左边一层被称为输入层，其中的神经元被称为输入神经元。最右边及输出层包含输出神经元，在这个例子中，只有一个单一的输出神经元，但一般情况下输出层也会有多个神经元。中间层被称为隐含层，因为里面的神经元既不是输入也不是输出。

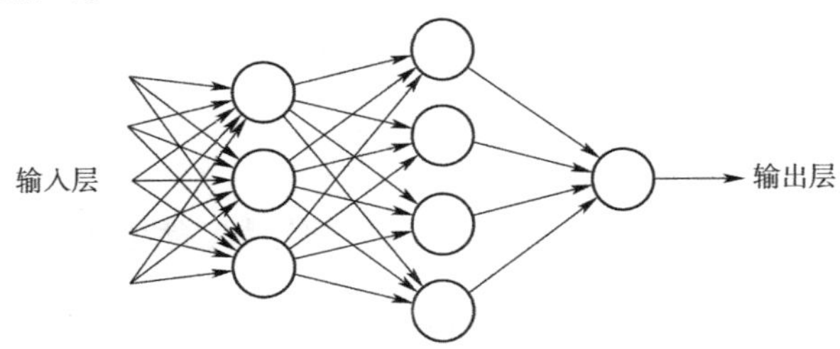

图 8-7 神经网络示意图

8.4.1.3 训练神经网络

按照常识来说，神经网络的作用就是我们预先给它大量的数据（包含输入和输出）来进行训练，训练完成后，我们希望它对于将来的真实环境的输入也能给出一个令我们满意的输出。那么怎样用数学的方式来表示一个输出有多么令我们满意呢？这里我们引入损失函数（或称代价函数、Loss 函数）的概念。

（1）损失函数。

注意，这里给出的是最简单的损失函数的定义，损失函数通常也可以更换为其他形式。现假设有 n 组包含了输入和真实结果（或称期望结果、期望输出）的样本数据，对于每组输入，我们的神经网络输出的结果记为 f_i，真实结果（期望结果）记为 y_i。使用数学中的 MAE

(Mean Absolute Error),可以非常直观地表达出输出结果和真实结果的偏差,因此我们可以用 MAE 来写出一个下面这样的损失函数,损失值越大,说明神经网络的输出结果越远离我们的期望。

$$L_{oss} = \frac{1}{n}\sum_{i=1}^{n} |f_i - y_i| \tag{8-5}$$

也可以用 MSE(Mean Squared Error)作为损失函数:

$$L_{oss} = \frac{1}{n}\sum_{i=1}^{n} (f_i - y_i)^2 \tag{8-6}$$

将 Sigmoid 神经元的表达式 $f(x) = \sigma(wx + b)$ 代入上面的损失函数中,可以发现 x(输入)是固定的,y_i(期望结果)也是固定的,实际上影响 L_{oss} 的只有 w 和 b,而最重要的任务也就是寻找 w 和 b 使得 L_{oss} 最小。也就是,其实对神经网络进行训练的目的,就是为每个神经元找到最适合它的 w 和 b 的值,从而使得整个神经网络的输出最接近我们的期望。

(2)训练过程介绍。

在实际中,为了方便求导,一般使用如下的 L_{oss} 函数:

$$L_{oss} = \frac{1}{2n}\sum_{i=1}^{n} (f_i - y_i)^2 \tag{8-7}$$

如果把损失记作 C,而 C 又只与 w 和 b 有关,那么可以看成 C 是一个关 w 和 b 的函数,即 $C = f(w, b)$。我们的目标是找到 w 和 b 使 C 最小,这里我们使用梯度下降法:

$$\Delta C \approx \frac{\partial C}{\partial w}\Delta w + \frac{\partial C}{\partial b}\Delta b \tag{8-8}$$

由于 C 表示的是损失,当然是希望 C 不断变小,那 ΔC 应该恒为负,那么 Δw、Δb 应该有如下取值,其中的 η 称为学习率:

$$\Delta w = -\eta \frac{\partial C}{\partial w}$$

$$\Delta b = -\eta \frac{\partial C}{\partial b} \tag{8-9}$$

于是问题转化为求解 $\frac{\partial C}{\partial w}$ 和 $\frac{\partial C}{\partial b}$,为了求解这两个偏导数,需要定义 w、b 和 a。

w_{jk}^{l} 表示从第 l-1 层的第 k 个神经元到第 l 层的第 j 个神经元的链接上的权重。例如,图 8-8给出了第二隐藏层的第四个神经元到第三隐藏层的第二个神经元的链接上的权重。

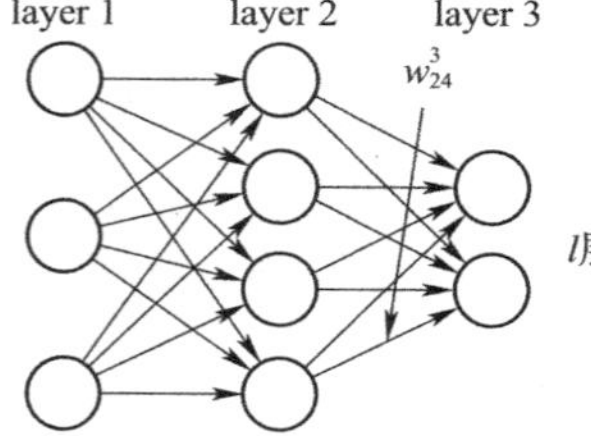

图 8-8 w_{jk}^{l} 的定义

我们使用 b_j^l 表示在第 l 层第 j 个神经元的偏差,使用 a_j^l 表示第 l 层第 j 个神经元的激活值。图 8-9 清楚地解释了这样表示的含义。

基于上面的定义，可以写出关于单个神经元激活值a_j^l的公式，其中 $sum(l\text{-}1)$表示第 l-1 层的神经元数量：

$$a_j^l = \sigma\left(\sum_{k=1}^{sum(l-1)} w_{jk}^l a_j^{l-1} + b_j^l\right) \tag{8-10}$$

如果用矩阵w^l的第 j 行第 k 列表示第 l 层的w_{jk}^l的值，列向量a^l的第 j 行表示第 l 层的a_j^l的值，列向量b^l的第 j 行表示第 l 层的b_j^l的值，那么a^l可以表示为：

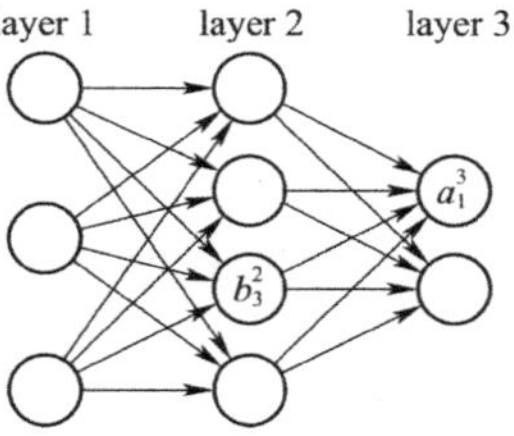

图 8-9　b_j^l和a_j^l的定义

$$a^l = \sigma(w^l a^{l-1} + b^l) \tag{8-11}$$

如果令$z_j^l = w_{jk}^l a_j^{l-1} + b_j^l$，那么$a_j^l = \sigma(z_j^l)$。如果令列向量$z^l = w^l a^{l-1} + b^l$，那么$a^l = \sigma(z^l)$。

如果用 L 代表输出层的所在的位置，于是对于某一组输入值，损失 C 可以表示为：

$$C = \frac{1}{2}\sum_{j=1}^{sum(L)} (a_j^L - y_j)^2 \tag{8-12}$$

或用矩阵来表示：

$$C = \frac{1}{2}\| a^L - y \|^2 \tag{8-13}$$

如果用δ_j^l表示第 l 层第 j 行的神经元的误差，即：$\delta_j^l = \frac{\partial C}{\partial z_j^l}$。于是：

$$\delta_j^l = \frac{\partial C}{\partial z_j^l} = \frac{\partial C}{\partial a_j^l}\frac{\partial a_j^l}{\partial z_j^l} = \frac{\partial C}{\partial a_j^l}\sigma'(z_j^l) \tag{8-14}$$

用δ^L代表δ_j^L组成的列向量，那么：

因为

$$\delta_j^L = \frac{\partial C}{\partial z_j^L} = \frac{\partial C}{\partial a_j^L}\frac{\partial a_j^L}{\partial z_j^L}$$

所以

$$\delta^L = \frac{\partial C}{\partial a^L} \odot \frac{\partial a^L}{\partial z^L} \tag{8-15}$$

式中：⊙——Hadamard 乘积。

我们所采用的损失函数的偏导数非常容易得到，将偏导数的运算结果带入可得：

$$\delta^L = (a^L - y) \odot \sigma'(z^L) \tag{8-16}$$

现在考虑第 l 层的δ_j^l与第 $l+1$ 层的δ_j^{l+1}的关系：

$$\delta_j^l = \sum_{k=1}^{sum(l+1)} \delta_k^{l+1} w_{kj}^{l+1} \sigma'(z_j^l) \tag{8-17}$$

于是第 l 层的δ_j^l构成的列向量δ^l满足：

$$\delta^l = [(w^{l+1})^T \delta^{l+1}] \odot \sigma'(z^l) \tag{8-18}$$

在得到了单个神经元的误差之后，再来看看误差与 w 的关系：

$$\frac{\partial C}{\partial w_{jk}^l} = \frac{\partial C}{\partial z_j^l}\frac{\partial z_j^l}{\partial w_{jk}^l} = \delta_j^l \frac{\partial (w_{jk}^l a_k^{l-1} + b_j^l)}{\partial w_{jk}^l} = \delta_j^l a_k^{l-1} \tag{8-19}$$

改写为向量形式：

$$\frac{\partial C}{\partial w^l}=\delta^l(a^{l-1})^T \tag{8-20}$$

再来看看误差与 b 的关系：

$$\frac{\partial C}{\partial b_j^l}=\delta_j^l \tag{8-21}$$

改写为向量形式：

$$\frac{\partial C}{\partial b^l}=\delta^l \tag{8-22}$$

至此我们已经得到了$\frac{\partial C}{\partial w}$和$\frac{\partial C}{\partial b}$的表达式，通过它们我们可以得到 Δw 和 Δb，每个神经元的 w 和 b 经过一次训练就可以迭代为 $w+\Delta w$ 和 $b+\Delta b$，于是经过反复训练，我们就可以得到损失越来越小的神经网络。

简单总结一下一个最简单的神经网络是如何建立并训练的。首先初始化一个多层神经网络，对每个神经元的 w 和 b 随机赋值。输入训练样本集合，对于每个样本，将输入给到神经网络的输入层，进行一次正向传播得到输出层各个神经元的输出值。求出输出层的误差，再通过反向传播算法，向后求出每一层（的每个神经元）的误差。通过误差可以得出每个神经元的$\frac{\partial C}{\partial w}$和$\frac{\partial C}{\partial b}$，再乘上负的学习率 $-\eta$，就得到了 Δw 和 Δb，将每个神经元的 w 和 b 更新为 $w+\Delta w$和 $b+\Delta b$。经过如此训练后就可以得到一个损失更小的神经网络，也就是更符合我们要求的神经网络。

神经网络有关的知识非常繁杂，这里仅仅只是介绍了最简单的神经网络的数学原理，如果读者有兴趣可以自行学习更加高级的理论知识。

8.4.2 基于神经网络的故障诊断模型

前面介绍了神经网络模型的最基本知识，现在介绍一下如何使用神经网络进行故障诊断。

8.4.2.1 特征选择和数据预处理

在前面章节里已经提到了很多与新能源汽车故障相关的数据类型，也简单介绍了如何存储相关数据，但是从各种来源采集到的数据很多时候不可以直接全都放入神经网络中进行训练，放入过多无关的数据会导致神经网络表现不佳。因此收集到的数据在放入神经网络前必须要进行特征选择。

最理想的特征选择方法最好是人为的观察并推理是否存在内在联系，根据相关关系对大量的特征进行选择，并剔除逻辑上可能存在重复的特征。这样会更加严谨并且避免无关的特征影响神经网络的运算，或同质的特征夸大某项特征的影响程度。

但是实际操作中，过于庞大的特征数量和一些特殊情况迫使我们必须选择一些其他方法来进行特征筛选，主要有三类方法。

（1）Filter 方法。

其主要思想是：对每一维的特征“打分”，即给每一维的特征赋予权重，这样的权重就代表着该维特征的重要性,然后依据权重排序。主要的方法有:Chi-squared test(卡方检验)、information gain(信息增益)、correlation coefficient scores(相关系数)[67]。

(2)Wrapper 方法。

其主要思想是:将子集的选择看作是一个搜索寻优问题,生成不同的组合,对组合进行评价,再与其他的组合进行比较。这样就将子集的选择看作是一个优化问题,这里有很多的优化算法可以解决,尤其是一些启发式的优化算法,如 GA、PSO、DE、ABC 等。主要方法有:递归特征消除算法[67]。

(3)Embedded 方法。

其主要思想是:在模型既定的情况下学习出对提高模型准确性最好的属性。这句话并不是很好理解,其实是讲在确定模型的过程中,挑选出那些对模型的训练有重要意义的属性[56]。

具体来说,常见的特征选择的方法有如下几类:

(1)去掉取值变化小的特征(Removing features with low variance)。

该方法一般用在特征选择前作为一个预处理的工作,即先去掉取值变化小的特征,然后再使用其他的特征选择方法选择特征[67]。

(2)单变量特征选择(Univariate feature selection)。

单变量特征选择能够对每一个特征进行测试,衡量该特征和响应变量之间的关系,根据得分扔掉不好的特征。对于回归和分类问题可以采用卡方检验等方式对特征进行测试。常见的有:Pearson 相关系数、互信息和最大信息系数(MIC)、距离相关系数、基于学习模型的特征排序[67]。

(3)线性模型和正则化。

单变量特征选择方法独立的衡量每个特征与响应变量之间的关系,另一种主流的特征选择方法是基于机器学习模型的方法。有些机器学习方法本身就具有对特征进行打分的机制,或者很容易将其运用到特征选择任务中,例如回归模型、SVM、决策树、随机森林等。常见的正则化方法有:正则化模型、L1 正则化(Lasso)、L2 正则化(Ridge regression)[67]。

(4)随机森林。

随机森林具有准确率高、鲁棒性好、易于使用等优点,是目前最流行的机器学习算法之一。随机森林提供了两种特征选择的方法:平均不纯度减少(mean decrease impurity)和平均精确率减少(mean decrease accuracy)[67]。

(5)顶层特征选择算法。

之所以称作顶层,是因为它们都是建立在基于模型的特征选择方法基础之上的,例如回归和 SVM,在不同的子集上建立模型,然后汇总最终确定特征得分。常见的有稳定性选择(Stability selection)和递归特征消除(RFE)。稳定性选择是一种基于二次抽样和选择算法相结合较新的方法,选择算法可以是回归、SVM 或其他类似的方法。它的主要思想是在不同的数据子集和特征子集上运行特征选择算法,不断地重复,最终汇总特征选择结果,比如可以统计某个特征被认为是重要特征的频率(被选为重要特征的次数除以它所在的子集被测试的次数)。理想情况下,重要特征的得分会接近 100%。稍微弱一点的特征得分会是非 0 的数,而最无用的特征得分将会接近于 0。递归特征消除的主要思想是反复的构建模型(如 SVM 或者回归模型)然后选出最好的(或者最差的)的特征(可以根据系数来选),把选出来的特征放到一边，然后在剩余的特征上重复这个过程，直到所有特征都选过了。这个过程中特征被消除的次序就是特征的排序。因此，这是一种寻找最优特征子集的贪心算法[56]。

除特征选择外，对于搭建的不同神经网络，通常还需要对数据进行预处理。具体搭建的神经网络所采用的架构通常会对输入数据的形式有要求，如果输入的数据形式不正确，有可能会导致模型无法运算或训练效果不佳。例如上一节里所介绍的最简单的神经网络就需要输入 0 ~ 1 之间的数据。

8.4.2.2　搭建神经网络

搭建神经网络本身通常较为简单，无论是借助任何工具来搭建，通常都只需要简单的指定输入层神经元类型和个数、隐含层神经元类型和个数、输出层神经元类型和个数、激活函数、损失函数即可。

但是最为困难的在于如何确定上述参数，大多数时候可以根据输入的数据类型和特点来确定很多参数的选择，例如不同的输入数据的形式决定着选择何种输入神经元的类型和个数。在模型建立的过程中，可以通过交叉验证等手段对模型相关参数的选择进行优化，从而使得模型更加符合实际需求。

在很多应用场景中，随着新数据不断地进入，通常还需要设计相关模块对神经网络进行重新优化，对训练用的数据集进行更新，这也是故障诊断时必须要考虑的问题。

8.4.2.3　结果输出和反馈

通常因为模型本身的特点，神经网络输出的结果需要简单地处理后才是我们容易理解的结果。除此之外，神经网络通常还涉及反馈，神经网络输出的故障诊断结果经过验证后，向系统内反馈此次诊断是否正确，通过这一反馈使得神经网络可以得到新的信息进行再次训练，这有可能会提高模型下一次诊断的精度。

8.5　基于支持向量机的故障诊断模型

8.5.1　支持向量机介绍

支持向量机（support vector machines）是一种二分类模型，它的目的是寻找一个超平面来对样本进行分割，分割的原则是间隔最大化，最终转化为一个凸二次规划问题来求解。由简至繁的模型包括：当训练样本线性可分时，通过硬间隔最大化，学习一个线性可分支持向量机；当训练样本近似线性可分时，通过软间隔最大化，学习一个线性支持向量机；当训练样本线性不可分时，通过核技巧和软间隔最大化，学习一个非线性支持向量机。

8.5.1.1　线性可分支持向量机

如果一个线性函数能够将样本分开，称这些数据样本是线性可分的。这个线性函数在二维空间中就是一条直线，在三维空间中就是一个平面，而如果不考虑空间维数，这样的线性函数统称超平面。图 8-10 给出了一个简单的二维空间的例子，○代表正类，●代表负类，样本是线性可分的，但是很显然不只有这一条直线可以将样本分开，而是有无数条，我们所说的线性可分支持向量机就对应着能将数据正确划分并且间隔最大的直线。

对于样本空间 $T=\{(x_1,y_1),(x_2,y_2),\cdots,(x_N,y_N)\}$，其中$x_i\in R^n$，$y_i\in\{1,-1\}$，$i=1,2,\cdots,N$。$x_i$为第 i 个特征向量，也称为实例，y_i是x_i的类标记，当$y_i=1$ 时，称x_i为正例；当$y_i=-1$ 时，称x_i为负例，(x_i,y_i)称为样本点。

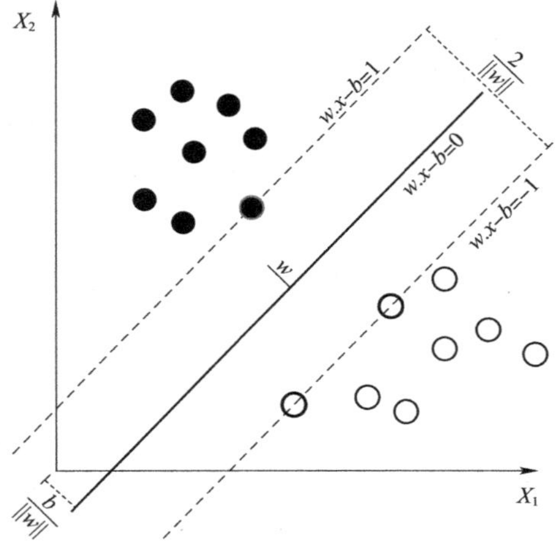

图 8-10　二维线性可分支持向量机

基于训练样本 T，我们希望找到一个超平面将两类样本分开，当这个超平面满足图 8-10 实线所示的位置时，它距离样本点有较大的几何间距，对于离群点有更好的兼容性，鲁棒性更好，即泛化能力更好。假定这个最优的超平面是$w^Tx+b=0$，那么$w=(w_1w_2\cdots w_N)$是这个超平面的法向量，决定了超平面的方向，b 是位移项，决定了超平面与原点的距离。根据点到直线的位置公式可以简单地得到空间内任意一点x_0到这个超平面的距离 r 为：

$$r=\frac{|w^Tx_0+b|}{\|w\|} \tag{8-23}$$

式中：$\|w\|$——法向量 w 的模。

假设这个超平面可以对样本进行正确的分类，那么对于$(x_i,y_i)\in T$，如果$y_i=1$，那么$w^Tx_i+b>0$；反之若$y_i=-1$，那么$w^Tx_i+b<0$。因此假设：

$$\begin{cases} w^Tx_i+b\geqslant 1, & y_i=1 \\ w^Tx_i+b\leqslant -1, & y_i=-1 \end{cases} \tag{8-24}$$

式(8-23)、式(8-24)可以借助图 8-10 中的虚线帮助理解。落在这两个超平面上的点，称之为“支持向量”，这两个平面的距离是 $r=\frac{2}{\|w\|}$，为了使鲁棒性最好，也就是让两个超平面距离最大，那么目标问题可以描述为：

$$\max_{w,b}\frac{2}{\|w\|}, s.t.\ y_i(w^Tx_i+b)\geqslant 1, i=1,2,\cdots,N \tag{8-25}$$

可以转化为等价的最小化问题：

$$\min_{w,b}\frac{1}{2}\|w\|^2, s.t.\ y_i(w^Tx_i+b)\geqslant 1, i=1,2,\cdots,N \tag{8-26}$$

上述问题本质上是一个凸二次规划问题，可以采用拉格朗日乘子法对其对偶问题求解。其拉格朗日函数是：

$$L(w,b,\alpha)=\frac{1}{2}\|w\|^2+\sum_{i=1}^{N}\alpha_i[1-y_i(w^Tx_i+b)] \tag{8-27}$$

根据拉格朗日对偶问题的性质，不难得到以下结论：

$$\min_{w,b}\frac{1}{2}\|w\|^2=\max_{\alpha_i}\min_{w,b}L(w,b,\alpha) \tag{8-28}$$

首先对于$\min_{w,b} L(w,b,\alpha)$，求偏导并令偏导为零有以下结果：

$$\begin{cases}\dfrac{\partial L}{\partial w}=w-\sum_{i=1}^{N}\alpha_i y_i x_i=0\\ \dfrac{\partial L}{\partial b}=\sum_{i=1}^{N}\alpha_i y_i=0\end{cases} \tag{8-29}$$

上面两个式子代入$L(w,b,\alpha)$中消去w可以得到下面表达式：

$$L(w,b,\alpha)=\sum_{i=1}^{N}\alpha_i-\frac{1}{2}\sum_{i=1}^{N}\sum_{j=1}^{N}\alpha_i\alpha_j y_i y_j(x_i x_j)$$

$$s.t.\ \sum_{i=1}^{N}\alpha_i y_i=0,\alpha_i\geqslant 0,i=1,2,\cdots,N \tag{8-30}$$

上面已经解决了内层的最小化问题，现在回到外层的最大化问题，它等价于下面的问题：

$$\min_{w,b}\frac{1}{2}\|w\|^2=\max_{\alpha_i}\min_{w,b}L(w,b,\alpha)$$

$$=\max_{\alpha_i}\left(\sum_{i=1}^{N}\alpha_i-\frac{1}{2}\sum_{i=1}^{N}\sum_{j=1}^{N}\alpha_i\alpha_j y_i y_j(x_i x_j)\right)$$

$$s.t.\ \sum_{i=1}^{N}\alpha_i y_i=0,\alpha_i\geqslant 0,i=1,2,\cdots,N \tag{8-31}$$

通过求解上面的最大化问题可以得到w和b，进而得到超平面$w^T x+b=0$的表达式。

我们可以注意到在运算过程中，如果$\alpha_i=0$，那么对应的训练样本(x_i,y_i)不会影响超平面的表达式；如果$\alpha_i>0$，那么样本点满足$y_i(w^T x_i+b)=1$，该样本一定在虚线边界上，是一个支持向量。这里显示出了支持向量机的重要特征：当训练完成后，大部分样本都不需要保留，最终模型只与支持向量有关。

8.5.1.2　非线性支持向量机和核函数

对于非线性问题，线性可分支持向量机并不能有效解决，要使用非线性模型才能很好地分类。如图8-11所示，很显然使用直线并不能将两类样本分开，但是可以使用一条椭圆曲线（非线性模型）将它们分开。非线性问题往往不好求解，所以希望能用解线性分类问题的方法求解，因此可以采用非线性变换，将非线性问题变换成线性问题。

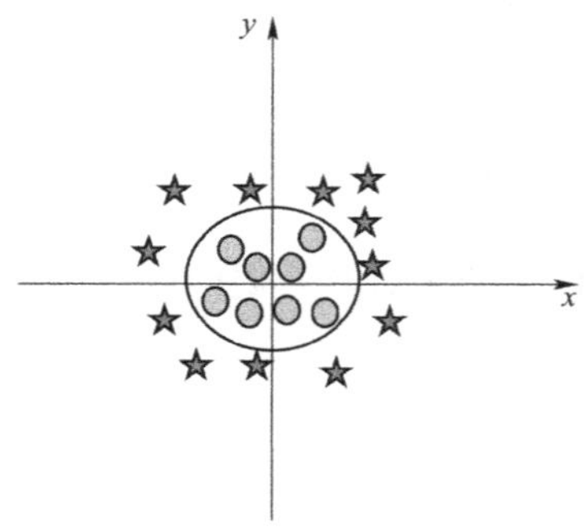

图8-11　非线性分类下的SVM

对于这样的问题，可以将训练样本从原始空间映射到一个更高维的空间，使得样本在这个空间中线性可分。如果原始空间维数是有限的，即属性是有限的，那么一定存在一个高维特征空间使样本可分。令$\phi(x)$表示将x映射后的特征向量，于是在这个高维特征空间中，所要找的超平面可表示为：

$$w^T\phi(x)+b=0 \tag{8-32}$$

同样地任意一点x_0到这个超平面的距离 r 为：

$$r=\frac{|w^T\phi(x_0)+b|}{\|w\|} \tag{8-33}$$

支持向量所在的两个超平面的距离是 $r=\frac{2}{\|w\|}$，目标同样是最大化这个问题，把最大化问题类似地转化为等价最小化问题如下：

$$\min_{w,b}\frac{1}{2}\|w\|^2, s.t.\ y_i(w^T\phi(x_i)+b)\geqslant 1, i=1,2,\cdots,N \tag{8-34}$$

省略中间过程直接得到等价最大化问题：

$$\min_{w,b}\frac{1}{2}\|w\|^2=\max_{\alpha_i}\left(\sum_{i=1}^{N}\alpha_i-\frac{1}{2}\sum_{i=1}^{N}\sum_{j=1}^{N}\alpha_i\alpha_j y_i y_j(\phi(x_i)^T\phi(x_j))\right)$$

$$s.t.\ \sum_{i=1}^{N}\alpha_i y_i=0, \alpha_i\geqslant 0, i=1,2,\cdots,N \tag{8-35}$$

由于映射关系 ϕ 通常具有复杂的形式，式(8-35)中的$\phi(x_i)^T\phi(x_j)$难以计算其内积，因此可使用核方法，把映射函数的内积$\phi(x_i)^T\phi(x_j)$替换为核函数 $\kappa(x_i,x_j)$，以回避内积的显式计算。

因此上面问题可以转化为：

$$\max_{\alpha_i}\left(\sum_{i=1}^{N}\alpha_i-\frac{1}{2}\sum_{i=1}^{N}\sum_{j=1}^{N}\alpha_i\alpha_j y_i y_j\kappa(x_i,x_j)\right)$$

$$s.t.\ \sum_{i=1}^{N}\alpha_i y_i=0, \alpha_i\geqslant 0, i=1,2,\cdots,N \tag{8-36}$$

在核方法的帮助下求解上述问题可以得到超平面表达式$w^T\phi(x)+b=0$。

下面介绍几个常见的核函数，见表 8-3。

常见核函数归纳表　　表 8-3

名　　称	表 达 式	参　　数
线性核	$\kappa(x_i,x_j)=x_i^T x_j$	线性支持向量机的核函数
多项式核	$\kappa(x_i,x_j)=(x_i^T x_j)^d$	$d\geqslant 1$ 代表多项式次数
高斯核	$\kappa(x_i,x_j)=\exp\left(-\frac{\|x_i-x_j\|^2}{2\sigma^2}\right)$	$\sigma>0$ 是高斯核的带宽
拉普拉斯核	$\kappa(x_i,x_j)=\exp\left(-\frac{\|x_i-x_j\|}{\sigma^2}\right)$	$\sigma>0$
Sigmoid 核	$\kappa(x_i,x_j)=\tanh(\beta x_i^T x_j+\theta)$	$\beta>0,\theta>0$

8.5.2 基于支持向量机的故障诊断模型

通过支持向量机建立故障诊断模型通常按照以下步骤进行。

1）收集导入数据

新能源汽车数据主要有两种来源：一种是汽车整车和各项系统的车辆数据；另一种是充电桩等设备采集到的设施数据。数据采集需要考虑数据传输的保密性和可靠性。数据收集到以后，将数据导入数据库存储。

2）预处理

根据支持向量机的特性，我们需要对数据进行筛选和处理。筛选特征的方法在前一节有较为详细的介绍，这里不再赘述。针对不同故障类型对电动车相关特征数据进行划分，并适当补全缺失值。

支持向量机最好适用二分类的问题，这里故障检测可以满足这一要求，故障是否存在恰好是一个二分类问题，可以将存在故障记为1，未发现故障记为 -1。

不同部件的寿命与故障情况不尽相同，需要合理选择支持向量机的核函数，从而更好地契合数据。核函数的选择包括两部分工作：一是核函数类型的选择；二是确定核函数类型后相关参数的选择。

线性核主要用于线性可分的情况，我们可以看到特征空间到输入空间的维度是一样的，在原始空间中寻找最优线性分类器，具有参数少速度快的优势。对于线性可分数据，其分类效果很理想，因此我们通常首先尝试用线性核函数来做分类，看看效果如何。

多项式核函数可以实现将低维的输入空间映射到高纬的特征空间，多项式核适合于正交归一化（向量正交且模为1）数据。属于全局核函数，允许相距很远的数据点对核函数的值有影响。参数 d 越大，映射的维度越高，计算量就会越大。但是多项式核函数的参数多，当多项式的阶数 d 比较高的时候，由于学习复杂性也会过高，易出现“过拟合"现象，核矩阵的元素值将趋于无穷大或者无穷小，计算复杂度会大到无法计算。

高斯核和拉普拉斯核是一种局部性强的核函数，其可以将一个样本映射到一个更高维的空间内，该核函数是应用最广的一个，无论大样本还是小样本都有比较好的性能，而且其相对于多项式核函数参数要少，因此大多数情况下在不知道用什么核函数的时候，优先使用高斯核函数。高斯核和拉普拉斯核属于局部核函数，当数据点距离中心点变远时，取值会变小。高斯径向基核对数据中存在的噪声有着较好的抗干扰能力，由于其很强的局部性，其参数决定了函数作用范围，随着参数 σ 的增大而减弱。

Sigmoid 核函数来源于神经网络，被广泛用于深度学习和机器学习中，采用 Sigmoid 函数作为核函数时，支持向量机实现的就是一种多层感知器神经网络。

3）划分训练集与测试集

为了在建模期间分析支持向量机的预测精度和核函数选择是否合理，建模过程中通常要对数据划分训练集与测试集。训练集与测试集的划分可以根据一定的比率，例如将前80%的数据作为训练集，其余的视为测试集。或者采用一些工具对数据进行划分，例如 python 中常用的 numpy 包含 numpy. split( ) 函数。常用的入门大数据工具包 sklearn 里面有 sklearn. model_selection. train_test_split (train_data, train_label, test_size, random_state =0)。

借助这些数据包我们可以更方便的划分数据集。

4)训练SVM分类器

采用训练集对建立好的支持向量机模型进行训练,然后借助测试集分析模型是否满足要求。选择好合适的模型和参数后,就不再需要划分测试集和训练集了,将数据集合并后使用即可。通常为了保证模型更好地满足需求并保证准确度,需要将后续的数据继续收集录入,并使用新的数据对模型优化调试,从而使分类器保持较好的效果。

8.6 基于大数据的故障诊断应用

下面以某省新能源汽车信息化平台建设方案为例,介绍一下大数据在新能源汽车故障诊断中的应用。大数据的新能源汽车故障诊断系统平台的系统架构,如图8-12所示。

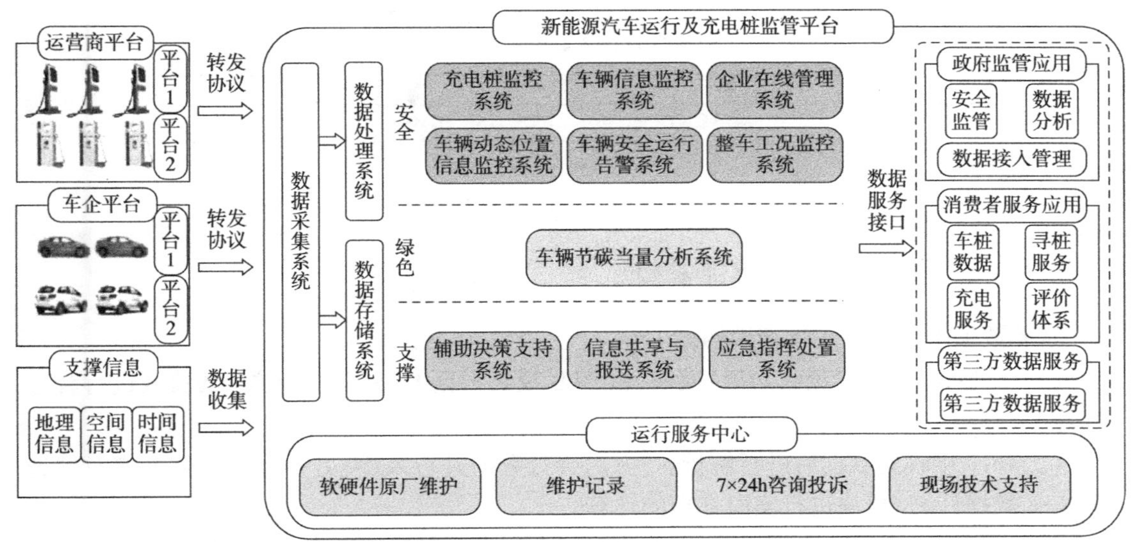

图8-12 系统架构

新能源汽车运行监控与管理平台包括基础数据平台、政府监管应用、消费者服务应用。基础数据平台是核心,它包含数据通信、数据解析、数据存储、数据计算,以及根据实际功能需要的各个数据接口。针对政府,可提供安全监控、数据分析、企业数据接入管理等功能,对消费者提供车桩数据、寻桩服务、充电服务、评价反馈等功能。同时,如有第三方系统需要本平台的数据,也可通过数据服务接口提供数据服务。

8.6.1 基础数据平台应用架构

基础数据平台作为整个系统的核心,从功能层面上包含图8-13所示功能模块。

基础数据平台采用模块化的设计,功能模块包括负载均衡模块、数据网关服务、数据计算服务、数据接口服务、数据交换服务、数据管理服务、大数据分析等。

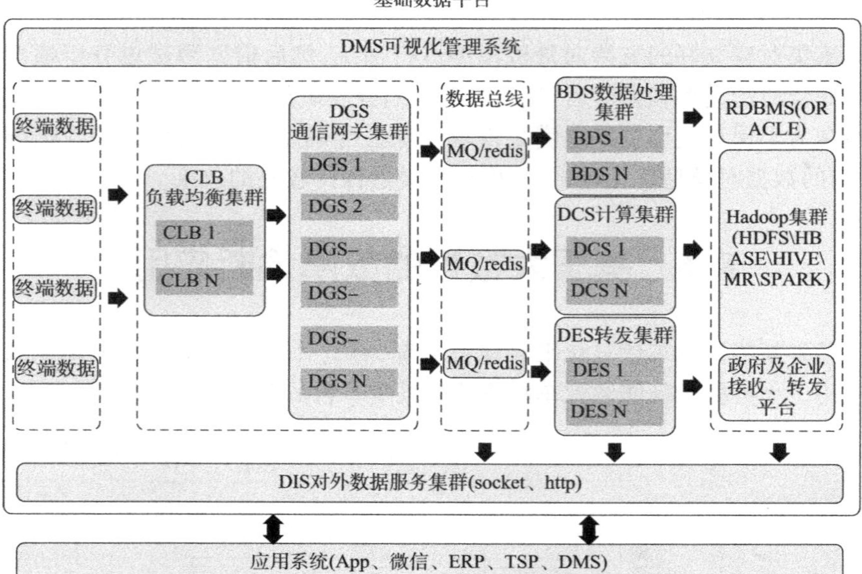

图 8-13　基础数据平台

8.6.2　基础数据平台物理架构

基础数据平台完整的物理架构如下：

(1)数据接入 CLB(负载均衡)模块，由 CLB 模块根据 DGS(通信网关)的负载进行合理的分配。

(2)DGS 接收到数据后进行解析，一方面会对数据进行入库，另一方面将数据实时推送至 DCS(数据计算)模块进行实时数据的计算。

(3)当需要对实时数据进行转发时，DGS 也会将实时数据给到 DES(数据转发)模块，由 DES 模块将数据推送给第三方系统。

(4)应用系统通过 DIS(数据服务接口)模块获取基础数据平台数据，如需实时数据，则按需实时请求 DGS 模块，以提升数据的实时性，如需基础数据、历史数据、分析结果数据等，则在入库的数据中读取。

(5)大数据分析模块可基于所有的数据来进行大数据分析和处理。

(6)在具体应用中，各模块物理机器的数量可根据实际情况配置。

8.6.3　新能源汽车信息化平台数据处理方法

数据中心接收由企业或数据采集终端按照标准化数据传输协议处理的车辆电池信息、车辆运行状态信息和车辆地理位置信息，以及由充电设施企业提供的充电设施状态和位置信息。数据中心采用先进的分布式大数据系统及云端服务器系统，对海量的信息进行分析挖掘、存储和展示，并提供统一的对外应用数据接口，对政府提供车辆运行管理、车辆技术管理和充电设施管理等管理服务,同时对企业和用户提供车辆租赁服务平台、城市应用服务平台、公众信息服务平台和互联网+应用平台。

采集到的数据往往会由于诸如信息传输、设备自身故障、突发状况等因素影响会导致其包含有不真实的数据。为了保证数据分析或者数据预测工作具有科学性和可靠性,需要对原始数据进行清洗。清洗的数据主要包括异常、缺失、冗余数据,对异常错误数据进行修正、对缺失数据进行填补、对冗余数据进行简约。

1)冗余数据的简约

正常的数据应该是一条记录对应一条完整的检测信息,但是在现实中,由于设备布置、数据上传等原因,使采集到的数据集可能存在冗余问题。冗余的交通数据会增大数据容量,掩盖关键信息,甚至可能会诱导错误的分析和预测。

将每辆车所采集到的数据按照数据采集时间排序,针对排序后的数据,判断相邻数据是否完全相同,若存在连续若干条完全相同的数据,则其中除第1条数据以外的其余数据为重复数据。对于冗余的数据删除即可。

2)异常数据的判断与处理

对本文的异常数据采用阈值法剔除,过程分为两个步骤。

第一步是采用阈值法去掉比较明显的错误数据,例如车速、油量等数据不可能为负,对于此类异常数据需剔除。

第二步是采用机理法去掉在数据中隐藏的错误数据。车辆的速度、油量、里程等数据随时间的变化值是在一定范围内的,即单位时间内所采集到的车辆数据的变化存在阈值。根据采集到的数据的历史统计规律、设定相应的数据阈值,对待处理数据进行上下阈值比较,在这区间的为正常数据,不在此区间的为异常数据,对存在异常值进行剔除。

3)缺失数据的处理

数据库对关键字段有非空限制,当数据关键字段存在缺失时数据将无法录入系统。对数据库允许缺失的字段,根据字段内容和类型予以忽略或利用前后数据进行插值填补。

8.6.4 新能源汽车信息化平台大数据方法的应用

平台搜集了海量的电动汽车有关数据以及故障信息,通过这些数据对常见的故障类型选取合适的模型建模,训练模型,从而使得平台可以对新能源汽车潜在的故障风险有更好的管控。

8.6.5 新能源汽车信息化平台其他应用

平台提供总体统计的信息作为大数据统计与分析,展示的内容主要包括车型符合性状态、总体接入情况、里程、充电、故障、能耗、节能减排等信息。

(1)车型符合性状态。

针对各车企已经完成与本系统对接的车型数的统计。包括本月通过过检车型数、累计通过过检车型数、累计接入车企、车企合格车型数量统计TOP5、车企接入分布图等。

(2)整体接入状态。

包括总体接入车辆数、接入充电设施数、各厂家接入数量、车辆运营区域热力图等。

(3)里程统计展示。

包括累计行驶里程、本月累计行驶里程、车辆日行驶里程统计、平均行驶里程等。

(4)充电统计展示。

包括本月总充电时长、平均充电次数、平均充电时长、累计充电能量、充电热力图等。

(5)故障统计展示。

包括本月风险总数、本月风险车辆、本月车辆风险率(增长率)、车辆风险率 TOP10、风险类型 TOP10 等。

(6)能耗统计展示。

包括本月充电能量、平均百公里电耗、百公里电耗车型 TOP5、百公里电耗气泡图等。

(7)节能减排统计。

包括综合节能减排、累计节省成本、累计减少碳排放量、累计相当于种植大树数量等。

第9章　基于集理论的电动汽车故障分析

9.1　集理论概述

集理论方法通过构造集合的方式,以两种分界清晰的集合来分别表征正常的运行状态和故障的运行状态,通过集合的分界条件来判断系统的状态。

除了可以用于最常用的故障检测,集理论的相关方法事实上还可以用于讨论系统方案的稳定性,这些相关的讨论一般基于对集合的参数进行讨论。集理论的一个重要应用领域是用于进行状态估计。通过集理论的方法进行状态估计的基本步骤如下:分别用故障模型的状态机观测器和正常模型的状态机观测器计算得到对应的多面体集,再对该多面体集与目标系统本身的内部测量值进行对比,通过对比得出的一致性判断结果,判断系统出否出现故障,是否处于故障状态。利用集理论进行相关估计的方法能够有力的对系统的状态信息进行研判,但是它在计算的复杂度上有先天的不足:相关集的形状需要进行多次的迭代计算,随着计算的进行,集的维度不断增加,相应的计算量也会急剧增加,呈现指数级的增长,这将需要较大的计算资源进行支撑。尽管如此,我们可以巧妙地通过利用特殊的几种集来进行相关数值问题的克服,从而避免相关的计算开销。椭圆有最低的计算复杂度,但是借助于椭圆形进行的计算具有较大的保守性,相对来说,环带多面体是一个更佳的选择,它提供了在精确性和计算复杂性之间良好的平衡。更具体地,我们介绍两种常见的集理论相关的故障检测方法:基于不变集的故障检测方法和基于区间检测器的故障检测方法。它们基于一个朴素的假设,即系统的扰动和建模相关的误差是有界的,在该假设下,将描述系统行为和特性的动态方程以集合的形式进行表达,综合建立一个集合形式的动态方程组,通过这个动态方程组,我们能够得到系统的输出集合。对于该输出集合,我们作出相关的研判,即:若观测到系统的实际输出值不在理论预期的输出集中,我们认为系统此时处于故障状态,反之,若系统的实际输出值在理论预期的输出值中,我们认为系统此时处于正常运行的状态。

在本章节中,我们设计到的集合概念均为凸集。一个集合可以由多种不同的方法表示,对于一系列的不同的集合表示方法,它们各自具有的精度等级是不同的。对于一个集合的不同表达方式,在实践上并不是所有的表达都是有意义的,有的集合的表示方法涉及开销巨大的计算,因此在实际应用中意义不大。在集合表达的精确度、其数值稳定性和其计算开销之间需要取得合适的平衡和取舍。本章节将介绍一些经典的集及其相关性质,并阐释基于相关集理论进行故障诊断的相关方法。

集理论研究工具[55]如下。

9.1.1　多面体集

多面体是一种被广泛研究的基本几何形状,与多面体相关的是多面体集合,它是有限个超平面和半空间的交集。有界的多面体集称为多胞形。多面体是凸集。由于它在表达控制、优化等问题上的线性限制条件有较好的表达性,它可以被很方便地用于表达诸如状态估计、控制与优化、故障诊断领域的状态信息。多面体集的凸性让它既有计算复杂度低的特性,又不影响其本身几何图形所具有的广泛代表性。

多面体依据其表示形式可以分为两类形式的多面体:第一种为半空间形式(H 型)多面体;另一种为顶点实体(V 型)多面体。

下面介绍开闭半空间的定义,这是理解不同形式多面体的基础。

在R^n中,开半空间定义为集合$\{x \in R^n : hx < v\}$,闭半空间定义为集合$\{x \in R^n : hx \leqslant v\}$,其中 h 是合适维度的向量,v 是标量,闭半空间可以看成是一开半空间和一个超平面的交集。

H 型多面体 $P \subset R^n$是有限个闭半空间的交集,也可以看成一组开半空间和一组超平面的交集:

$$P = \{x \in R^n : f_i x \leqslant b_i, f \in R^{m*n}, b \in R^m\} \tag{9-1}$$

式中:$f_i x \leqslant b_i (i = 1, 2, \cdots, m)$——第 i 个半空间;

f_i——F 的第 i 行;

b_i——b 的第 i 个分量。

现在具体介绍凸集的相关概念,包括凸包和凸锥的相关定义,它们是理解 V 型多面体的基础。

对于凸集 c,对于任意的$x_1, x_2 \in c$ 与 $0 \leqslant \theta \leqslant 1$ 都有 $\theta x_1 + (1 - \theta) x_2 \in c$。扩展到多维的情况,如果有$\theta_1 + \theta_2 + \cdots + \theta_k = 1, \theta_i \geqslant 0$,则称具有$\theta_1 x_1 + \theta_2 x_2 + \cdots + \theta_k x_k$形式的点为 $x_1, x_2, \cdots, x_k$的凸组合。且称由集合 $c \subseteq R^n$中点的所有凸组合所组成的集合为 c 的凸包:

$$\mathrm{conv}c = \{\theta_1 x_1 + \cdots + \theta_k x_k \mid x_1, \cdots, x_k \in c, \theta_1 + \cdots + \theta_k = 1, \theta_i \geqslant 0\} \tag{9-2}$$

凸包是包含 c 的最小的凸集,在一般情况下,设 $c \in R^n$ 是凸集,x 是随机变量,并且 $x \in c$ 的概率为 1,那么 $Ex \in c$。

若对于任意 $x \in c$ 和 $\theta \geqslant 0$,有 $\theta x \in c$,则称为锥。如果集合 c 既是凸也是锥,则称为凸锥。

现在具体介绍集合间的闵可夫斯基和(the Minkowski sum)运算的相关概念,它是理解 V 型多面体的基础。

对于集合$X_1 \subset R^n, X_2 \subset R^n$,它们的闵科夫斯基和定义为:

$$X_1 \oplus X_2 = \{x : x_1 + x_2, x_1 \in X_1, x_2 \in X_2\} \tag{9-3}$$

下面给出 V 型多面体的具体定义。

V 型多面体 $P \subset R^n$为集合 $V = \{v_1, v_2, \cdots v_p\}$ 的凸包和集合 $Y = \{y_1, y_2, \cdots, y_q\}$ 的凸锥的闵科夫斯基和:

$$P = \mathrm{conv}(V) \oplus \mathrm{cone}(Y) \tag{9-4}$$

多面体集有一种很好的特性,即它有不止一种的表示方法,这个特点给它的实际应用带来了很大的弹性。具体来讲,两种不同的多面体型各种的特点,都有适合各自特点的表述问题领域,有时候用 V 型多面体更适合表征某一类问题的特性,有时候 H 型多面体则是更为合适的表征方式。尽管如此,需要特别强调的是,两种不同的多面体形式,它们拥有等价的数学意义,两者间还可以通过枚举顶点的方式进行转换的。尽管如此,值得注意的是两种多面体型不具有相同的算法复杂度。在本章节中,我们将多面体作为集运算的一种重要工作,也列出了相关所需的理论知识。对于关于多面体和多面体更多的性质,感兴趣的读者可以自行阅读相关的书籍进行了解,这里不再进行赘述。

9.1.2　环带多面体

环带多面体是另一种类型的多面体,它属于凸多面体的范畴,它最大的特点是具有中心对称的性质,所以也被称为全对称多胞形,或者叫齐诺多面体。环带多面体在集合的运算中具有重要的作用,这是由于其中心对称的性质可以由其对称性节省大量的集合运算工作,因此涉及环带多面体的集合计算复杂度都被约束在了一个可接受的范围内。环带多面体可以从不同的角度进行定义:第一种定义是它基于线段集合的闵可夫斯基和;第二种定义则与超立方体有关,即它是基于超立方体的映射。本章采用其第二种的定义方式,现给出这个具体的定义形式,即:

一个 m 阶的环带多面体 Z 定义为:

$$Z = g \oplus HB^m \tag{9-5}$$

式中:g——对称中心;

H——细分矩阵或生成矩阵;

B^m——由 m 个单位区间$[-1,1]$组成的单位区间向量壳。

正如上文所介绍的,环带多面体可以极大地简化集合间的运算,也由此有很多衍生的重要性质,现在进行详细的介绍。

对于两个环带多面体$Z_1 = g_1 \oplus H_1 B^{m1} \subset R^n$,$Z_2 = g_2 \oplus H_2 B^{m2} \subset R^n$, 则有:

$$Z_1 + Z_2 = (g_1 + g_2) \oplus [H_1 H_2] B^{m_1 + m_2} \tag{9-6}$$

给定环带多面体 $Z = g \oplus HB^m \subset R^n$及合适维度的矩阵 K,则有:

$$KZ = Kg \oplus KHB^m \tag{9-7}$$

环带多面体 $Z = g \oplus HB^m \subset R^n$的区间壳$\square Z$ 是指能够包含 Z 的最小超立方体,即:

$$\square Z = \{x: |x_i - g_i| \leqslant ||H_i||_1\} \tag{9-8}$$

式中:H_i——H 的第 i 行;

x_i、g_i——分别是 x、g 的第 i 个分量。

环带多面体 $Z = g \oplus HB^m \subset R_n$和整数 $s(n < s < m)$,对矩阵 H 的列,按照欧式范数递减规则重排得矩阵$\widehat{H}$, 则:

$$Z \subseteq g \oplus [\widehat{H}_r Q] B^s \tag{9-9}$$

其中,$\widehat{H}_T$ 由 $\widehat{H}$ 的前 $s\text{-}n$ 列构成,$Q \in R^{n*n}$是对角阵,对角阵上的元素满足$Q_{ii} = \sum_{j=s-n+1}^{m} |\widehat{H}_{ij}|, i = 1, \cdots, n$ 。

给定一系列环带多面体 $Z = g \oplus \boldsymbol{H}B^m$, $\boldsymbol{H} \in R^{n*m}$是区间矩阵,则这一系列环多面体的外包为:

$$\triangle Z = g \oplus [\,\mathrm{mid}(\boldsymbol{H})H\,] B^{m+n}$$

其中,H 是一个对角矩阵,对角线元素为$H_{ii} = \sum_{j=1}^{m} \frac{1}{2} \mathrm{diam}(\boldsymbol{H})_{ij}, i = 1, \cdots, n$,函数 mid(·) 和 diam(·) 分别计算区间矩阵的中心和宽度。

给定环带多面体的迭代式$\boldsymbol{Z}_{k+1} = \boldsymbol{A}\,\boldsymbol{Z}_k \oplus \boldsymbol{B}u_k$,其中 A 和 B 为区间矩阵,u_k是 k 时刻的输

入。假定环带多面体Z_k的对称中心和生成矩阵分别为g_k和H_k，那么Z_{k+1}将被Z_{k+1}^e所包含，Z_{k+1}^e的计算公式为：

$$Z_{k+1}^e = g_{k+1} \oplus H_{k+1} B^m \tag{9-10}$$

其中：

$$g_{k+1} = \mathrm{mid}(\boldsymbol{A}) g_k + \mathrm{mid}(\boldsymbol{B}) u_k, H_{k+1} = \left[\mathrm{seg}(\triangle(\boldsymbol{A}\, H_k)) \frac{1}{2}\mathrm{diam}(A) g_k \frac{1}{2}\mathrm{diam}(B) u_k \right] \tag{9-11}$$

seg(·) 是计算环带多面体生成矩阵的函数。

环带多面体由于其自身的特性非常适合进行集合间的运算，可以说，环带多面体在集合计算的复杂性、紧凑型和准确性上取得了极好的平衡。除了常规的集合运算之外，环带多面体也在区间运算等领域有着广泛的应用。

我们一般以凸集的形式对目标系统的误差和扰动等进行有效的近似化处理，事实上，我们常用环带多面体作为该代表凸集对目标系统进行有效的近似，这种近似会牺牲一定的精度。事实上，由于环带多面体本身的结构特点的原因，表征一个环带多面体所需的顶点数和面数量比均值意义下随机生成的一个多面体所需要的数量少很多，这也正是环带多面体体现其最大优势的地方。环带多面体适用于表征具有相当对称性特点的约束条件，这些约束条件以多面体的形式给出，再辅以其足够的对称性，我们可以有足够的条件来用环带多面体对其进行表征。环带多面体的生成形式比一般的多面体（如 H 型多面体和 V 型多面体）更为紧凑，因此这种构造集合的方式更加方便好用。总之，环带多面体是一个强大方便的集合计算工具，在本章中我们用它来进行相关的集合运算。上文中列出了环带多面体的相关理论基础，这对理解本章中陈述的内容是足够的。对于环带多面体更多的性质，感兴趣的读者可以自行阅读相关的书籍进行了解，这里不再进行赘述。

本节主要介绍了集理论中所涉及的基本概念和数学知识，主要包括多面体集、环带多面体等。理解这些基础知识将为本章节中后序相关内容的理解打下坚实的理论基础。

9.2 基于集理论的电动汽车故障分析问题

本章将集中介绍基于集理论的故障诊断方法。主要介绍以下三种方法，即：基于不变集的方法、基于区间检测器的方法和基于集成员的方法。它们的核心思想都是将系统的实际输出信号与理论参考模型的估计信息进行实时一致性对比。这一实践的理论基础是，我们首先基于一个无故障的健康系统模型构建一个健康状态下的不变集，它包含的是所有目标系统在正常运转情况下的输出状态集合。构造了这样的一个不变集后，我们不难推断出，如果系统处于健康状态，残差信号将一直在该健康的不变集中，反之我们可以推断出系统出现了不正常，即故障的情况。这种方法的全称为基于不变集理论的鲁棒故障检测方法，由澳洲 Maria Seron 教授最先提出。对于一个目标多传感器系统，其中的每个传感器通道对应有两个衍生的集合——正常运行状态的不变集和非正常（故障）状态下的不变集。实时地对这两个没有交集的分离不变集进行检测，判断测试时刻的传感器是否在正常运行状态的不变集中，如果不在，那么就断言此多传感器系统发生了故障。当检测到了故障的发生，便可以及时的切换到其他正常健康工作的传感器来维持系统的正常运转。以下举一个实际的将不变集的概念应用到检测多传感器系统故障的例子来进一步说明基于不变集的故障检测方法的工作方式：采用一组控制律来分别实现对目标系统中不同传感器的故障进行故障检测和容错控制，其工作原理也是基于正常与不正常不变集的检测和分离。对于不变集方法在瞬态时刻（即从正常的工作状态转为不正常的故障状态的瞬间时刻状态）的故障检测与隔离方法，即通过将正常不变集后一个步长中的非正常集合进行分离，使得能够在故障被捕获后的下一步就完成故障的隔离工作，它将进行故障隔离工作的时间缩小到了一个步长内，但也相对来说具有较大的保守性。

为了较好的阐述基于区间检测器和不变集等的故障检测原理，我们考虑如图 9-1 所示结构的系统模型。

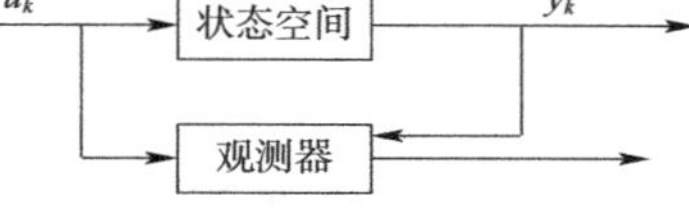

图 9-1 系统框图

线性离散时不变系统的状态方程为：

$$x_{k+1} = Ax_k + Bu_k + Ew_k \tag{9-12}$$

$$y_k = Cx_k + F\eta_k \tag{9-13}$$

$A \in R^{n*n}$、$B \in R^{n*p}$、$C \in R^{q*n}$、$E \in R^{n*r}$、$F \in R^{q*s}$ 是常数矩阵，$x_k \in R^n$、$u_k \in R^p$、$y_k \in R^q$ 分别是状态向量、输入向量和输出向量，$\omega_k \in W$ 和 $\eta_k \in V$ 分别是有界的过程和测量噪声，下标 k 代表离散时刻第 k 步，W 和 V 分别是过程扰动和测量噪声的集合，它们的数学表达形式如下：

$$W = \{\omega \in R^r : |\omega - \omega^c| \leqslant \bar{\omega}, \omega^c \in R^r, \bar{\omega} \in R^r\} \tag{9-14}$$

$$V = \{\eta \in R^r : |\eta - \eta^c| \leqslant \bar{\eta}, \eta^c \in R^s, \bar{\omega} \in R^s\} \tag{9-15}$$

其中，ω^c、$\bar{\omega}$、η^c、$\bar{\eta}$ 是常向量，显然集合 W 和 V 可以写成环带多面体的形式：

$$W = \{\omega^c \oplus H_\omega B^r\} \tag{9-16}$$

$$V = \eta^c \oplus H_\eta B^s \tag{9-17}$$

其中，$H_{\bar{\omega}} \in R^{r*r}$ 和 $H_{\bar{\eta}} \in R^{s*s}$ 是两个对角阵，对角线的元素分别由向量 $\bar{}_\omega$ 和 $\bar{}_\eta$ 构成。

上述为问题的基础陈述部分。该问题陈述将作为后续基于不变集、区间检测等的故障检测方法实施的基础。

9.3 基于不变集的故障检测

使用不变集方法完成图 9-1 所示系统的故障检测，基于该系统模型的全维状态检测器为：

$$\hat{x}_{k+1} = A\hat{x}_k + Bu_k + L(y_k - C\hat{x}_k) \tag{9-18}$$

$$\hat{y}_k = C\hat{x}_k \tag{9-19}$$

式中：$\hat{x}_{k+1}$、$\hat{y}_k$——k 时刻的状态和输出的观测值（估计值）；

L——观测增益矩阵，保证所设计的状态观测器的收敛性。

进一步，根据实际输出向量 y_k 和估计输出向量 $\hat{y}_k$，定义不变集故障检测方法的残差信号为：

$$r_k^{is} = y_k - \hat{y}_k = C\tilde{x}_k + F\eta_k \tag{9-20}$$

式中：r_k^{is}——k 时刻的残差，上标 is 表示不变集，观测器的状态估计误差为 $\tilde{x}_k$：

$$\tilde{x}_k = x_k - \tilde{x}_k \tag{9-21}$$

综合以上各式可以推出：

$$\tilde{x}_{k+1} = (A - LC)\tilde{x}_k - LF\eta_k + E\omega_k \tag{9-22}$$

由于ω_k、η_k有界，因此可以构造一个鲁棒正向不变集来限定 $\tilde{x}_k$，假定这个鲁棒正向不变集记为$\Phi^{\tilde{x}k}$，那么相应的残差集为：

$$R^{is} = C\Phi^{\tilde{x}k} \oplus FV \tag{9-23}$$

根据鲁棒正向不变集的定义知道，一旦 $\tilde{x}_k$进入了限定它的鲁棒正向不变集 $\Phi^{\tilde{x}k}$，它将一直属于这个集合而不会出集合。这个结论同样也适用于残差r_k^{is}，也就是说，只要 $\tilde{x}_k \in \Phi^{\tilde{x}k}$，总有：

$$r_k^{is} \in R^{is} \tag{9-24}$$

不变集的故障检测方法就是实时地检测残差r_k^{is}是否在残差集R^{is}中，如果在某一时刻，残差r_k^{is}不在残差集R^{is}中，说明该时刻系统出现了故障，否则我们仍然认为系统是无故障的。此处，残差信号 r_k^{is}是一个向量，$r_k^{is} \in R^{is}$指的是 r_k^{is}的分量都在该分量对应的集合中。只要r_k^{is}中有一个分量不在与之对应集合中，就有$r_k^{is} \notin R^{is}$，系统发生故障。

现在进行讨论基于不变集的故障检测方法其保守性特征。不变集方法保守性的主要影响因素和决定因素为其集合本身的大小。在进行故障检测过程中，不变集以预先设定的一个精度来逼近目标系统的最小鲁棒正向不变集，不变集方法的保守性与其接近最小鲁棒正向不变集的程度成正比。如果可以不用逼近的方式，那么最理想，也是误差最小的方式是直接使用最小鲁棒不变集来进行相关的故障检测。但实际上这是不可行的，这也是保守性存在的原因。

对于基于不变集的故障检测方法，我们主要考虑两种动态过程。一是残差信号从不变集内部转移到不变集外部，另一种是残差信号从不变集外部转移到不变集内部。在第一种情况中，由于不变集是离线固定进行计算的，在线使用时无法改变其大小。因此系统的初始态可能会出现处于正常不变集的外部的情况，在这种情况下，基于不变集的故障检测方法便会失效。这对应的是目标系统的故障检测过程。而第二种情况则是对应着目标系统的恢复阶段（过渡阶段）。在后续的章节中我们将会陈述另一种不必使用固定大小集合进行逼近来获取最大鲁棒正向不变集的方法，即基于区间检测器的故障检测方法，其通过在线迭代的方式进行逼近。

基于不变集的故障检测方法，主要的残差不变集是离线计算的，它的主要计算开销主要花费在检测一个残差向量是否在一个集合之中，所以不变集的计算复杂度并不大。我们在后续的内容中将了解到，相比于基于不变集的故障检测方法，下节中介绍的基于区间检测器的故障检测方法会有相对较高的计算复杂度。

9.4 基于区间检测器的故障检测

基于区间检测器的故障检测方法[69]综合考虑目标系统中的可能误差干扰项，得到一个变化的残差集而非固定的残差阈值。在状态反馈控制中我们需要知道系统的状态，采用的是设置观测器的方法对系统状态进行估计。

区间检测器能够考虑和涵盖目标系统的所有可能状态，这一做法背后的考虑是，有了所有的目标系统的可能状态取值集合后，能够采取特定的优化策略对系统中的局部最优状态值进行优化估计。事实上,我们这里所谈论的区间检测器的设计方式基于著名的 Luenberger 全维观测器。

其设计原理如下:

$$\tilde{x}_{k+1} = (A-LC)\hat{x}_k \oplus \{Bu_k\} \oplus \{L y_k\} \oplus (-FV)V \oplus EW \tag{9-25}$$

$$\hat{Y}_k = C_{\hat{X}_k} \oplus FV \tag{9-26}$$

其中,$\hat{X}_k$、$\hat{Y}_k$是时刻 k 估计的状态集合和输出集合,L 是区间观测器增益矩阵,L 的选择既要保证区间观测的紧致性同时要避免包裹效应。

利用环带多面体的运算法则,区间观测器的设计原理可以转化为对称中心和生成矩阵的形式。因此状态估计环带 $\hat{X}_k$和输出估计环带 $\hat{Y}_k$的对称中心 $\hat{x}^c_{k+1}$、$\hat{y}^c_k$和生成矩阵 $\hat{H}^x_{k+1}$、$\hat{H}^y_k$可以通过如下方式计算得出:

$$\hat{x}^c_{k+1} = (A-LC)\hat{x}^c_k + Bu_k + Ly_k - LF\eta^c + E\omega^c \tag{9-27}$$

$$\hat{H}^x_{k+1} = [\,(A-LC)\hat{H}^x_k - LFH_{\bar{\eta}}E\ H_{\bar{\omega}}\,] \tag{9-28}$$

$$\hat{y}^c_k = \hat{C}x^c_k + F\,\eta^c \tag{9-29}$$

$$\hat{H}^y_k = [\,\hat{C}H^x_kF\ H_{\bar{\eta}}\,] \tag{9-30}$$

假定初始值为x_0,它在初始环带中的值是可以灵活改变的。下面我们给出一种特殊的集合残差——残差环带的定义形式:

$$\begin{aligned} R^{io}_k &= \{y_k\} \oplus (-\hat{Y}_k) \\ &= \{Cx_k + F\eta_k\} \oplus \{(-C\hat{X}_k) \oplus (-F)V\} \\ &= C\{x_k \oplus (-\hat{X}_k)\} \oplus \{F\eta_k\} \oplus (-F)V \end{aligned} \tag{9-31}$$

其中,R^{io}_k表示时刻 k 的残差环带,上标 io 表示区间观测器(interval observer)。

在基于区间检测器的故障检测中,残差环带具有,并且一直会具有零向量。事实上,零向量是否存在正是判断系统故障与否的关键衡量指标,我们判断下式是否成立:

$$0 \in R^{io}_k \tag{9-32}$$

如果判别式成立,即零向量存在,我们认为系统发生了故障,处于不正常状态,反之我们认为系统一直仍处于正常的运行状态。

有时我们可以采取更加简单、保守的检测方法,即判断下式是否成立:

$$0 \in \blacksquare R^{io}_k \tag{9-33}$$

式中:$\blacksquare R^{io}_k$——残差环带R^{io}_k的区间壳。

在基于不变集的故障检测方法一节中,我们对算法的保守性进行了相关讨论。我们提到,基于不变集的故障检测方法使用固定大小的集合去逼近最小鲁棒正向不变集。对于基于区间检测的故障检测方法而言,采用的是在线迭代的方式来逼近任意精度的最小鲁棒正向不变集,不难判断,随着时间的推移,在系统运行足够长的时间后,区间观测器的集合会不变集,因此基于区间观测器的故障检测方法原则上优于基于不变集的故障检测方法。

不难发现,残差环带的阶级数与时刻 k 成正比,并且随着时刻的增加,系统整体的计算复杂度也将不可避免的快速上升。复杂度的急剧增加是我们不希望见到的,也会给计算带来大量的延时和不便,为此,要降低计算的复杂度,一个直接的想法是通过控制复杂度的来源——残差环带阶数。在实践中,人们通常使用将低阶环带多面体近似为高阶环带多面体的方式来降阶。除了采取降阶的方式来降低计算复杂度外,考虑到计算复杂度的来源还有相关的集合运算和区间运算开销(包括动态计算估计状态集合和实际输出集合),这些计算步骤需要承载较大的计算负担。对于常规的计算步骤而言,基于区间观测器的故障检测算法较不变集的相关算法要复杂,但正如刚才所提到的,通过一系列的降阶技巧后,我们将集合的运算化简为一般的矩阵运算,从而达到降低计算复杂度的目的。

9.5 基于集成员估计的故障检测

集成员方法通过构建一个拥有相同“权重”值数值集合来估计系统的不确定性。这个数值集合中的数都是潜在可能的候选取值。当我们无法确定模型的分布时,基于集成员估计的故障检测方法比其他的确定性算法要更合适。并且随着系统复杂度的增加,确定性框架模型将变得更加难以实现,相较而言,基于集成员估计的方法则会有更佳的应用性。有界误差方法能够使得状态向量集合中的所有值与测量数据、模型结构和之前的有界误差相一致。基于集成员估计的方法可以应用于线性或非线性模型。在这种方法中,我们认为系统参数是不确定的,且有界的。它们的取值在一个事先已知的取值集合中。例如,对于一个有多个参数的离散线性系统:

$$x_{k+1}=A\,x_k+u_k \tag{9-34}$$

式中:A——区间矩阵。

对该系统的条件规约可以进行如下表达:

$$x_{k+1}=f(x_k,u_k,p) \tag{9-35}$$

$$y_k=g(x_k,u_k,p) \tag{9-36}$$

$$x_0\in \boldsymbol{X}_0 \tag{9-37}$$

$$p\in \boldsymbol{P} \tag{9-38}$$

式中: f 和 g——已知的非线性函数;

$x_k\in R^n$、$u_k\in R^p$、$y_k\in R^m$——在 k 时刻的状态向量、输入向量和输出向量;

x_0——一个预先包含未知初始状态的集合;

p——可能参数取值的集合。

基于集成员的检测方法可以在不确定性的条件下,不遗失任一可行解,找出未测量的状态或者未知的参数。对于参数估计方法,一个重要的估计是其中的预测与实验的测量值相一致,所有的误差都被限定在提前预知的误差范围中。

参数集成员预测:考虑上述提到的系统条件规约中,响应的系统参数在$\boldsymbol{P}_0$集合中。实验数据和模型输出数据之间的误差值表示如下:

$$e_{p,k}=y_{m,k}-y_{p,k} \tag{9-39}$$

式中:$y_{m,k}$——在时刻 k 的输出测量值,该误差值在可接受的误差范围 E 中;

$e_{p,k}$——介于上界$e_{p,k'}$和下界$e_{p,k''}$之间的区间变量;

$y_{p,k}$——介于上界$y_{p,k'}$和下界$y_{p,k''}$之间的区间变量。

特征集合 P 的表达式如下:

$$P=\{p\in P_0\,|\,e(p)\in \boldsymbol{E}\}=\{p\in P_0\,|\,e'_{p,k}\leqslant e_{p,k}\leqslant e_{p,k}''\} \tag{9-40}$$

且

$$P = e^{-1}(E) \cap P_0 \tag{9-41}$$

P 的合法取值可以由区间分析以及 SIVIA(Set Inversion Via Interval Analysis)算法获得。

当目标系统可以以常规的微分方程进行描述时,即存在若干个测量模型输出值的方法。这些方法能够计算出一个参数的可行集 FSS(feasible solution set)。这个计算得出的可行集与模型结构、获得的测量值、系统的不确定性都是一致的。集成员方法可以用来识别参数化和非参数化系统的不确定性。

状态集成员预测:传统的状态预测问题通常由概率可能性方法解决,它们的噪声和扰动是假定的随机变量。对于该类传统的状态预测问题,可以选择合适的方法对其求解进行优化。这些优化方法依赖于对系统动态模型的了解,以提供最佳的优化效果。然而在很多情况下,我们只能获取,或者只有一个非确定的系统模型是可用的。在这样的情况下,标准的求解方法不能在具有参数不确定性的情况下提供良好的性能表现。

基于有限非确定性假设的状态预测被称为集成员变量观测器或状态监测器。如果我们在系统参数不确定性的情况下,忽略系统状态的噪声干扰,那么我们就可以通过决定每次迭代过程中包含整个系统状态变量区域的区间凸包来得到这个离散线性区间动态系统在其最坏预期模拟下的解。对于非线性系统而言,问题的求解会变得困难一些。对于这种情况,我们有两种方法可以来重构未知的系统状态。

第一种方法是从离散的时间测量中获取连续的时间状态估计。它包括两个步骤:预测阶段和纠偏阶段。在预测阶段,它进行集合整合以重构状态向量。在纠偏阶段,它对在预测阶段中产生的与实验数据不相符的预测状态或参数向量进行更正。

第二种方法从连续时间观测中获取连续时间状态的预测信息。它的主要思想是构造一个闭环的区间观测器来考量观测误差和模型参数的非确定性。两个端点观测器用来重构未知状态或未知参数向量的可行集上界和下界。

9.6 基于集方法的故障诊断应用

现代的工业系统被设计与用来自动化地完成特定的任务,并且尽可能地减少人为的干预。由于系统需要具有高度的可靠性,因此系统中各成分,以及其中的各类传感器、制动器的运作情况的监控和管理显得尤为重要,对于其中可能发生的故障,我们需要有足够的管理手段和方式来定位错误,纠正错误,进而进行系统功能的恢复。在这一讨论中,系统的容错能力是一项重要的指标。以空难为例,大部分的空难事故中,倘若飞行员采取了正确的操作,是能够对空难的发生进行避免的。但是,人的主要因素是多变而不完全可靠的,在这样的不可靠环境下,如果将容错控制的方法和思想应用在整个飞行决策过程中,那么飞机的飞行安全性将得到加强。容错能力的一项关键内容是系统的容错控制。通常情况下,容错控制被分为两个大类,即被动容错控制和主动容错控制。被动容错控制的实现主要依靠控制器自身的鲁棒性能,因此这种容错控制策略的容错能力有限,并且随着考虑的故障类型的增加,其性能会产生显著的降低。不同于被动容错控制,主动容错控制包含一个故障检测与诊断模块,这个模块的功能即在于检测故障并获取故障的相关信息,一旦故障的相关信息得以获取，这些信息便可以被用于容错决策的产生过程。在此基础上，系统便可以主动地采取适当措施来容忍这些故障所带来的影响。因此，一般来说，主动容错控制会有更多的灵活性，容错能力也相对更强。本章节主要关注和讨论的是主动容错控制，包括鲁棒模型预测控制，基于集理论的故障诊断等。

模型预测控制是一种已成功应用于过程工业的高级控制策略，例如化工和水处理过程的控制问题。其主要特点为能有效地处理约束多变量系统的控制问题。这一特点对于其他现存的控制策略而言是相对更具挑战的。虽然如此，但模型预测控制的性能对被控系统的性能也可能产生较大的偏差。在实际情况中，模型不匹配可由多种因素导致，包括扰动、噪声、建模误差、故障等。这些因素中，故障所导致的模型不匹配是最有风险的。尽管如此，相对于其他模型不匹配因素而言，故障也是最可能通过适当的容错控制策略进行有效处理的。因此，本章节的主要目标是赋予模型预测控制以容错的能力，来提高它在实际应用中的有效性，以期更好地发挥其相对于其他控制策略的优势。

故障建模：我们定义系统为具有根据预先制定的输入，完成特定的任务，给出需要的输出的一种机理。现在科技通过评估系统的表现，来考量系统的操作安全性。在任何的程序过程中都有可能出现观测值与正常值发生偏差的情况。如果这种偏差是可以提前预见的且可接受的，我们称之为不确定性。如果这种偏差是不可预见的且不可接受的，这将会对系统设备和生产质量、安全性和生产效益等产生严重的影响。在最严重的情况下，这会导致事故的发生。在故障诊断领域，由于故障发生的复杂性、不确定性及人们对故障及故障原因认识的局限性，对相关故障信息的分析与处理存在一定的困难。故障检测和诊断工具的发展使得我们拥有强力的工具来将异常的系统行为进行识别和提取，有利于我们对系统进行故障检测和正常功能的恢复。

系统中的故障可以划分为以下三类：制动器故障、传感器故障及组件故障。对于线性系统，其故障可以形式化表达为：

$$x(t)'=(A+\Delta A)x(t)+(B+\Delta B)u(t)+E_1n_1(t) \tag{9-42}$$

$$y(t)=(C+\Delta C)x(t)+(D+\Delta D)u(t)+E_2n_2(t) \tag{9-43}$$

式中：$x(t)\in R^n$——状态向量；

$u(t)\in R^p$——输入向量；

$y(t)\in R^m$——由传感器测量到的输出向量；

A、B、C、D——分别代表状态矩阵、输入矩阵、输出矩阵和前向反馈矩阵。

我们假设输入矩阵 $u(t)$ 已知，但系统模型中可能还包含不确定性 ΔA、ΔB、ΔC、ΔD，噪声或者其他未知的干扰向量 n_1、n_2，以及它们对应的矩阵 E_1、E_2。

制动器故障指的是它不能提供需要的控制信号让系统来执行正确的操作。传感器故障有时候需要特别的观察，对于未预期中的数据偏差，需要认真地识别是噪声造成的测量误差还是传感器错误，还是两者的原因都有。组件故障可能在周围环境发生急剧的变化时发生。

为了确保系统的正常操作和运行，它需要满足所有的执行规约，并对故障进行检测、诊断和排除。

故障检测问题：可以通过不同的方式来设计一个监督系统。下面介绍两类构建监督系统的方式。

(1)硬件冗余:硬件冗余的设计是十分直接的,通过增加冗余的传感器来获取多个传感器的共同检测结果。这种增加传感器的方法增加了系统硬件设计的复杂度和开销。

(2)分析冗余:基于特定的数学模型。将系统实际的运行结果与虚拟的预测系统模型进行对比。两者之差又称对比残余。

可以用不同的方法来指明故障。通过监控故障探测器的数值集合,可以在发生故障时触发故障警报。故障探测器搜集来的数据可以用于故障定位和识别。一旦故障点被捕获,马上将采取行为恢复系统。经典的系统监督流程如图9-2所示。

分析冗余,也称基于模型的故障诊断方法,是我们经常使用的方法。我们利用集成员状态预测方法来设定故障报警的阈值。这种基于模型的故障诊断方法的流程如图9-3所示。

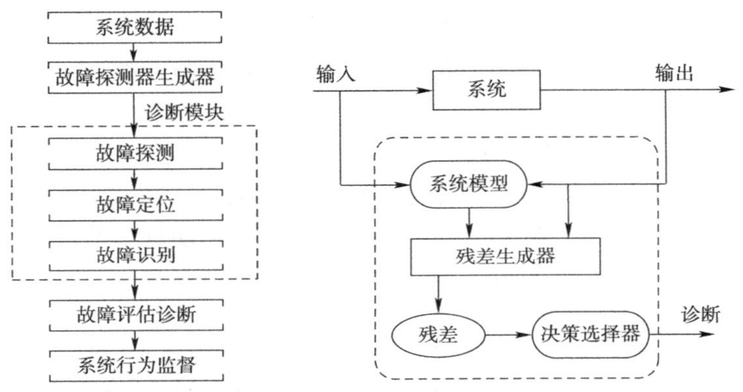

图9-2　系统监督流程　　图9-3　基于模型的故障诊断方法

基于模型的故障诊断方法的基础就是要生成残差,相关的步骤如图9-4所示。

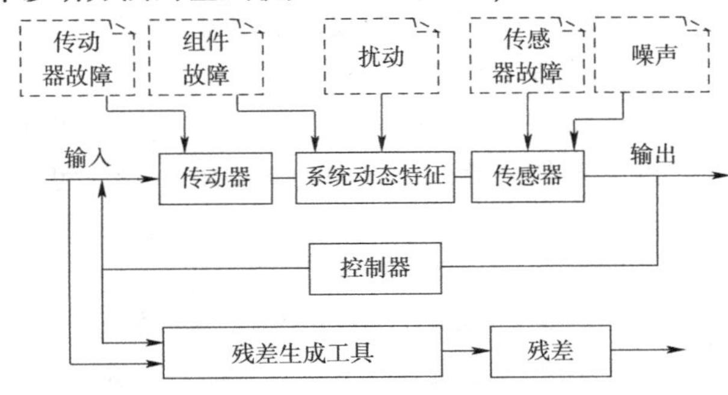

图9-4　系统和残差生成流程图

残差可以通过依赖于关于输入向量$u(t)$和输出向量$y(t)$的生成函数来获得:

$$r(t)=g[u(t),y(t)] \tag{9-44}$$

事实上,该生成函数g的为构造实际观测结果与理论预测结果的区分。一个简单的g函数的构造方法如下:

$$r(t)=y_m(t)-\hat{y}(t) \tag{9-45}$$

在集成员预测方法中,残差的生成方法应当进行修改以符合系统的不确定性。不论对于线性的还是非线性的系统,静态的或动态的系统,确定性的或非确定性的系统,集成员方法是一个有良好前景且优秀的方法。它不仅能计算出一个单一的轨迹追踪,还能量化系统的不确定性来设计高效的故障检测和诊断测试。

第10章　总　　结

10.1　电动汽车健康管理总结

电动汽车的健康管理涉及电动汽车静态建模、检测技术、故障分析等知识。本书分章介绍了相关的原理,并进行拓展。最后运用一个特斯拉汽车的健康管理实例介绍现实中电动汽车健康管理如何实现。由于笔者时间的原因,许多内容无暇兼顾,希望能在不久的将来,能以网页或者另一本专著的形式与大家分享。

本段总结电动汽车静态建模的方式。

电动汽车的仿真属数字化仿真范畴,通过仿真,设计者可以在实车实验之前对电动汽车设计系统方案作出全面的评估.从而节约了成本和时间。电动汽车的仿真和传统仿真有较大区别,其涉及多门学科的不同领域。譬如:机械传动、电力驱动以及电化学等。系统的复杂性也就决定了仿真平台的重要性。

在国外,对于电动汽车首次提出了"数字化"的概念,在概念中,电动汽车的所有模块与设计数据都通过数据总线高度集成,能够被不同层次、不同领域的仿真软件共享,实现流畅的"联合仿真"。由此可见,电动汽车的仿真需要来自不同领域的仿真软件之间能够互相耦合,共享数据。满足电动汽车设计中的精度、参数化以及可视化等方面的要求。

本节总结电动汽车的常用检测技术和设备。

电动汽车电机驱动系统的检测内容、方法及检测流程,其中检测内容主要分为电机参数、电机驱动系统电量、电机系统非电量三个方面。其中电机参数包括电机转动惯量、时间常数、电机绕组电感参数,以及四种电机类型的主要参数;电机驱动系统的电量主要有电压、电流、电功率、功率因数和频率等,一般情况下,电机中的电量主要是指工频正弦波形物理量;电机驱动系统非电量参数,主要是指转速、转矩、温度、磁场、振动和噪声等物理量,这些物理量能够直接反应电机驱动系统的品质表现和质量,对于评价电机驱动系统有着较为重要的作用。

本节总结如何对电动汽车进行在线分析。

为了便于定量评价纯电动汽车实际行驶过程与理想过程能源转换效率的差距,以及不同试验条件下纯电动乘用车能耗指标的先进性,本文对纯电动汽车最低极限能耗及最大极限续驶里程做出了如下定义:纯电动汽车最低极限能耗指在动力系统无任何能源转换损失时,每行驶100km时所消耗的电能;最大极限续驶里程为纯电动汽车在动力系统无任何能源转换损失的条件下依靠携带的可用电能行驶的里程。此时,车辆的动力系统被视为一种理想动力系统,动力电池、驱动电机、变速器和传动系统、电力变换装置等均不存在能量损失,车辆行驶所需能耗仅为车辆克服滚动阻力、空气阻力、坡度阻力和加速阻力产生的能耗。需要特别说明的是,纯电动汽车的最低极限能耗与其是否安装制动能量回收系统密切相关,应该考虑回收的制动能量。对于安装高效制动能量回收系统的车辆,可以假定为理想的情况,即制动能量全部回收,制动能量回收率为100% ;对于没有安装制动能量回收系统的车辆,汽车的制动能量全部通过摩擦功及热量的形式消耗掉,制动能量回收率为零。

从汽车实际行驶过程的能量转换原理可知,对于在大气环境(风速和风向、空气密度、温度、气压及相对湿度等)、道路(路面等级或摩擦因数、坡度和弯度)和车辆型式(风阻因数、迎风面积和轮胎种类等)等确定条件下行驶的纯电动汽车而言,存在一个最低极限能耗。最低极限能耗可由汽车行驶时的空气阻力与轮胎路面阻力等计算得到,汽车实际行驶过程的空气阻力受到空气密度、风阻因数、汽车与空气的相对速度等的影响;轮胎路面阻力受到道路与轮胎之间摩擦因数、坡度和弯度等的影响。因此,汽车实际行驶过程的最低极限能耗随着汽车实际行驶条件的变化而变化,但每一个汽车实际行驶条件都对应一个最低极限能耗。

可见,汽车的最低极限能耗仅取决于汽车实际行驶条件与汽车结构形式,从理论上来讲,每一个实际行驶条件都存在一个最低极限能耗。由于传统燃油(气)汽车和混合动力电动汽车的发动机效率随工况变化差别巨大,且难以确定,因此,最低极限能耗的概念难以推广到其他车型。

上面虽然给出了最低极限能耗的概念,但最低极限能耗并不能直接评价给定车型能源效率的先进性,因此,作者以最低极限能耗为基础,提出了能源效率比和续驶里程比的概念,并试图将其用于评价实际行驶条件下车辆能耗指标的优劣。能源效率比定义为实际行驶能耗与最低极限能耗之比,实际行驶能耗可以用UDDS(Urban Dynamometer Driving Schedule)、HWFET (Highway Fuel Economy Test Cycle)、NEDC(New Eu rope Driving Cycle)、WLTC (Worldwide harmonized Light vehicles Test Cycles) 和JC08(Japan Cycle 08) 等多种驾驶循环工况下测量的100km 能耗等指标表示,也可以用实际道路行驶条件下测量的100km 能耗等指标表示。能源效率比通常情况下均大于1,越接近于1 说明车辆的能源转换效率越高。

续驶里程比则定义为实际续驶里程与最大极限续驶里程之比。实际续驶里程可以用各种试验循环测量的续驶里程表示,也可以用实际道路行驶时测量的续驶里程表示。最大极限续驶里程由最低极限能耗衍生而来,其定义为纯电动汽车动力电池携带的可用能量与最低极限能耗之比。续驶里程比数值通常情况下均小于1,车辆的能源转换效率越高,则其续驶里程比越大,越接近1[70]。

本节总结如何使用大数据对电动车进行故障分析。

在整个系统业务结构中,各企业平台通过制定的标准协议将数据转发至本平台,基础数据平台在此基础上将数据上传云端、同时定期备份,承担整个系统的数据池角色,提供数据通信、数据解析、数据存储、数据计算、数据接口等功能,它通过标准的数据服务接口 & 数据总线对上层应用提供数据服务,同时也通过标准接口对外提供数据服务,如国家监测平台、手机App(如建设)、微信公众号(如建设)等,也可将充电站/桩的信息从运营商平台转发至本平台,从而做到车桩的融合管理和监控。

应用系统主要是综合平台监管应用软件,综合平台监管应用软件侧重于运营状态监控、故障报警和基本的数据统计,基于基础数据平台搭建的大数据平台侧重更复杂的数据分析和统计工作,如充电行为分析、故障分析、影响安全的驾驶行为分析、能耗分析等。

因此,在整个架构中,数据由企业平台转发至本平台,进行本平台相关监管和应用,同时对车辆数据,本平台转发数据至国家监测平台,满足国家监测平台的要求。新能源汽车大数据故障诊断平台包括基础数据平台、政府监管应用、消费者服务应用。基础数据平台是核心,它包含数据通信、数据解析、数据存储、数据计算,以及根据实际功能需要的各个数据接口。针对政府,可提供安全监控、数据分析、企业数据接入管理等功能,对消费者提供车桩数据、寻桩服务、充电服务、评价反馈等功能。同时,如有第三方系统需要本平台的数据,也可通过数据服务接口提供数据服务。

本节总结第 9 章内容,通过集理论对电动汽车故障进行分析。

集理论以特定的分界作为判定标准,对系统的状态进行判断。集理论在大多数条件下可以实现状态估计,如通过使用无故障模型和故障模型的状态集观测器可以计算出多面集,通过检测多面体集与内部测量值的一致性判断系统是否出现故障。基于集理论的估计方法的主要缺点是,集的形状需要实时进行重新计算,经过若干次迭代后,计算的复杂度随着集的维度的增大,将呈指数级的增长,使得对计算资源提出了很高的要求,相关计算较难实现。尽管如此,我们可以巧妙地利用特殊的几种集解决相关数值问题,从而避免相关的计算开销。椭圆有最低的计算复杂度,但是借助于椭圆形进行的计算具有较大的保守性,相对来说,环带多面体是一个更佳的选择,它提供了在精确性和计算复杂性之间良好的平衡。更具体地,有基于不变集和故障检测方法和基于区间观测器的故障检测方法等,其原理为将系统的动态方程以集合的形式表示,假设系统的扰动和建模误差等是有界的,并用集合表示,就可以建立集合形式的动态方程,进而计算出系统的输出集合。如果系统的实际输出不在估计的输出集中,则认为系统出现了故障,否则,我们认为系统是健康的。

集合的表示方法有很多种,在本文中,我们考虑的相关集合对象局限在凸集的范围中。一个集合可以由多种不同的方法表示,对于一系列的不同的集合表示方法,它们各自具有的精度等级是不同的。对于一个集合的不同表达方式,在实践上并不是所有的表达都是有意义的,有的集合的表示方法涉及开销巨大的计算,因此在实际应用中意义不大。在集合表达的精确度,其数值稳定性,和其计算开销之间需要取得合适的平衡和取舍。

本段开始通过介绍特斯拉电动汽车的管理实例来反应电动汽车管理技术在现实的运用。

在“一带一路”倡议的引领下,中国有可能改变世界经济版图,而汽车产业则是这一经济带建设下的重要角色。从吉利收购宝腾,到长城皮卡远销中东,中国车企的触角正伸向海外。而伴随着新能源汽车的发展,我国汽车产业又将迎来百年一遇的发展机遇。但相比较燃油车而言,新能源汽车在维修、营销体系与售后服务方面,对于中国车企而言,则构成了新的挑战。

作为全球最为知名的纯电动汽车企业,特斯拉仅仅用了 14 年,便从一家由谷歌极客创建的小型初创电动汽车公司,发展成了在全球各大主要汽车市场拥有销售服务网络和能源充电网络的全球化车企。这家明星车企的全球化发展路径以及其下一步的战略与规划,值得中国同行们的借鉴。

为确保用户体验,建立了全球直销与服务网络。

在特斯拉的全球扩张过程中,绝大多数传统车企采用的模式是与所在市场的授权经销商合作,搭建涵盖产品“4S”的销售、零配件、售后和用户信息反馈的服务网络。而作为全球少数几家只生产纯电动汽车的车企，特斯拉没有与任何经销商合作，而是参考了苹果等科技公司的销售策略，在全球范围内建立了庞大的直销服务体系。

对此，特斯拉公司总顾问托德·玛伦此前曾向美国联邦贸易委员会阐述过特斯拉之所以这样选择的3大原因。

传统汽车一般将经销商门店建立在离市区较远的大片空地上，而特斯拉则将门店和展厅建立在人流密集的大型商圈或市中心。玛伦称这是为了让特斯拉的潜在用户群体能够了解电动汽车，转变其消费思路。此外，由于纯电动汽车在消费者心中还没建立起认知，特斯拉销售顾问最初需要花费一个多小时的时间为用户讲解充电、政府优惠政策以及电动汽车经济性的知识。而传统汽车经销商很难具备如此强大的耐心。

10.1.1 通过订单生产，特斯拉实现了0库存

相比较传统燃油车，特斯拉对用户开放了车辆定制权限。因此，用户需要到门店对车身颜色、内饰方案进行体验，从而满足其需求，最终收到自己的专属汽车。由此，特斯拉彻底摆脱了库存的压力。但反过来，用户则需要在缴纳定金后为自己的爱车等待长达几个月的时间，这直接导致来自内蒙古的一位车主愤怒地在特斯拉展厅砸碎了自己 Model S 的风窗玻璃。

10.1.2 直销更契合纯电动汽车的商业模式

首先，相比较燃油车，新能源汽车在维修环节极为简单，经销商很难通过后市场来盈利。其次，由于采取了透明售价的模式，同样税负环境下的消费者的价格是一样的，因此经销商也无法通过卖车赚钱。最后，由于传统经销商集团还拥有燃油车销售业务，因此特斯拉担其在销售 Model S 时不能尽心尽力，降低对用户的服务质量。

在2012年6月，特斯拉 Model S 正式上市销售。一年后的8月，该车型选择以挪威为起点，登陆欧洲市场；在2013年冬天，特斯拉来到了香港，并随后在当年12月于北京的侨福芳草地开放了大陆地区的首家体验店。

作为全球最大的汽车市场，特斯拉进入中国并不稀奇。相比之下，该公司进入挪威的选择尤其引人关注。虽然相比较德、法、英等汽车消费大国而言，挪威在市场规模上要小得多。但该国电动汽车销量占市场比例在2012年达到了3%，而在美国这一数字仅为1%。此外，该国对于新能源汽车推出了免费停车、充电，过路费和税费减免等优惠政策，因此，像特斯拉这样的纯电动汽车推广起来更加容易。

通过5年多的发展，特斯拉已经在全球37个国家开展了业务。截至今年第三季度，特斯拉共交付了26150辆产品，其全球总销量已经超过20万辆。

10.1.3 建设全球充电网络，提升产品销量

经过近百年的发展，传统燃油车已经在全球范围内搭建了较为完善的能量补给体系，各式加油站已经遍布全球。而对于电动汽车而言，充电桩的建设步伐还远远无法满足用户的长距离出行需求。此外，由于充电功率低的原因，电动汽车动辄需要几小时的充电时间，这也导致在人口密集地区的电动汽车车主经常面临一桩难求的尴尬局面。

为此，特斯拉选择自建充电网络。与当前国内功率一般为45kW或75kW的直流快充桩不同，特斯拉的超级充电站的充电功率从一开始就达75kW，随后升级为150kW。而在2016年年底，特斯拉CEO马斯克透露将发布功率超过350kW的充电技术。届时，一辆拥有75kW·h电池的Model S充满电仅需几分钟。

特斯拉表示，未来增设的充电站将优先考虑特斯拉车主出行最为密集的路线。根据新的能源网络规划图，特斯拉充电站将覆盖美国东北部和太平洋西北部地区。其中，大型站点将能够一次供几十辆车充电。充电时间因型号而异，一般不超过1h。

无论在欧洲还是在亚洲，特斯拉的超级充电桩都会遍布在各大城市交通网络之上。对于欧洲，特斯拉的充电网络现在已经在西班牙、波兰等国随处可见。并且不断向周围延伸到捷克、葡萄牙等地。根据特斯拉公司在欧洲境内的规划情况，对于每一位拥有特斯拉汽车的车主来说，终极目标是驾驶车辆东西向从华沙直达里斯本，南北向从北极圈出发，目的地达到罗马。而在亚洲境内，特斯拉瞄准了中国，预计不久之后，特斯拉的超级充电桩将会遍布中国境内超过170个城市。并且在2018年之前，将有超过100个超级充电桩在中国建设。线路遍布在各大干线铁路周围。这其中较为出名的包括北京—上海超级充电线路，京津冀、长三角、珠三角超级充电网络等。使得中国特斯拉车主能够享受到最为便利的自驾出行线路。

通过建设超级充电站，特斯拉为其车主提供了较为完善的能源补给网络。与此同时，也有越来越多的用户开始基于品牌、充电体验选择特斯拉汽车。

10.2 电动汽车健康管理发展期望

本书虽然较为全面地介绍了电动汽车的健康管理系统，但是仍有不少规划之初时希望能写进书中的工作，由于笔者的时间有限，暂时无暇兼顾。现将其列举如下，希望能在不久的将来，能以另外的形式与读者见面[71]。

一般电动汽车电池管理系统都是依赖于被管理的电池组供电的，“低功耗”的问题不容忽视。原因在以下两个方面：

第一，电池组的实际工作效率等于电池组的实际输出能量除以电池组荷带的总能量，在电池荷电能力有限的前提下，如果电池管理系统消耗的能量过多，则电池组的工作效率就低，实际输出能量就少。

第二，尽管电池管理系统一般功耗都不大，子板的功耗一般都在mW级别，但这样的能耗积少成多，一旦不注意的话，就可能在电池组闲置的过程中造成过放。例如某电池管理系统的自办管理12个磷酸铁锂电池，工作电压为39.6V(3.3×12)，子板平均功耗为30mW，如果在电池组闲置时持续工作1个月，则所耗掉的能量是77760焦耳(30/1000×3600×24×30)，合计0.55A·h(77769/39.6/3600)，如果电池组闲置时间为一年，则耗掉相当于6.54A·h的能量。一般为了运输安全以及为了提高电池的储存寿命，电芯出厂时荷带的能量都不是100%。可见如果不对BMS加上低功耗设施，有可能在储存、运输过程中就会造成电池中的能量被耗光的情况。

热管理是一个边缘的领域，在电动汽车技术体系中，电池组的热管理包括了电池热特性的测试与建模、电池包热力学仿真、电池包的热管理策略等内容。电池的热管理对确保电池组的安全、提高电池组的寿命都有重要的意义。

充电过程中充电机是否应该受 BMS 的控制？电池组能不能进行快充？为什么有人说"很多电池是被冲坏,而不是被用坏的"？怎么样能在不减损电池寿命的前提下,对电池的充电进行控制？关于优化充电的疑问还有很多。

以上一系列问题,都是 BMS 的研究者需要回答的。要制定充电控制策略,首先要制定优化控制的目标函数;例如:选择最快的充电速度,还是使充电完成以后电池荷带的电量最多等。其次,就是制订优化充电策略的问题;例如:要搞清楚控制策略的输入条件有哪些,是否需要把环境温度作为控制变量,是否进行均衡,均衡控制的时机如何选择等。

电池成组以后,在与其他系统协同工作时要加入一些其他的应用技术,这些技术包括:

(1)电池包的高压安全检测技术。例如:在电动汽车中,高压漏电可能威胁着车上人员的安全,因此在电池成组以后,应该在电池管理系统中加入高压安全监测电路,一旦监测到有漏电风险,就应该通知整车控制器采取合理的应对措施,避免对人车造成伤害。

(2)电池预充电电路。例如:在电动汽车中,电池组都是与电机控制器相连的,电机控制器的输入端往往配置有大电容,由于大电容的存在,在电机上电的瞬间可能会造成较大的脉冲电流,冒出火花,而在电机断电的瞬间可能会造成电机控制器局部高压带电,存在隐患。这些都需要用预充电电路技术来解决。预充电技术包括:电路仿真、器件选型、预充电控制策略制订等,是电动汽车技术体系中不可缺少的环节。

参考文献

[1] WangP, Vachtsevanos G J . Fault prognosis using dynamic wavelet neural networks[J]. Artificial Intelligence for Engineering Design Analysis & Manufacturing, 2002, 15(4):349-365.

[2] Zhang S, Ganesan R. Multivariable trend analysis using neural networks for intelligent diagnostics of rotating machinery[J]. Transactions of the ASME, Journal of Engineering for Gas Turbines and Power, 1997, 119(2):378-384.

[3] MaY, Chen Y, Zhou X, et al. Remaining Useful Life Prediction of Lithium-Ion Battery Based on Gauss- Hermite Particle Filter[J]. IEEE Transactions on Control Systems Technology, 2018, PP(99):1-8.

[4] WeibullW . A statistical distribution function of wide applicability[J]. Journal of Applied Mechanics, 1951, 13(2):293-297.

[5] VachtsevanosG, Lewis F, Roemer M, et al. Intelligent Fault Diagnosis and Prognosis for Engineering Systems[M]. 2007.

[6] 叶国华,孔祥玉,孙闻.蒙特卡罗法在电力系统暂态稳定评估中的应用[J].电力系统及其自动化学报,2012,24(5):71-76.

[7] Yam Rcm, Tse PW, LiL, et al. Intelligent predictive decision support system for condition-based maintenance[J]. International Journal of Advanced Manufacturing Technology, 2001, 17(5):383-391.

[8] Wang WQ, Golnaraghi M F, Ismail F . Prognosis of machine health condition using neuro-fuzzy systems[J]. Mechanical Systems and Signal Processing, 2004, 18(4):813-831.

[9] Qiu H, Liao H T, Lee J. Degradation assessment for machinery prognostics using hidden Markov models[C]. in Proceedings of the ASME International Design Engineering Technical Conferences and Computers and Information in Engineering Conference, Hyatt Regency, California, USA, 2005:531-537.

[10] GoebelK, Saha B, Saxena A . A comparison of three data-driven techniques for prognostics [J]. IJET-IJENS December 2010 IJENS I J E N S, 2008:119-131.

[11] Skormin VA, Popyack L J, Gorodetski V I, et al. Applications of cluster analysis in diagnostics-related problems[C]// Aerospace Conference. IEEE, 1999.

[12] 曹秉刚,张传伟,白志峰,等.电动汽车技术进展和发展趋势[D].西安:西安交通大学电动车研究开发中心,2004.

[13] 郭永基.可靠性工程原理[M].北京:清华大学出版社,2002.

[14] 洪强,梁亮.基于动态故障树的汽车制动系统可靠性分析[D].长沙:长沙理工大学汽车与机械工程学院,2009.

[15] 李海斌.道路试验中的燃料电池汽车动力系统可靠性分析[D].上海:同济大学汽车学

院,2008.
[16] 窦汝振,等.基于矢量控制的电动汽车用异步电动机弱磁控制方法[D].天津:中国汽车技术研究中心,2009.
[17] 肖丽萍.汽车前制动器摩擦片的可靠性特征量估计[J].中国制造业信息化:学术版,2010(1):74-76.
[18] 朱显辉,等.电动汽车电机故障时间的粒子群优化灰色预测[J].高电压技术,2012(6):1391-1396.
[19] 邵新杰,康海英,田广,等.故障树分析法在某型轮式自行火炮故障诊断中的应用[J].兵器装备工程学报,2013,34(1):9-12.
[20] 陈守平,张军,方英民,等.动力电池组特性分析与均衡管理[C].中国电池工业协会2003年电动车及新型电池学术交流会.2003.
[21] 田晟.电动汽车动力电池寿命估算与能量管理系统研究[M].广州:华南理工大学出版社.2018.
[22] 游剑涛.纯电动客车仿真及控制策略研究[D].西安:长安大学,2015.
[23] 姚建平.电动汽车锂离子动力电池性能分析与故障诊断研究[D].长沙:湖南大学,2017.
[24] 马相飞.纯电动汽车锂离子电池模型参数辨识与SOC联合估计研究[D].西安:长安大学,2018.
[25] 王鑫,蹇小平.纯电动汽车动力电池性能测试方法研究[J].汽车零部件,2011(2):64-68.
[26] 姜坤.基于骊山LS6600C1中型客车的纯电动试验车改制及试验方法研究[D].西安:长安大学,2010.
[27] 佟蕾,田崔钧,高申,等.电动汽车用动力电池对比测试分析[J].电工电能新技术,2017(04):74-78.
[28] 于海芳,陈文帅.锂离子动力电池寿命预测技术综述[J].电源技术,2018.
[29] 余群明.电动汽车电控系统发展现状及趋势[J].汽车零部件,2011(4):18-19.
[30] 谭国骏,等.电动车用永磁无刷电动机比较综述[J].微特电机,2008,
[31] 宋强.电动汽车电机系统原理与测试技术[M].北京:机械工业出版社,2016.
[32] 何洪文,余晓江,等.电动汽车电机驱动系统动力特性分析[J].中国电机工程学报,2006.
[33] 邱宏超,等.燃料电池电动汽车车用电机矢量控制的实现[J].学术论文联合比对库,2017.
[34] 王建.汽车现代测试技术[M].北京:国防工业出版社,2013.
[35] 周海方.基于PC的三相异步电机起动特性测量系[J].华中科技大学硕士论文,2007.
[36] 张文海,徐丽.永磁直流力矩电动机机械时间常数测试分析[J].微电机,2009.
[37] 王鹤华.控制理论与控制工程[J].学术论文联合比对库,2012.
[38] 蔺佳骏.电动汽车电机测试系统设计[J].2017.
[39] 全国汽车标准化技术委员会.旋转电机定额和性能[M].北京:中国标准出版社,2008.

[40] 全国汽车标准化技术委员会. 电动汽车用驱动电机系统 第2部分:试验方法:GB/T 18488.2—2015[S]. 北京:中国标准出版社. 2015.

[41] 杨钢. 高速电主轴回转精度及静刚度测试研究[J]. 2008.

[42] 全国汽车标准化技术委员会. 电动汽车用驱动电机系统可靠性试验方法:GB/T 29037—2012[S]. 北京:中国标准出版社. 2012.

[43] 谭微. 全电子式预付费智能电能表可靠性技术研究[J]. 2016.

[44] 闵远. 电动汽车驱动电机寿命预测及可靠性测试方法的研究[J]. 2011.

[45] 张烨,康劲松,房立存. 驱动电机系统故障机理及可靠性分析[J]. 机电一体化,2008.

[46] 同敏,程永生,胡斌,等. 整机产品加速贮存寿命试验研究思路探讨[J]. 航空标准化与质量,2006.

[47] 张磊. WT3000 在变频器测试中的应用[J]. 国外电子测量技术,2008.

[48] 蔺佳骏. 带有 FT-GT 故障预测的电动 汽车电机测试系统设计[J]. 2017.

[49] 全国汽车标准化技术委员会. 电动汽车用驱动电机系统 第1部分:技术条件:GB/T 18488.1—2015[S]. 北京:中国标准出版社. 2015.

[50] 陈光祖. 电动汽车电控系统是汽车产业信息化转型的重要方面[J]. 汽车与配件,2011(22):44-45.

[51] 赵子睿. 纯电动汽车整车电控系统的研究[D]. 北京:北京交通大学,2017.

[52] 毕书祥. 汽车电控燃油喷射系统故障分析及检修方法[J]. 内燃机与配件,2017(23):86-88.

[53] 周美蓉. 三菱 GALANT 和 LANCER 轿车 F4A4 型自动变速器电控系统的检测[J]. 汽车维护与修理,2005(10):14-17.

[54] 董鹏娜,李爱琴. 电控液压动力转向系统的检测与故障诊断[J]. 液压与气动,2012(7):116-118.

[55] 蒋明侠,童敏敏. 汽车电控系统检测与诊断方法探讨[J]. 中国新技术新产品,2016(6):38-40.

[56] 张佳伟. 基于扭矩的纯电动汽车动力总成电控系统设计[D]. 镇江:江苏大学,2017.

[57] 李兴虎. 基于最低极限能耗的纯电动汽车能耗指标评价方法[J]. 汽车安全与节能学报,2017.

[58] 张甜,宋庭新,朱清波,等. 电动汽车电气系统安全性分析及标准制定研究[J]. 标准科学,2018.

[59] 杨剑. 电动汽车的安全性分析[D]. 长沙:湖南大学,2005.

[60] 蒙冕武,刘明登. MH—Ni 电池的循环寿命研究[J]. 电源技术,1998(4):155-157.

[61] 陶明大,叶德龙,王金国,等. 电动汽车用镍氢蓄电池充电发热问题的研究[J]. 汽车电器,2001(4):7-9.

[62] 郭炳焜. 锂离子电池[M]. 长沙:中南大学出版社,2002.

[63] 郭炳焜,李新海,杨松青. 化学电源——电池原理及制造技术[M]. 长沙:中南大学出版社,2000.

[64] 黄海江. 锂离子电池安全性研究及影响因素分析[D]. 上海:中国科学院上海微系统与

信息技术研究所,2005.
[65] king_zxy. 数据类型[EB/OL]. https://blog.csdn.net/king_zxy/article/details/56494440,2017-02-22.
[66] 洞之蝉. 关于海量数据处理的各种常用数据结构浅谈[EB/OL]. https://blog.csdn.net/muyimo/article/details/38864745,2014-08-27.
[67] 海涛 anywn. 特征选择方法总结[EB/OL]. https://blog.csdn.net/lihaitao000/article/details/51213563,2016-04-21.
[68] 谭俊波. 集理论故障诊断算法研究及其在无人机上的应用[D]. 北京:清华大学自动化系,2016:17-41.
[69] 米奕霖. 基于集理论与 LPV 建模的机械臂传感器容错控制研究[D]. 北京:清华大学自动化系,2016:36-43.
[70] 宋强. 电动汽车电动系统原理与测试技术[M]. 北京:机械工业出版社,2016.
[71] 谭晓军. 电池管理系统深度理论研究[M]. 广州:中山大学出版社. 2014.